大学生思想政治教育系列丛书

大学生心理健康情境式教育实践

武德峰　刘家伸　张　雪 ◎ 著

中国纺织出版社有限公司

内 容 提 要

本书通过 91 个趣味情景剧本，阐述大学生在日常学习生活中遇到的学习、成长、交往、恋爱、自信等方面的心理问题，以及这些问题对应的解决方法。本书剧本形式具有较强的趣味性，形式新颖，可复制性强。在撰写剧本过程中，能够加强学生团队合作意识，提升学生思维活跃度。

本书语言流畅，文字凝练，可作为全国高校师生的参考书使用，也可供情景剧爱好者阅读借鉴。

图书在版编目（CIP）数据

大学生心理健康情境式教育实践 / 武德峰，刘家伸，张雪著 . -- 北京：中国纺织出版社有限公司，2024.11. -- （大学生思想政治教育系列丛书）. -- ISBN 978-7-5229-2188-4

Ⅰ . G444

中国国家版本馆 CIP 数据核字第 2024P8G098 号

责任编辑：苗 苗　　责任校对：寇晨晨　　责任印制：王艳丽

中国纺织出版社有限公司出版发行
地址：北京市朝阳区百子湾东里 A407 号楼　邮政编码：100124
销售电话：010—67004422　传真：010—87155801
http://www.c-textilep.com
中国纺织出版社天猫旗舰店
官方微博 http://weibo.com/2119887771
三河市宏盛印务有限公司印刷　各地新华书店经销
2024 年 11 月第 1 版第 1 次印刷
开本：787×1092　1/16　印张：13.75
字数：269 千字　定价：88.00 元

凡购本书，如有缺页、倒页、脱页，由本社图书营销中心调换

序

  大学是实施大学生思想政治教育的核心场所，其中辅导员的职责之一就是为大学生提供思想政治教育。但是，在大学生群体中，思想政治教育的重要性并未得到足够的认可，大学生的学习热情也相对较低，因此，思想政治教育的效果并不尽如人意。大力推动大学辅导员在大学生思想政治教育中的引领角色，创建一种"开放、多元、全面"的教育方法显得至关重要。

  大学生思想政治教育系列丛书主要包括《心路》《辅导员随笔》《辅导员工作案例微电影》《辅导员立体化工作过程》《我的 100 个学生 100 个故事》《"三全"育人视阈下大学生"五爱"教育实践》《大学生心理健康情境式教育实践》等。

  本系列著作是作者提出的辅导员育人载体路径上立体化的具体成果。在符合教育环境大背景的前提下，在辅导员工作内容的范畴之内，此书只要能够起到教育学生的作用就可以。采用的现代化媒体手段包括：小说、电影（微电影）、戏剧、微信公众号、App 端手机数据库后台、辅导员网站、大学生生活导报、辅导员周记、辅导员随笔、大学生视角对社会主义核心价值观的诠释等。本系列著作具有以下特点：①形式多样，有音频、文字、视频、图片、戏剧等；②储存信息量大；③与德育课程紧密衔接；④栏目形式多样，大学生喜闻乐见；⑤师生能够互动，学生愿意接受这种方式；⑥栏目设置灵活；⑦传播迅速，受众广。

  本系列著作内容丰富，形式新颖，切合实际，可操作性强，体现了与时俱进意识和科学发展观的思想，是辅导员必备的读物，对辅导员的工作有着深远的意义。

  （1）更新高校辅导员德育工作理念：高校辅导员立体化德育模式力求把简单、枯燥、注重抽象说教的平面灌输式德育教育方式变得生动、形象、真切，增强德育教育的吸引力、感召力和影响力，提升育人的效果。

  （2）丰富高校辅导员德育工作理论：通过对辅导员立体化德育模式进行系统全面的研究，包括在内涵、特征、方法、途径等方面进一步深化和拓展，是将传统德育模式向现代德育模式转化的新开拓，把相对平面的德育模式向立体化的德育模式转变的新思路，使得立体化德育模式理论进一步丰富。

（3）完善高校辅导员德育工作途径：形成育人资源整合，促进高校德育工作形成多渠道、全方位、立体化共同作用的综合影响，进一步增强德育工作实效性。

（4）有利于提高育人效果：高校辅导员立体化德育模式相较于平面化德育模式来讲更生动，更形象，更具体，更真切，克服了简单、枯燥、抽象说教的弱点，增强了德育的吸引力和实效性。

（5）有利于德育工作资源的整合：高校辅导员立体化德育模式强调全方位、多渠道、系统影响和综合作用，有利于开辟多种教育渠道，进一步发挥家庭、社会、学校和个人的教育影响，充分发挥高校十大育人功能，促进高校全方位、多渠道、立体化、系统化地完成德育实施过程。

（6）丰富了新形势下高校辅导员德育工作的理论，促进了高校思想政治教育理论的不断丰富和发展，为高校辅导员德育工作的不断创新发展提供一定的理论参考和实践支持。结合新形势下高校辅导员德育工作实践，本系列著作提出了若干具体且有可操作性的"立体化育人"工作模式，可为高校辅导员思想政治工作实践提供参考。

陈景翊
2024 年 6 月于长春

前言

《大学生心理健康情境式教育实践》是一部围绕心理健康教育，紧密结合辅导员工作案例、学生日常学习生活、教师日常教育实践，以剧本形式呈现当下大学生心理健康问题及应对举措的书籍。

2023年，教育部等十七部门联合印发的《全面加强和改进新时代学生心理健康工作专项行动计划（2023—2025年）》文件指出，要注重课堂教学，结合学生发展需求，分层分类开展心理健康教学，关注学生个体差异，帮助学生掌握心理健康知识和技能，不断提升心理健康素质。作为"第二课堂"的重要组成部分，情境式教育的教学地点分散在寝室、运动场、食堂等校园的各个角落，是全面贯彻落实"三全育人"理念的重要阵地。

情境式教育模式是关注大学生日常生活、反映大学生心理健康问题的有效手段。情境式教育是对某一段时间和空间中具体情形的概括，它包含的要素较多，能够在有限的剧情内反馈更多的信息，引起更多的思考和共鸣。它形式新颖，可复制性强，教育内容来源于大学生日常生活、辅导员日常工作案例以及"三全育人"教育教学实践，以剧情为载体，在剧本撰写过程中，能够加强学生的团队合作，提升学生思维活跃度，让学生更加接近真实生活，让教育更具实际价值。

本书依托于职业院校思想政治教育研究基地，是基地科学研究阶段性成果，由武德峰担任主编，负责书稿的组织编写、写作提纲的起草、撰写部分文稿和全书统稿工作，刘家伸和张雪参与了本书的撰写工作。本书在编写过程中，得到了学校领导的关心和支持，得到了同事们的理解和帮助，在此表示衷心的感谢！

在本书编写过程中，参考了中外专家学者的著作和相关文献，在此一并表示真诚的感谢！由于编者水平有限，书中难免有不足之处，恳请各位专家和读者批评指正！

著者

2024年2月20日于长春

目录

第一章　学海无涯　从"心"出发　　001

　　倾听　　002
　　考试的烦恼　　003
　　把握学习的规律　　005
　　不完美的美　　008
　　拯救网瘾学生　　010
　　善莫大焉　　012
　　别让网瘾毁了你的一生　　015
　　放下焦虑，拥抱未来　　017
　　心灵沟通　　019
　　浴火重生　　021
　　追逐梦想无忧无惧　　023
　　一往无前　　026
　　永不言弃　　028
　　正确利用时间　　029
　　选自己喜欢的就好　　031

第二章　新家园　"心"归宿　　034

　　爱自己，更爱寝室的人　　035
　　知人者智，自知者明　　037
　　做自己的万花筒　　039
　　团结的力量　　041
　　解　　044
　　与自己和解　　046
　　己所不欲，勿施于人　　048
　　一件小事引发的冲突　　050
　　闪亮的自己　　055

		朋友一生一起走	058
		自信的光芒	060
		生命诚可贵	064
		家风的力量	066
		一场因沟通而引发的冲突	069
		在点滴中重铸自信	071
		缓解慢性焦虑，还你美丽青春	073
		关注学生，把握航向	075
		鼓励的重要性	077

第三章　和谐交往你我他　080

　　换位思考　081
　　温暖受伤的心　085
　　家的温暖，不可或缺　087
　　适度的亲密　089
　　唤醒勇气　091
　　克制嫉妒心理　093
　　社交的魅力　095
　　真诚沟通，增强自信　097
　　心房的钥匙　099
　　自卑女孩　103
　　自由生长　106
　　告别自卑　108

第四章　恋爱交响曲　111

　　爱的力量　112
　　爱人先爱己　114
　　双向的奔赴　116
　　自信的爱　118
　　杜绝过度依赖　120
　　友谊与爱情　122
　　爱的勇气　125
　　理性的爱更有价值　127

第五章　你若盛开，清风自来　130

　　别让抑郁症毁了自己　130
　　不要让自卑导致我们寸步难行　131

向阳而生	133
对厌学学生的心理辅导	135
成长路上的阳光与磨难	137
心理保卫战	138
将温暖传递	140
接受不完美的自己	143
业精于勤荒于嬉	146
正确认识自己	148
自我	151
我们是一家人	153
生如夏花绽放	155
小美的蜕变	157
跨越心灵的鸿沟	159
拒绝摆烂	161
生命诚可贵	163
盲目的虚荣	165
找回自信的你	168
被掩盖的虚荣	170
突破与进步	172
告别自卑，重拾自信	174
多措并举，抵制焦虑	176
将心比心	179
爱人先爱己	181
一名贫困生的心理故事	182
一方有难八方支援	184
释	186
沟通与陪伴	188
努力与回报	190
人生不言弃	192
我们的同心圆	194
不完美的世界	196
做好主心骨，传递家校情	198
亦师亦友	200
立德与树人	202
别让自卑毁了自己	204
盲目的自卑	206

第一章

学海无涯 从"心"出发

伴随高等教育规模的扩张和网络社会思潮对大学生群体的冲击，大学生的心理问题受到了广泛的关注。心理问题存在于大学生学习的各个阶段，从入学时因学习和生活环境改变导致的学习自卑、学习动力缺乏，到日常学习生活中的学业焦虑、学业疲劳。大学生已成为高压力群体，这些压力处理不当会引发严重的生理危机和心理危机。

现阶段，大学生的学习表现出独特的时代特性。在学习形式上，他们不喜欢过度的引导和形式化的教育教学模式，强调自我学习、自主学习，倾向于按照个人意愿和短期目标来制订学习计划。在学习动机上，他们的功利心和成就动机较强。在学习内容上，实践性较为突出，学生善于从社交媒体、视频平台和专业培训机构获得辅导，但由于普遍缺少自主发展意识，"为学而学"现象突出，对学习没有有效的规划。其自主学习常常呈现出随心所欲、随波逐流的状态，过于重视结果而不注重过程，甚至出现了盲目攀比、心态消极、嫉妒他人等不良现象。

学业压力已然成为大学生心理健康问题背后的重要因素。高文娟等学者围绕大学生抑郁、焦虑和压力的性别差异，对中国15所大学近2000名大学生进行了4年的跟踪调查，发现学业压力是大学生抑郁、焦虑和压力的主要源头。在极度焦虑群体中，有高达46.2%的学生成绩排名在后半部分。无独有偶，郭建鹏等学者围绕学业自我效能感和学业压力的应对方式，运用量表数据分析和描述性统计的研究方法，面向266所高校94361名大学生进行了调查研究，发现与学业相关的压力源能够引发负面的压力反应。压力源越多，焦虑和紧张的反应就越大。

做好大学生心理健康教育工作是缓解大学生心理压力的有效途径。我们应该将实践育人、管理育人与心理育人紧密结合起来，发挥劳动教育、第二课堂、产业实习实践的育人功能，合理设置学生评价体系，引导学生利用现有条件，运用合理的方法、积极的态度来对待学业压力，增强抑制压力源的主观能动性。以下情境式案例均来源于大学生的日常生活以及思政工作，希望它们能够带来更多的思考，帮助大学生远离过度压力，防范心理危机。

倾听

编剧：王会钧、杨绍志、安心蕊、陈婧伊

角色：小倩、小王、小安、张老师

场景一：操场

旁白：小倩、小王、小安三人既是关系很好的朋友，也是舍友。小王虽性格善良，但不善于与他人交流，喜欢独来独往。【在本学期体测结束后，所有人都在休息】

小王：【略微担心、自言自语】我这次体测成绩不太理想，肯定又要挂科了！

张老师：看来大多数同学平时很注重锻炼啊，体育测试成绩都还不错。成绩发到班级群中了，各位自行查看吧。

小倩：【高兴】多亏我平时天天锻炼，这次我的体测成绩非常优秀。诶，小安，你的体测成绩怎么样啊？

小安：【露出一个笑容】我虽然不像你天天锻炼，但我这次也合格了。备战这次体测太累了，我们晚上出去吃饭放松一下吧。

小王：【在远处略带哭腔】为什么就我挂科了？

场景二：寝室

小倩：今天晚上我们三个一起去外面吃火锅吧！小王，晚上你有空吗？我们一起啊。

小王：【伤心，略带哭腔】不了，今晚我还有别的事，你俩去吧，不用等我了。

小倩：【担忧】那好吧，你好像有一点不开心，怎么了？

小王：【为什么我的体育又挂科了，真的好难受啊！】

场景三：操场

【小倩、小王、小安三人并排走在一起】

小倩：【略带调皮】你是不是有什么事瞒着我们呀？

小安：对啊，你到底有没有呀？

小王：我没有……【小倩从背后用左手捂住小王的嘴，头压在小王的右肩上】

小倩：你先听我说。我认识你12年，算上今年就13年了，你藏不住的，至少在我面前藏不住。说是摔倒了，衣服却很干净；明明很伤心，却硬挺着。你现在想倾诉却又怕他人的嘲笑、拒绝，是吧？但是你有什么心事都可以和我们说，因为我们是最好的朋友呀。

小王：【内心开始动摇】你们会听我说吗？

小安：其实我们一直都知道你不善于与他人沟通。虽然你总是独来独往，但在日常生活中我们都在关注你，而且大家都很在意你，都在关心你。你要相信多数人是愿意倾听的，而且人生路漫漫还有更多有趣的事等待我们去探索。

小王：【喜极而泣】谢谢你们，我们永远都是好朋友。

【小倩、小王、小安三人抱在一起】

辅导员说：

家庭困难的学生是老师、学校和社会的重点关注对象和帮扶对象，辅导员不仅要学会见微知著，更要帮助学生将自身面对的难题主动地挖掘出来。

同学们要关注身边家庭困难的学生，配合学校和老师做好各项资助和帮扶工作，在日常生活中树立优良作风，做到不攀比、不浮躁。

开展主题班会是回应学生疑虑，提升集体凝聚力的重要方式，学生要学会树立正确的问题意识和大局意识，为集体发声，为朋辈喝彩。

考试的烦恼

编剧：王俊鸥

角色：小可、小可母亲、小可父亲、颜颜、何老师、沫沫

场景一：卧室

【一幅被画满了红圈的日历被"啪"的一声扣在了桌子上】

小可：【一把将笔扔在了桌子上，烦躁地向座椅上靠去】怎么办啊，还有那么多题我都不会，分跌了这么多，学校还有这么多事，我根本忙不过来！

【小可的父母听到声音后悄悄地来到房门口，担心地看着女儿】

小可母亲：【头微微动了动，眼神示意小可父亲上前】小可啊，学了好久了，出来放松放松吧，下楼和你爸散散步，溜达溜达。

小可父亲：【接收到指示后连忙附和】对啊，出去走走，放松下心情，调整下心态，不要给自己这么大的压力嘛。

小可：【深吸了一口气】没事儿，爸妈，你们不用管我，我待会儿就好。

【小可父亲、小可母亲满面愁容，思索片刻，小可母亲找出了小可老师的电话号码】

【父母走后，小可关上门，转身无力地深蹲下来，倚着墙边，抱头痛哭起来】

【突然一阵欢快的铃声响起，小可缓了缓，默默地抬起头，伸手摸索着桌子上的手机】

小可：【看着视频接通后的笑脸不由得也笑了】颜颜，好久不见，我太想你了。

颜颜：【看着视频对面眼眶发红的小可不由得担心起来】你怎么了啊，怎么哭了？

有什么事要跟我说啊。【突然反应过来】是不是考研的事情啊？小可你不要钻牛角尖呀，现在学校课业和考研的事情杂在一起，大家都是忙不过来的，这算是正常现象。你看你成绩一直都那么好，现在只要跟住你的计划安排，一定没问题的！有什么事情你就和我说，虽然见不了面，但我们一起聊聊天也好啊。

小可：【吸吸鼻子，抹了把眼泪】嗯，好。

场景二：老师办公室

旁白：何老师针对考研学生心理压力问题召开了一次线上主题班会，会后她又单独找到了小可询问她的近期状况。

何老师：最近备考状态怎么样啊？如果有什么问题和需求就和老师说，学校一定会尽全力帮助备考考生们的。这三年里，你的学习态度一直积极端正，成绩优秀，荣誉称号与各级奖学金也获得颇多，在成绩和学识方面老师对你是没有担忧的。考研期间呢，有可能会压力过大，老师和同学无法时刻在身边陪伴你，如果焦虑烦躁的话可以多和父母沟通，向父母讲述你的想法和困惑，得到他们的理解和支持。【笑了笑】考研路上你并不是在孤军奋战的。

【小可静默地思索着老师的话，沉闷的心房渐渐打开了一角】

场景三：公园

【公园中微风轻拂，人们来来往往，花朵向上舒展着自己的身体，小可深吸一口清爽的空气，只觉得心旷神怡】

小可父亲：【看着身心放松的女儿，趁机说道】怎么样，是不是感觉好多了？没事就和你老爸我出来逛逛，总憋在屋子里，会降低学习效率的。

小可母亲：【紧跟着说道】你学习的内容我们可能不懂，但是哪有人的成绩会一直直线上升啊，偶尔有点小波折也是正常的。姑娘啊，你那么优秀，更要相信自己，别轻易否定自己的努力。学习重要，但也要兼顾身体，咱们可得注重劳逸结合，有事就和爸爸妈妈说，看你这样我们也心疼啊。

旁白：小可听着父母的话，仿佛有一股暖流经过心田。

小可：【郑重地点了点头】爸妈，你们放心，我知道该怎么做了。

场景四：卧室

【小可整理着书桌上的卷子，仔细分好类，根据错题类型做出了一张张计划表】

小可：【看着钟表上的时间呼出了一口气】下午了啊，今天的任务我都已经完成了，可以休息一会儿了！

【电话铃声在这时响起，小可拿起电话，看到上面显示的是自己的好朋友颜颜】

颜颜：【略带些紧张地说】你好，小可，最近怎么样，有没有什么事情要和我分享啊？

小可：【哈哈大笑起来】放心好了颜颜，我最近状态很好，我找到了适合我的放松方式，你不用担心我了。累的时候，听听音乐会让我放松很多，美食也能让我心情愉悦，实在有焦虑情绪时我可以哭一场，或者找你们和我的父母倾诉。我现在根据我的计划一点点学习，感觉一切都不是困难了。

颜颜：【放松地笑了起来】那就好，等会儿我要去试试你的方法……我相信你一定可以成功上岸的！

旁白：在大家的陪伴与宽慰之下，小可没有放弃学习，而是继续坚持向前，度过了这一段焦虑时期，顺利考入了心仪的院校进行深造，实现了最初的梦想。

辅导员说：

对情绪的自我调节是一项重要技能，在心理健康教育中，引导学生进行主动的心理调节是一项重要任务，我们要注重培养他们的自我认知能力和情绪管理能力，通过一系列的教育活动和实践操作，让学生认识到情绪对学习和生活的影响。

同辈鼓励和长辈支持是个体在面对困难时坚强的后盾，学生要积极培养良好的同辈关系，与父母及家人保持良好沟通，避免孤军奋战。

一个合理的时间安排不仅有助于高效学习，更能培养学生的自律能力和自信心，在思想政治教育过程中，教师要不断引导学生及时向父母、老师和同学反馈问题及不良情绪，实现多方合力，共同解决问题。

把握学习的规律

编剧：谌思靓、李妍

角色：闪闪、小唐、思雨、秀丽、刘老师

场景一：宿舍

闪闪：哎，小唐呢，下课这么久了，还没回来？

思雨：啊，她说不回来了，要再去图书馆抓紧时间学习。

闪闪：秀丽也一起去了啊！

思雨：好像是吧。小唐去的时候秀丽说一起去。

闪闪：她俩也太卷了吧，离期末还远着呢。

思雨：不知道啊，秀丽第一次去图书馆，震惊我了。

闪闪：唉，反正我先睡了。不然下午上课，没精神。

场景二：图书馆

【小唐在飞快书写着什么】

秀丽：【看言情小说并笑了一下】

小唐：【指了指秀丽空白的作业本，小声说道】快写。

秀丽：【默默收起书】

小唐：【抹了把汗】

秀丽：【凑过去看了看，特别小声地说】你在写计算机运算公式吗？

【小唐点头】

秀丽：可是你这些我怎么都看不懂啊，我们学到这儿了吗？

小唐：还没，我提前准备一下计算机考试。

秀丽：这才开学两个月啊，太早了吧！【秀丽看了小唐一眼，欲言又止，拿起书本也开始学习】

场景三：食堂

闪闪：哎呀，小唐，别看单词了，好好吃饭吧。吃完再看也来得及。

小唐：还有一些没有看完，看完再吃。

秀丽：你说你每天吃完饭都恶心，就是边吃边停造成的。

小唐：【嘟囔着单词】

思雨：吃饭不会耽误很多时间，吃完再背嘛。

小唐：很多人都在学习的。我不学就会被落下，我得努力。【又开始读单词】

秀丽：唉，你就是太紧张了，这个时间大家都在吃饭呢。【其他三人对视，摇摇头】

场景四：宿舍

思雨：都十一点了，快睡吧。明天还有早八呢。

小唐：没事没事，我……呕。

闪闪：你又恶心了？你最近总是恶心，是不是压力太大了？【给小唐拍拍背】

秀丽：对，我也这么觉得，你可以不给自己这么大压力的。【给小唐递水】

小唐：都在竞争，都在努力，我不能落后，我必须努力。

秀丽：啥竞争啊？计算机又不是最近就考了，英语四级也不是第一学期就考啊。不是不让你学，你要给你自己喘口气的时间啊。

思雨：是啊，大家学习也是劳逸结合，你这样把身体累坏就得不偿失了，最近好好休息一下吧。

【小唐又开始擦汗】

闪闪：现在秋天末尾了，还没来气，我都觉得冷，你咋这么热呢。

小唐：我不知道，我心跳得好快。【摸着胸口】

秀丽：怎么会这样，要不你去医院看看？你晚上休息怎么样？

小唐：失眠好久了。我最近一直在失眠、心慌。

思雨：这样下去不行啊。给辅导员打电话请假去医院吧！【着急的语气】

小唐：其实我之前给辅导员打电话了，但是我不敢说请假的事就挂了。

闪闪：辅导员不是说了吗，有困难就可以找她，我们明天就带你去办公室。

场景五：办公室

【咚咚咚】

刘老师：请进。

四人：老师好。

闪闪：老师，我们有一些问题需要您的帮助。

刘老师：怎么了？

闪闪：【把小唐推到前面】

小唐：就是……【紧张，攥手指】

刘老师：没事，慢慢说。

小唐：我最近天天恶心，吃不下饭，晚上还睡不着，心慌。我很害怕自己被别人落下，学习赶不上别人。

刘老师：你给自己太大压力了孩子。不要想那么多，你学习是获得知识，不是为了赶上其他人。【三人点头】

刘老师：你才大一，学习当然很重要，但是也要劳逸结合。大一还很轻松，可以适当地玩一玩。

小唐：我学的时候大家在学，我玩的时候大家也在学，我就会被落下，所以我不敢不学。

刘老师：还是按照自己能接受的节奏学习最好，不要给你自己太大压力。心情好了学习效率才能提高，才是有效的学习，不要被别人影响。

小唐：老师，您说的我都明白，但我就是控制不住焦虑，我不知道我该怎么做。

刘老师：还是那句话，要注重劳逸结合。老师会帮你找一个心理咨询师，你跟他好好聊一聊，应该会对你有所帮助。

小唐：【边鞠躬边说】谢谢老师。

闪闪：我们也会一直陪着你，有什么问题你也可以跟我们说，我们一定会尽全力帮助你的。

刘老师：你看你的小伙伴们多好啊，没事的时候也可以跟你的小伙伴一起出去玩，散散心，不要有压力，老师相信你会好起来的。

【四人转身告别】

四人：老师再见。

旁白：小唐的三个室友每次都陪小唐去心理咨询室，并拉着小唐一起打游戏，一起K歌，还约定时间四个人一起去图书馆学习。四个人的关系变得越来越好，小唐也变得越来越快乐。

辅导员说：

在学习过程中，心态往往比努力更重要。平和的心态是乘风破浪的基石，它能使我们冷静地面对学习中的困难和挑战，有助于保持积极的学习态度，让我们能够更加自信地面对学习中的挑战，勇敢地迎接未来的机遇。

在尊重客观规律的基础上，我们更应积极发挥主观能动性，以更加积极的心态去面对生活中的各种挑战。生活是一个不断变化的过程，我们不应被固定的模式和框架所束缚，而应敢于挑战自我，超越自我。与此同时，我们应该追求的是真正的进步和发展，而不是无意义的内耗和竞争。

所有人都喜欢积极向上、沉稳乐观的你，你的乐观态度不仅照亮了自己的前行之路，也温暖了周围人的心灵，这种心态会让你看淡一切烦恼，帮助你在个人的发展道路上乘风破浪、披荆斩棘。

不完美的美

编剧：谌思靓

角色：小王、李丽、小张、乐乐

场景一：寝室

【周日上午，小王推门回来】

李丽：周日没课啊，你一大早去哪儿了？

小王：【喝了半瓶水】部门开会。诶，乐乐呢？【指了指对面空着的床】

李丽：她去取快递了，你这黑眼圈挺重，又熬夜了啊？

小王：有点小失眠，最近部门的活有点多，干完就有点睡不着了。【揉眼睛】

李丽：你弄完都那么晚了，不累吗？怎么会睡不着呢？

小王：我有点怕弄到这么晚还没弄好，没有帮到大家，想着想着就睡不着了。

李丽：我看你天天净帮他们了，你们部门只有你一个人吗？

小张：【高兴地小跑过来，打断说话】我看新生群说食堂麻辣烫八折优惠，咱们中午一起去吃啊？

李丽：哇！真的啊，可以呀。

小王：好啊好啊，好久没吃麻辣烫了【高兴】……啊不行，我还有事，你们吃吧。【摆摆手，失落地说】

小张：啊？你不是刚回来吗？怎么还没忙完？

小王：没办法，说人手不足，又叫我去帮忙搬东西。
李丽：不是，就这么多事吗？我怎么感觉只有你这么忙啊。
小王：没有，大家都很忙。唉，先不说了，我先走了。【说完就走了】
小张：可是时间还早啊，去那么早干什么？
小王：早点去呗，迟到了就不好了。【边走边回头说】
【小张、李丽对视，摇了摇头】

场景二：操场上

乐乐：那不是小王吗？【疑惑】
乐乐：你在这干什么呢？【向小王跑，边跑边说】
【只见小王满头大汗，地上放着一只沉重的箱子】
小王：学校……学校杂货间搬地方，我帮帮忙。【气喘吁吁地说】
乐乐：你不一大早就出去了，还没完事啊？
小王：没有，不是一个事。
乐乐：你今天是不是还没休息过，一直在帮忙？又是你主动过来的？
小王：对啊，我不主动的话就没我的活了。没关系，我不累。【依旧气喘吁吁】
乐乐：都喘成什么样了还不累呢，没必要什么忙都帮的。你也得歇一歇啊。
小王：身边人都很卷的，稍微不慎就落后了。
乐乐：卷？那为什么只有你在这搬啊？
小王：大家可能还有别的要忙吧。【弯腰准备继续搬】
乐乐：你们部门的男生呢？这么重你自己怎么搬？【抢过箱子】
小王：可能没看见消息吧。【说着搬起箱子】大家真的都很忙，只有我没什么事，我就来帮忙了。
乐乐：咱俩一起，你拉那边把手。搬哪儿去啊？
小王：第二教学楼，谢谢呀。
乐乐：那不近啊，而且箱子这么重，我不来的话你自己要搬到什么时候！
小王：慢慢搬吧，也不是很远。
乐乐：我跟你说，不用这样事事都来帮忙，要在你能力范围内帮忙，这种搬不动的就叫男生来帮忙。
小王：可是我怕落后啊，这点儿事都做不好，还需要别人帮忙……【低头失落地说】
乐乐：这有什么落后啊，你是不是太焦虑了？
小王：【沉默】
乐乐：明天有心理课，我帮你叫住老师，你跟老师好好聊一聊。
小王：还是算了，别耽误你们时间。我自己调节一下。
乐乐：不要有顾虑，不会耽误时间的，能帮到你我们也很开心，就这样说定了。

小王：【微笑】嗯，谢谢，有你真好呀。

【二人向第二教学楼走去】

【第二天心理课下课，乐乐叫住了心理老师，心理老师耐心地倾听小王内心的焦虑，并带着她去了心理室。后来在每节心理课结束后，小王都找心理老师聊天，渐渐地小王放松了紧绷的弦，不再惧怕不完美，不再失眠，每天都积极向上，充满了活力】

辅导员说：

做事情要注意衡量自身实力。众人拾柴火焰高，良好的团队协作通常有利于取得更大的成就。只有在充分衡量自身实力的基础上，发挥每个人的优势，形成良好的沟通和协作机制，我们才能够取得更大的成就，实现团队的共同目标。

每个人的成长背景和天赋各异，我们不能盲目地追求他人的成功模式，而应该根据自己的实际情况制订切实可行的计划。大学生要拒绝内卷，学会掌握自己的节奏，从实际出发，不盲目攀比，不断寻找适合自己的目标并为之努力。

要学会集中精力，静下来做一件事情，抓住问题的主要矛盾和主要方面，我们需要从整体上把握问题，有针对性地关注问题、解决问题。

拯救网瘾学生

编剧：邵露凡、杨绍志

角色：王某、老师、室友

场景一：教室

旁白：王某同学迷恋电子游戏，昨天熬夜打电脑游戏到凌晨。

【第二天早八时王某瞌睡连天，但他还是勉强撑了过去，到了课间就趴在桌上睡着了，嘴角还流着口水，上课也没醒】

老师：上课竟然睡觉，太不像话了，给我站起来！【用书本敲了敲桌子提醒】

王某：【睡眼惺忪】老师……好。

老师：你怎么了，刚一上课你就睡觉？

王某：老师，我昨天熬夜了，然后今天是早八，我有点困。

老师：你请坐吧！学生还是少熬夜，在课上睡觉，不仅是对老师的不尊重，也是对知识的不尊重。

场景二：寝室

室友：我说王某，你最近怎么网瘾这么大啊？【好奇和担忧】

王某：我近来经常会失眠，上课打盹，急切盼着下课。

室友：我也注意到了，究竟是有什么原因呢？说来我们听听，看看我们有什么能帮上你的。

王某：我在去年考上大学之后，就远离家乡了，由于去年过年时有点特殊情况，我也没有回家。头一次离家这么远，这么长时间没有见到家人的我，看着同学们都能回家，我心里有种失落感，也挺孤独的。

室友：【了然的表情】我懂这种感受，的确很不好受。

王某：【苦涩地笑了笑】后来你们说新出了一款游戏，挺流行也挺好玩的，我抱着无聊时分散注意力的心情试着去玩了一会，结果一天两天，一周两周，逐渐控制不住自己了。

室友：【接过话茬】你开始时是一下课便回寝室，发展到后来逃课去网吧，甚至有时周六周日在网吧包宿玩网络游戏。就在最近的一次考试中，又挂了一科。你可以玩，但不能这么上瘾啊！你这样不仅成绩下滑了，还会把身体弄坏了。

王某：对啊，我现在觉得自己很堕落，同学们都看不起我了。这样下去不是办法，从那么大老远来就是为了好好学习的，结果却搞成这个样子。【头越垂越低】

室友：【室友起身抱了抱他表示安慰】这样吧，你去找咱学校心理老师吧，这个问题也许她能帮到你。

场景三：办公室

【王某敲了敲门后走进办公室】

老师：这位同学你好，有什么问题可以帮到你吗？

王某：老师，最近有件事我很困惑。就是我最近沉迷网络游戏，一玩起来就控制不住自己，最后变化成为上课睡觉、挂科。老师，我现在很无助，到底该怎么办啊！

老师：嗯……你的大致情况我已经了解。你能具体跟我说说你玩游戏的动机是什么吗？

王某：这个我也很迷茫。我也渴望上学，但是一看到游戏就控制不住自己想玩的欲望。老师，这究竟是啥原因？

老师：沉迷网络游戏是对新的学习环境不适应所导致的，并不是单纯的网络游戏痴迷症。也不是单纯的学习无能，因为你愿意上学，有自己的见解。

老师：【喝了口水，继续说道】你的内心渴望获得成功。通过玩网络游戏，你获得成功的心理得到满足，所以沉迷其中。

王某：【点头】确实如此。

旁白：针对王某的这种状况，老师对他进行分次治疗。心理老师对王某的进步给予鼓励，帮助他把咨询过程中学到的认知方式、分析和解决问题的方法运用到日常生活中，用新的认知和行为模式面对未来生活。

辅导员说：

压力作为一种普遍存在的现象，具备鲜明的两面性。我们应以辩证的视角去审视和理解压力，既要认识到其可能带来的负面影响，也要看到其蕴含的积极因素。正如水的清澈并非源自其完全不含杂质，而在于其具备沉淀杂质的能力，我们同样需要学会在压力中沉淀自我，发掘潜力，实现自我成长与提升。

生活之精彩，在于能够保持适度的紧张与放松。我们应当学会借助沟通的力量，有效缓解身心所承受的压力，从而保持情绪与心态的平和与稳定，确保生活节奏的张弛有度。

人无完人，我们需要正视困境和挫折，不要因为压抑而失去追求幸福的动力。每个人都不可能尽善尽美，我们应当以理性且客观的态度去面对生活中遭遇的困境与挫折，切勿因一时的压抑而丧失追求幸福的坚定信念与力量。

善莫大焉

编剧：仇雪

人物：泽宇、校警、刘老师（辅导员）、泽宇妈妈、泽宇爸爸

场景一：学校楼道

【火光在夜晚的楼道里忽灭忽亮，还伴随着男孩的阵阵叹息】

泽宇：【抽着买来的香烟，烦躁】啊……好烦啊。怎么能这么烦，还能不能让人活了。

【烟肉眼可见地在缩短，烟雾围绕着泽宇，他整个人看起来更加阴沉了】

校警：【惊觉】喂！谁在那儿？

泽宇：【大惊】校警大叔怎么会在，被发现了。【转身就跑】

校警：【怒吼】站住！你别跑！【校警大叔立马追了上去，没一会儿就把泽宇逮住】

校警：【气喘吁吁】嘿！看你还跑！走，跟我去教务处！

【泽宇没办法，跑不掉，只能无奈地跟在校警身后】

泽宇：【不耐烦但又无可奈何】得得得，我跟你去还不行吗？

【泽宇受到了学校处分，还被没收了烟】

场景二：宿舍

【泽宇两个月后就要毕业，但依旧背负着处分，双重压力使泽宇在宿舍里出现了"自言自语"现象】

泽宇：【烦躁】睡不着，头疼又失眠，都要神经衰弱了！我的烟还被没收了，又有处分，最近还得毕业，怎么这么烦啊！【烦躁的泽宇开始摔起了东西】

泽宇：我太烦躁了！【摔完东西后的泽宇控制不住地哭了】

泽宇：【抱头痛哭】这痛苦的日子什么时候才能结束啊？想回家，想离开学校……我是一刻都待不下去，过不下去了。

【发泄过后，泽宇终于是忍不住了，决定给辅导员发消息】

泽宇：【拿出手机，给辅导员刘老师发信息】老师好，我是泽宇，我想请假，我想回家一趟。

刘老师：嗯？这么突然，泽宇你怎么了？你没事吧？感觉压力大吗？有什么感觉吗？

泽宇：【立马诉苦】老师我能不能回家？我现在焦虑症很严重，而且天天头疼失眠，在寝室也睡不着。不是不适应，有可能是神经衰弱，一头疼就牙疼，晚上能睡5小时就已经很不错了。老师我很想回家，天天在学校哭，也不是因为矫情，就是很无助。在学校里我只能被环境左右，有一点点动静我就会心跳加速然后开始头疼。我去年得过抑郁症，吃了很多药。我想回家去找家里人，去医院看看病，我担心会越拖越严重。所以老师能不能让我回家？

刘老师：【担忧】泽宇啊，你现在在宿舍吗？

泽宇：在的老师。

刘老师：泽宇，听着啊，老师现在去一趟你宿舍，你不要走开，我很快就过去，等老师到，好不好？

泽宇：好的，好的，我在211等着老师。

场景三：宿舍

【211宿舍响起了敲门声，泽宇起身去开门，发现是刘老师】

泽宇：【欣喜】老师您来了！快请进快请进。

刘老师：老师这次过来，是特意为了你的。你很焦虑对吗？有没有跟家里人或者是跟朋友说过？

泽宇：我平时都是自己一个人，还有点儿社恐，性格比较内向、敏感，遇到问题不愿意与别人沟通，会选择自己默默承受。尽管我给人感觉心理承受能力强，实则心理非常脆弱，有时还会觉得非常无助，缺乏安全感。我真的好累……我不经常和家人联系，即使联系也都是简单的应付性沟通。他们太忙了，忙到没有时间照顾我的心情。一直和家人缺乏沟通，我也知道这是个问题，爸妈也只是解决我的温饱问题，并没有了解我的心理需求，我真的……真的快疯了！老师能不能让我请假回家啊？

刘老师：泽宇，你现在是因为焦虑而想回家吗？

泽宇：【肯定】对！老师，我真的要受不了了！

刘老师：嗯嗯，你还有什么焦虑的点吗？就比如睡眠质量不好……

泽宇：【虎躯一震】老师你提醒我了，我心理有问题，对一些正常的干扰声音容易放大，导致了心理不安，影响自己睡眠。我真的，一直都解决不了……快疯了。

刘老师：这样吗？有试过褪黑素什么的吗？

泽宇：还没有，我不吃药。

刘老师：泽宇，放松点，你现在太过焦虑，严重影响了自己的身心健康。深呼吸，你不需要太过看重这些，先不要多想，好吗？

泽宇：【受到安抚之后冷静了下来】好的，老师。

刘老师：【轻轻拍着泽宇的背】泽宇是个好孩子哦，你的生活，是活给自己看的。人生这条路很长，未来如星辰大海般璀璨，不必踟蹰于过去的半亩方塘。那些所谓的遗憾，可能是一种成长；那些曾受过的伤，终会化作照亮前路的光。真正的优秀不是别人逼出来的，而是做好自己。你最大的问题，是太过看重身边的事物了啊。你犯了错，有错就改，没必要把这些过往的错强加在自己身上。世间因少年挺身向前，而更加瑰丽。所以，振作一点，好不好？

泽宇：好的，老师，我会与自己和解，最后给自己一份满意答卷的。

场景四：办公室

【跟泽宇聊过后，刘老师在办公室里找出花名册，向泽宇的爸妈发起了一则通话】

刘老师：喂，您好。是泽宇的父母吗？我是泽宇的辅导员刘老师，泽宇在学校里出现了点心理问题，现在是安定下来了，但我还担心这孩子的心理状况，就想找你们做点思想工作。

泽宇妈妈：啊？老师，泽宇他没事吧？这孩子怎么了啊？

刘老师：这孩子就是心理压力大，但也不能小看。

泽宇爸爸：这样吗？我跟孩子他妈经常因为工作顾不上泽宇，这个我们也很愧疚。

刘老师：你们家里的状况我大概从泽宇那里知道了。孩子最近压力大，希望家长对孩子予以引导和帮助，并提醒家长们假期注意培养和引导孩子。孩子在这个节骨眼上很容易出问题的，你们要多多留心，学校这边也会尽力不让孩子的心理压力过大。为了孩子的身心健康，我们一起努力，好吗？

泽宇妈妈：【激动】好的，好的！也辛苦老师了。

泽宇爸爸：辛苦老师了。

旁白：后来的泽宇在老师和父母的帮助下，以正确、积极的态度面对生活的压力，整个人焕然一新。

辅导员说：

没有人是完美的，每个人都有可能犯错误。但关键在于我们如何对待这些错误。我们要不断学习以积极的态度面对错误，从错误中学习，从错误中成长。

反击压力源的最有效方法是解决问题，当遇到困难时，应采取积极解决问题的态度。遇到问题是正常的，没有问题是不能解决的，我们要看清问题的本质和范围，准确地把握问题的核心。学会寻求帮助。

要学会与自己和解。在追梦的道路上杜绝瞻前顾后，不要压抑或否认自己的情绪，而是要学会表达自己的感受，并寻找适当的方式来处理和释放情绪。通过认识情绪，我们可以更好地理解自己，并与自己建立更和谐的关系，获得更平衡、更充实的生活。

别让网瘾毁了你的一生

编剧：朱珈仡

人物：小陈、珊珊、小马、珊珊妈、张老师

场景一：宿舍

【背景音乐：《王者荣耀》】

小陈：走啊，珊珊，学校外好像新开了一家美甲店，咱们去看看呀。

珊珊：你们去吧，我就不去了，我今天想把这个剧刷完。【坐在凳子上面回头和室友说话】

小陈：走嘛，你都好几天没和我们出去转转了。【撒娇语气】

小马：是啊珊珊，一起去嘛，顺便去吃你最爱的那家豆花肥牛。

珊珊：我真不去了，腾不出时间来，你们去吧。下次、下次一定去。

小陈：好吧好吧，真是劝不动你。【说着和小马手挽手走出寝室】。

【从宿舍门口往里看，只有珊珊一个人，有一种孤寂感。此时的珊珊戴着耳麦刷着剧并且在开心地笑】

场景二：食堂

【珊珊刚吃完饭准备收拾一下去上课，突然妈妈的电话打了过来】

珊珊：妈，有什么事吗？

珊珊妈：没事就不能给你打电话了吗？在干什么？是不是又在上网看手机，告诉你多少遍不要总是玩手机。

珊珊：行了行了，我知道了，我等会还有课，先挂了啊。

珊珊妈：你这孩子还……【电话被挂断】

珊珊：每次打电话都是说这种话。

场景三：办公室

张老师：为什么珊珊最近成绩下滑这么严重啊？上课总是迟到早退，来了也是打瞌睡。她是每天晚上在床上玩手机吗？

小陈和小马：【二人对视一眼说话迟缓拉长音】是。

张老师：作为她的室友兼好朋友，你们没有尝试去帮帮她吗？

小陈：有啊，我们都叫了她好几次出来和我们一起转转，她死活不出来。不过她之前倒是在寝室自己制作过时间作息表，但是没坚持几天就又恢复原样了。

张老师：这样啊。你们回去告诉珊珊明天来我办公室一趟，我和她好好谈谈。

小陈和小马：好的，那老师我们先走了。

张老师：好，你们先走吧。【摆摆手】

【张老师拨通了珊珊妈妈的电话】

张老师：喂，是珊珊妈妈吗？

珊珊妈：是的，您是？

张老师：你好，我是珊珊的老师，我想和你谈谈最近珊珊的学习情况。

珊珊妈：珊珊学习怎么样了，是不是又上课玩手机，不注意听讲？这孩子我和她说了好多次，不要总玩手机，多读读书。从小就做什么都做不明白，现在都二十好几的人了还……

张老师：珊珊妈妈，您先等一下，您平常也是这么教育珊珊的吗？

珊珊妈：对啊，珊珊这孩子啊就得给她压力，不骂不成器。我读书少，就指望这个上大学的闺女多读读书，给我长长脸了。

张老师：但教育也不是您这样教育的呀！您知不知道自从大学开始，珊珊就经常迟到早退，班里开展活动也不积极参与。同学叫她出去转转也不去，每天自己待在寝室里面上网，这样下去，性格多好的孩子也得待出毛病来啊。

珊珊妈：那怎么办啊？老师。我就这么一个孩子，您帮帮忙。珊珊这孩子在我身边从来没这样过，一向都是我说什么她做什么。

张老师：就是您这样的打压式教育，才让珊珊开始反弹。你要在平常生活中多鼓励珊珊，多肯定珊珊，而不是过于注重学习本身，身体才是革命的本钱。

珊珊妈：谢谢老师，那你在学校帮我多费心，我等下就给珊珊打电话，以后绝对不这样了。

张老师：好的，这都是我分内的事，只要您那边别给珊珊太大压力就行了。

场景四：办公室

张老师：来了啊，珊珊。

珊珊：老师您找我有什么事？

张老师：珊珊啊，老师看你最近学习状态不太好，想帮你调整一下学习状态。老师也通过你的妈妈了解了一下你的生活状况。平常生活中有什么困难或者心事都可以随时和老师说啊，老师也许不能帮助很好地解决问题，但是老师一定是一个合格的倾听者。

珊珊：老师，其实也没什么困扰啦。

张老师：关于你妈妈平常生活中对你的教育方式，我也进行了纠正。你要自信一点，不要因为爸爸妈妈平时对你严厉就不相信自己，转身沉溺于网络。这样吧，你以后就和你的室友一起来我办公室这边学习，这边正好多出来很多张桌子、椅子，有什么不会的问题随时问老师，老师也方便帮助你进行解答。

珊珊：好的，谢谢老师。

旁白：珊珊同学经过老师和同学的帮助后，变得越来越开朗，愿意接触外界，也因为妈妈的鼓励变得越来越自信。

辅导员说：

在教育过程中，教师和家长应该理性地看待学生的成长过程，尊重孩子的个性和兴趣，给予他们适当的支持和鼓励。同时，学生也应该学会表达自己的感受和需求，与父母和老师进行积极的沟通和交流，让他们了解自己的实际情况和想法。

在教育和辅导的过程中，教师应该多采用鼓励和肯定的教导方式。通过肯定学生的努力和成就，激发他们的自信心和学习动力；通过鼓励学生面对困难和挑战，培养他们的积极心态和解决问题的能力；通过与学生建立良好的关系，为他们提供更加积极和有效的学业指导。

放下焦虑，拥抱未来

编剧：王俊鸥

角色：高老师、小伍、小洛、小冀

场景一：办公室

【高老师正在处理班级相关事务，一抬头，便见班内的两名学生一阵风似的跑了过来】

小伍和小洛：【猛地停住，将将立住身子】老师好！

高老师：【带着笑意】你们俩有什么事吗？

小伍：老师，我们想来找您说个事。我们感觉小冀最近有点不太对劲，状态不是很好。

小洛：对对对！整天长吁短叹，可焦虑了，我们也不知道怎么能帮到他，他的状态真的很糟糕。老师，这种情况该怎么办啊？

高老师：好，情况我都了解了。你们放心，我会找他好好聊一聊的，你们回去以后也要多关注一下他。

场景二：会议室

【高老师找到了小冀，让他诉说自己的焦虑与苦恼，并给予他心理辅导】

小冀：【满面愁容】老师，我以前上学的时候记忆力强，老师们就会经常给我一些参加学科竞赛的机会，既增加了我的学习负担，也让我在精神上承受了很大的压力。其实我很讨厌这种竞赛性的考试，但为了荣誉，只能坚持参加。有一次，我深夜背书，强行记忆第二天竞考科目的内容，但是隔壁有几个年轻人在宿舍娱乐，吵得我没法看书。我又急又气，心里烦躁极了。

高老师：那在这之后呢，发生了什么吗？

小冀：总让我参加学科竞赛而弄得自己疲惫不堪；又恨隔壁的年轻人吵闹，扰乱了自己的复习，结果在焦虑、怨恨的情绪状态下一夜都没睡好。第二天拖着乏力的身躯来到考场，结果因脑子很乱急得浑身是汗，心慌意乱，勉强交卷。后来我就出现了睡眠障碍，特别是考试期间，总是焦急、心慌和失眠，以致高考失利，复读一年后才考进现在的学校。

高老师：上大学之后这种状况有没有得到缓解，好转一些呢？

小冀：【隐约带着哭腔】没有，我在中学学习时，数学就是弱项，到了大学以后高数讲的内容又多又难，学起来很吃力。第一学期期末考试不及格，我感觉心理负担很重。白天疲劳乏力，复习效果不佳；晚上又睡不好，我真的越来越焦虑了。

高老师：小冀，你现在要做的就是平复你的心情。学高数遇到了困难，可能是缺少一种行之有效的方法，可以多去和教高数的老师沟通，看看你到底是差在了哪里。不要想太多，记着要一步步来，慢慢努力，摒弃脑子中的杂念，给自己一点空间、一点时间，去好好休息一下。

小冀：好，老师，我努力去尝试一下。

场景三：办公室

【大一第二学期，复习考试开始前，小冀主动找到老师，谈他的不安和焦虑】

小冀：老师，我努力去改变我的心态了，可还是不行。一想到我上学期高数补考，我就更慌了，我好担心这学期考试也会很差劲。而且我晚上没有办法入睡，越想睡越睡不着。老师，我想申请缓考。

高老师：小冀，你先不要急，慢慢听老师说。由于你身体上没有可证实的疾病，根据规定呢，没办法缓考，所以老师希望你继续参加考试。你现在主要是心理负担太重，情绪一直不能平静，从而影响了复习效果。情绪对智力活动是有影响作用的，良好的心境、充足的信心有利于增强复习效果，而紧张的心态会使你不能专心复习，以至于影响复习效果。你要放下你心里的"包袱"，专心学习，以更好的状态迎接考试。万一成绩不理想，即使补考也没关系，不必在考试前就这么紧张。

小冀：【认真地点了点头】好的，老师我听您的。

旁白：小冀坚持认真复习，最终，在学期末的各门课程考试中都取得了合格的成绩。他的状态越来越好，焦虑的心情得到了极大的缓解，整个人也开朗活泼起来。

辅导员说：

紧张和焦虑是普遍存在的情感体验。当面临不良情绪的困扰时，不必过分焦虑，贬低自己。我们应学会采取适当的方式去表达和纾解这些情绪，并赋予自己接纳和处理这些不良情绪的空间和机会。

在教育实施过程中，教师必须秉持因材施教的原则，充分尊重教育发展的内在规律以及学生个体的成长实际。针对学生的学习进度和特性，我们应协助制订合理的学习路径，并适时提供科学的方法指导，以期促进学生的全面发展。

年光似鸟翩翩过，世事如棋局局新。心态决定一切，凡事尽全力，若有所得，当以坦然之心面对，不骄不躁；若有所失，则以淡泊之态接受，不悲不喜。所争者，必有其必然之理，当以坚定之意志追求；所遇者，亦有其自然之道。

心灵沟通

编剧：王俊鸥

角色：李雨、罗甜甜、许桐、肖冉、董老师、李母

场景一：寝室

【李雨自从与原寝室同学发生矛盾调寝后，就变得与入学时不太一样了】

罗甜甜：【轻轻碰了碰身边的许桐】：诶，你看她，她又在那自言自语，成天又哭又笑的，真瘆人。

许桐：好了，别说了。你看她前几天和肖冉吵架，那架势多吓人，小心她来找你，别乱说话啊。

罗甜甜：但是吧，我昨天看见她自己站在图书馆大门前，在那看着大门一直大笑，她不会精神状态出问题了吧，能不能出什么事啊？

肖冉：【突然插话】要不我们和老师说一下吧，她这真不太对劲。

许桐、罗甜甜：【静默了一瞬】也好，去说说吧。

场景二：办公室

旁白：董老师得知李雨的情况后便立即联系了李母。正逢小长假，李母便领着李雨去旅游散心。可惜好景不长，假期归来的一个月后，李雨又出现了此前的症状，董老师不得不再次联系其家长。

李母：这孩子在她弟弟出生之前未发现有什么异常，只是性格内向些，有时也出去跟小朋友玩。弟弟出生后，她言语就变得少了。学习上，她成绩一直都挺好，后来有了她弟弟，再加上工作忙，也没有太多时间管她，但我对她的成绩要求还是很高的，就是不知怎么的，她高三时成绩一落千丈。我付出了巨大努力，她才愿意参加高考，到了大学更是要直接回家，唉。

董老师：小长假回家后，孩子都做了些什么？有什么异常行为吗？

李母：国庆期间，我们一家四口出去旅游了。之前关照她弟弟多些，从未领她出去玩过，因此李雨很开心，就是说话有点少。

董老师：那之前领李雨去过医院吗？或者看过心理医生吗？

李母：去过，但是她不配合。我就哄她说，我也去看医生，让她陪我一起去。

董老师：【疑惑道】您为何也看医生？孩子相信您也需要心理咨询吗？

李母：【点了点头】信。我有时候睡不着觉，遇到事情容易想不开。这次学校老师通知我来，说孩子表现异常，我接到通知后，来长春之前的晚上都没睡着……

场景三：会议室

旁白：董老师决定约李雨谈心，由于担心李雨自己不能接受，便协商决定母女共同来，前后一共三次。通过叙事引导疗法，李雨也由最开始的不配合，一直低着头不说话，变为情绪逐渐平缓，能够讲出自己的想法。

董老师：你是否愿意跟我说说你最近的感觉？例如说学习、考试、是否愿意出去散步？学习之余你都喜欢做什么？

李雨：偶尔出去走走，还会戴耳机听音乐。

董老师：那你经常戴耳机在床上，那是在听新闻或者小说吗？

李雨：不是，我是总觉得心慌、烦闷，经常感觉到有人在说我，指责我，讲我的坏话。我戴上耳机就好多了，有时听到走廊里有脚步声也觉得不舒服。

董老师：是经常有这种感觉，还是偶尔出现？每次有这种感觉，会持续多长时间？

李雨：高考前、考试前、调换寝室时都会出现，这次考试前也是这样。本次期末考试的两科我都没去，感觉浑身没有力气，担心考试坚持不下来。每次持续时间都是半小时左右。

董老师：那你是否想过去医院检查一下身体，确诊一下睡不好觉是什么原因引起的？或者做一下关于心理压力的调查问卷？检查一下自己是否是心理压力过大？

李雨：我没去过医院，因为我觉得身体没有问题。问卷我也不想做，我觉得过几天就好了。

旁白：第三次谈心是一周以后，此时，李雨已经渐渐接受去医院检查的建议，并且担心其他考试科目即使考试也不能通过，最终选择了办理缓考。新学期开学后，李雨的母亲来学校为其办理休学手续，并根据心理医生的建议，李雨选择休学在家治疗。

辅导员说：

心理健康教育不仅要注重初期的疏导和沟通，更重要的是后期的治疗和康复。

遇到心理问题不可怕，对自己来讲，可怕的是隐瞒和自卑，对他人来讲，可怕的是嘲笑和指责。教师要引导学生树立开放包容的心态，建立温暖和谐的校园文化环境。

心理健康教育是一项长期且富有意义的工作，是以促进人的发展为根本宗旨的教育，是围绕学生、关照学生、服务学生的重要体现，教育者应始终保持耐心、爱心和恒心，于细微之处传递温暖。

浴火重生

编剧：王俊鸥

人物：苏老师、佳琪、佳琪父亲、佳琪母亲、小夏、心理咨询老师

场景一：办公室

【听着响起的电话铃声，苏老师放下了手头的工作，接听了电话】

佳琪：老师，我想要退学。

苏老师：【心猛地一紧】怎么了佳琪，是遇到什么困难了吗？有问题就和我说，老师会帮你解决的。

佳琪：【沉闷地说道】老师，不是。我觉得学工科太难了，我没有办法坚持下去，现在我感觉特别痛苦，每天都在崩溃的边缘，老师我真的不想念了。【佳琪猛然大哭起来，不停地大口喘着粗气】

【由于佳琪情绪起伏过大，无法进行有效的沟通，苏老师只得对她进行了安抚，在线下与佳琪谈心】

苏老师：【柔声说道】佳琪，老师想知道你为什么要退学，可以跟老师聊聊吗？老师好知道如何帮助你。

佳琪：【烦闷地抓了抓头发】老师，我家离这里很远，我父母对我考上大学都很骄傲，也对我寄予厚望。可是来了这里我才发现，大家都比我优秀，他们知

道好多我以前从来没有接触过的东西,我们之间的差距太大了。【耷拉下了肩膀】我也一直在努力改变,但现在根本见不到效果。工科不是我想学的,我爸妈觉得它好就业,填报志愿的时候也没考虑过我的感受。【抬头叹了口气】我和他们沟通过了,可是他们认为是我没努力学习,抗压能力不够。我现在每天都失眠,感觉疲惫极了,根本无法面对学习,太崩溃了。老师,我真的不知道接下去该怎么办了……

场景二:走廊

【了解完佳琪的情况后,苏老师想了想,拨通了佳琪父母的电话】

佳琪父亲:【大声叹气】唉,老师,你不要和我讲这些。她考上大学那多骄傲的事儿啊,她不好好珍惜,还想回来,那能行吗!到时候亲戚朋友怎么看,还以为她怎么了。

苏老师:您不能这样看啊,现在孩子的状态的确不太好。她的心理压力很大,很大一部原因就是因为您的看法和态度……

佳琪父亲:【打断了老师的话】哪来那么多压力,这些事撑撑就过去了。她这就是不懂事,给自己不想努力找借口。您可是老师啊,不能光听她说,得多教育她啊。

苏老师:您这种教育观念是不对的。孩子的感受和家长的感受是不一样的。在她的世界里,学习负担重重压着她,她在学校中也足够努力,但是家人的不理解是会影响孩子的。家长要先关注孩子的感受而不是自己的感受,希望你们可以尝试去理解孩子的想法并能真正地关心她的需求。

旁白:苏老师为佳琪与父母之间搭建了沟通桥梁,佳琪父亲、佳琪母亲给予了佳琪更多的关怀和理解,愿意倾听佳琪的声音,进行了多次平等且有效的沟通。佳琪的父母慢慢尝试着去理解和接纳佳琪的想法,而不再是指责和训斥。

场景三:办公室

旁白:经过与佳琪的充分沟通,苏老师找到相关任课教师对佳琪进行了一段时间的一对一线上辅导,与其他老师合作,引导她找到适合自己的学习方法,提高学习能力,减少学业带来的心理压力。

小夏:【敲了敲办公室敞开的门】老师,您找我?

苏老师:【在办公桌前抬头看了看】小夏,来,你先坐,我有事情要和你说。【起身坐到了一旁的座椅上】佳琪她最近的状态不是很好,我很担心她。你作为班长,我希望你带着班里的学生干部和党员多照顾她,在学习上对她进行一对一帮扶，在生活上多给予她一些关心和陪伴，提升她在咱们班级里的归属感。

小夏：【认真地点了点头】老师，我都记住了，我们肯定会做好的。

场景四：心理咨询室

【在对佳琪进行引导和帮助后，苏老师联系了大学生心理咨询中心老师进行咨询】

心理咨询老师：【看着得出的结果作出了初步评估】她的心理状况需要专业诊疗服务，有必要去专业医院就诊。

苏老师：【沉思片刻】佳琪，我可以和你的家长进一步商量这件事吗？

佳琪：【默默地点了点头】好。

【在征得佳琪的同意后，苏老师与她的家长进行了沟通，阐明了事情的严重性，并建议家长陪同佳琪去专科医院就诊】

佳琪父母：【沉默地看着手中的中度抑郁诊断通知单，轻轻抱了抱女儿】之前是爸妈不对，不知道和你好好沟通，以后有什么想法，我们都好好说，爸妈一定尊重你的想法、你的选择。

旁白：经过家校双方的共同努力，佳琪和父母都尝试去理解和接纳了对方的想法。佳琪也减少了很多学业带来的心理压力，并在同学和老师的帮助下树立了正确的价值观念，提交了入党申请书。佳琪的失眠等身体问题得到了有效的缓解，心情越来越愉快，朝着更好的方向转变。

辅导员说：

朋辈压力是大学生心理健康问题的主要诱导因素之一。教师要不断引导学生调整心态，承认差距，敞开心扉，积极融入集体并向他人虚心学习，找到属于自己的发展方向。

在大学阶段，学生的成长必然会伴随着各种压力，产生各种情绪，这要求家长在学生的立场上看问题、想问题、解决问题，尊重教育的客观规律。

心理健康教育要注重以问题为导向，从困难出发，把心理学与思想政治教育结合起来，通过科学的疏导方式和有效的医疗手段，全方位关注学生的心理健康问题。

追逐梦想无忧无惧

编剧：王楠

角色：小杰、龙龙、小成、赵老师、刘老师、李志

场景一：篮球场

【小杰紧紧握着手中的手机，满脸痛苦】

【时间回溯到前几分钟】

小杰：【欣喜地接通电话】喂，爸，我知道，我已经很努力了，没有荒废时间，您能不能理解一下我？

【电话结束，缺少关心，取而代之的是告诫好好学习】

龙龙：【刚好走过来】小杰，一起去打篮球啊。

小杰：【失落地摇摇头】不了，你们玩吧，我先走了。

小成：【大声喊】快回来，龙龙。

场景二：教室

【第二天，宿舍的几人收拾东西准备去上课】

龙龙：【上前搂住小成】小成，东西收拾完了吗？我们走吧。

小成：【点点头】好。

【上课铃声响起】

赵老师：【站在讲台上，面向学生】同学们，今天我们来上讨论课，大家可以四人一组，自行成组，下午交一份报告给我。

旁白：小杰看着大家自行找好了组员，并不需要自己，心里有些难过。

场景三：办公室

【"咚咚咚"的敲门声响起】

刘老师：进。

小杰：【心情低落】老师，我最近总是焦虑，睡不着。最近的几次考试成绩都不是很理想，马上毕业了，但是专科直接毕业又难找好的工作。我想参加专升本考试，【眼眶湿润，声音发抖】但我对我的未来充满了迷茫，又不敢和爸妈说，不知道该怎么办。

刘老师：【语重心长地说道】小杰，谢谢你愿意选择我作为你的倾诉对象。首先，咱们换个思路，不是经常说嘛："小孩子才作选择，大人全都要。"【面带微笑】你可以转换"两条腿走路"的思想，先就业再准备专升本。其次，你要多和同学、朋友交流学习方法，到时候告诉老师你的志愿是什么，喜欢什么。【摸摸他的头】鼓起信心来，你一定可以的小杰！老师相信你。

旁白：距离上次小杰和老师交流已经过去了两周，在室友和老师帮助下，小杰渐渐变得开朗起来，放松了心情。

场景四：寝室

龙龙：【用胳膊怼了怼小杰，并眨了眨眼】怎么样，刘老师给你推荐的正在招聘的企业HR微信你加了吗？面试过了吗？有没有信心。

小成：【迅速转过身，中气十足地说】那还用说，我们仅仅看小杰每天都去刘老师开展的"就业培训"活动，就知道他有多认真。【拍了拍小杰的肩膀】相信我们，你肯定可以的，小杰！

【"叮，您有一条信息待接收"】

小杰：【打开电脑】是我面试的公司。

小成：【焦急地说】快快快，打开，我相信你的实力，一定能被录用！

【在信息打开的一刹那，三人屏住了呼吸】

【邮箱信息：恭喜你，小杰同学，你已成功被我公司录取，上班时间稍后会发到你的邮箱】

【小杰紧紧地抱住其他两个人，不断地说着谢谢】

【时间的帷幕缓缓落下，转眼就临近考试】

场景五：自习室

李志：【对他招手】怎么才来，今天是最后一次辅导。过几天就要去考试了，祝你上岸成功，鲜花开放，阳光万里！

小杰：【感动地点点头】谢谢你，我会努力的。

李志：那我们开始学习吧。

场景六：办公室

【"咚咚咚"】

刘老师：请进。

小杰：【掩饰不住地激动】老师，我过了，不管是面试还是考试，我都过了！

刘老师：【微微笑了笑】老师就知道你一定可以。以后可要记得多和同学朋友们交流，别失去前进的信心，摒弃浮躁不安，追逐梦想，无忧无惧！

小杰：【潸然泪下】谢谢您，老师，我将永远记住您的话。

旁白：往后的日子里，小杰渐渐开朗，一边学习一边工作，并依然保持和刘老师用微信进行沟通，父母也更多地关心他的生活。

辅导员说：

就业创业指导要与心理健康教育相结合，依据学生实际情况而创新教育和引导方法，以更丰富的形式和更好的载体引导学生在积极乐观心态下寻找自己的方向，实现自己的目标和梦想。

在缺乏充分调查的情况下，我们不应轻率地发表意见。正处于迷茫阶段的大学生，应积极与师长、同学和家人进行深入的沟通交流，广泛收集各方意见和建议，以便能够尽快明确自己的发展方向和目标。

在特定情况下，学校教育是家庭教育的有力补充，学校要不断健全家校联动机制，多措并举，助力大学生全面发展。

一往无前

编剧：徐思佳

角色：小志、小涛、小杰、辅导员、俊浩、周老师

场景一：寝室

【一大早，不知道谁的闹铃响起来，可是没有人关】

小志：【刚刚转醒】谁啊，没有早课能不能把闹钟关了！

小涛：【推开寝室门，把手机关了】是小杰的吧，他一大早就出去了。

【小杰头发湿淋淋的，颓废地坐在床上哭了起来】

小涛：【不知所措】你怎么了？

小杰：【捂住脸】还不是找不到工作……我学习那么努力，为什么？

【寝室的人都知道小杰为了找到工作贪黑起早的努力，所有人都叹了口气】

场景二：办公室

辅导员：【一脸无奈】我最近收到了小杰的退学申请，怎么说都没用，这到底怎么回事？

俊浩：【叹了口气】老师，小杰的父母从小对他很严格，他也很努力，但是每次他的成绩都不是很理想，工作也没有找到，他对自己很失望，也很自卑。

小志：【着急】老师，你可得帮帮他啊，我们没想到他有退学的想法！

辅导员：【转身坐下】好，你们回去密切关注小杰的一举一动，有异常情况随时联系我。

场景三：体育馆

小志：【擦汗，语气急躁】小杰，听说你要退学啊！咱们做兄弟这么多年，你对我们可真是什么也不说啊！

小杰：【瘫坐在地上】我感觉真的学不进去了，每天压力都很大。考试还有希望吗？今年我还能找到工作吗？我总觉得自己什么都不会，我尝试过了。

小志：小杰，你要学习相信你自己。你的事辅导员已经了解过了，我希望你能和心理老师聊聊。

小涛：其实我们一直都知道你心里的事，希望你能走出来。

【小杰身体一顿，把篮球投进篮筐里，走出了体育馆大门】

场景四：周老师办公室

周老师：【思考了下】你知道吗？我昨天在你们专业老师办公室看到了你的作业，

我觉得完成得非常好，为什么要觉得自己不好呢？

小杰：【踌躇了半晌，一顿一顿地说道】老师，我昨天上课看到你在讲台后边了。从小，我的父母对我非常严格。我成绩不理想，但是我父母希望我继续升学。我不善言辞，不知道如何表达自己的思想和情绪。

周老师：【点了点头】你的大致情况我了解了，当然我相信你还会有话和我说的。你要和你的父母进行沟通，我和你的辅导员老师也会与你的父母进行沟通，多关注你的日常生活。

小杰：【拳头紧握，眼里泛着泪花】老师，你说的我都懂，我也会向父母表达我自己的。

周老师：【欣慰地笑了】你要记住，每个人都有存在的价值。不善言辞，那我们就锻炼自己，报名参加活动，增强自己的言语能力。你要相信，这都是可以后天培养的。成绩只是前提，它并不能左右你的人生。你要学会掌握自己，我们已经到了一个新的阶段。这是一个改变不了的既定事实，所以我们要充实自己，有缺点我们就改。我相信，你一定能变得更好。

小杰：【犹豫】老师，我怕找不到工作，怎么办？我已经面试很多家单位了。

周老师：你要先就业，同时也要兼顾专升本考试。回去之后和我说说你了解的理想的工作性质和岗位，根据你的实际情况我会推送几家正在招聘企业和HR的联系方式。怎么样？

小杰：【眼中充满了感动，鞠了一躬】谢谢老师，谢谢老师。

周老师：你要相信你自己，对自己充满自信，不要想着退学了，好好学习吧。

小杰：【不住地点头】嗯嗯，知道了。

【门外响起了敲门声，小涛、俊浩、小志都站在门外，四人相视笑了，小杰过去抱了抱他们】

俊浩：【大手拍了拍小杰的后背】咱们都是一家人，我们会带着你更好的。

【周老师再次欣慰地笑了】

辅导员说：

人生并非由单一事件所限定，所面对的困难不仅是生活对你的考验，亦是人生旅程中不可或缺的一道亮丽风景。

在面临巨大压力之际，我们应将眼前的困境视作长远奋斗历程中一次宝贵的锻炼机会，而非一场生死决战。切勿因轻率放弃而致使前期努力付诸东流，功亏一篑。

学习动机强度要根据目标的难度不同而变化。制定目标时要难易适中，尊重客观规律而不是主观臆想。从自身出发在问题中寻找解决方法，对未来保持合理的憧憬和期待。

永不言弃

编剧：徐思佳

角色：小张、凯凯、小李、徐老师、辅导员

场景一：宿舍

【"丁零零，丁零零"，手机闹钟不合时宜地响了起来，小张伸手把闹钟关掉】

小张：【低声】凯凯快醒醒，要到点上课了，快八点了！

凯凯：什么，赶紧的。

【两人穿好衣服并洗漱，从洗手间出来后看见小李还在睡】

小张：要不要叫醒小李，这马上就到点了？

凯凯：你忘啦，你上次叫他，他那臭脸的样子，下一秒就要爆发了。快走了。

【两人于是轻手轻脚地离开了宿舍】

场景二：教室

徐老师：这节课咱点个名啊！

小张：怎么办？小李没有来，已经不是第一次了，徐老师是出了名的严厉。

【徐老师刚点到小李的名字，小李从门口进来】

徐老师：你怎么回事，每次都迟到，上次你和其他老师发生了争吵，这次怎么还不长记性。

小李：【散漫说道】老师，对不起，下次我还这样。

【凯凯急忙把小李拉到旁边】

凯凯：你可长长记性吧。

小李：我知道了，我要睡觉了，下课叫我。

场景三：办公室

辅导员：小李，前几天你和老师吵架的事我听说了。

小李：【低下头，叹了口气】老师，我都这样了，其实你没必要管我。

辅导员：【眼中充满希望】我听说你以前是一个非常优秀的孩子，到了大学却开始缺课，上课不认真。从你的室友对你的评价可以看出，你对学习不是那么的厌恶。

小李：【眼含热泪，默默思索】我小时候对学习特别感兴趣，但现在我对学习的兴趣大不如前了。由于母亲平日里也不管我，我感觉自己好像被抛弃了。我开始变得上课不认真，总是想玩点什么。我的母亲很少关心我的学习与生活，我感觉生活很无聊。现在的我，总是管不住自己。

辅导员：小李，我知道你很无奈，你不知道如何自我改进和自我约束，但实际上知道自己错在哪儿，也知道自己该做什么。

小李：老师，我现在内心非常挣扎，我知道我想学习，可是我学不进去。小时候的事情影响到现在的我。

辅导员：首先你当然不能放弃自己，你要相信未来的学习生活中你会得到鲜花和掌声。我也和你的父母进行了沟通，我相信你的父母也会理解你。

小李：【向辅导员鞠了一躬】老师，谢谢你。这么多年，我从来没有和母亲好好地交流。这次和你交谈之后，我想我会解开自己的这个心结。

辅导员：小李，你要知道无论工作、生活还是学习，都要时刻保持积极向上的良好心态。你的计算机应用能力很强，可以多多参加社团。你也可以参加志愿者服务活动来实现自己的价值。

小李：老师，谢谢你。我终于明白了，我会好好学习的。

旁白：经过观察之后，小李的学习成绩有所上升，小李的才华得到了别人的重视和肯定。他和妈妈的关系也逐渐好了起来。同时，他也积极去帮助有困难的人。通过实现自己的价值，小李逐渐增强了自信心。

辅导员说：

家庭教育对个体的成长具有深远的影响。人的成长是一个持续发展的过程，在其中的每一个阶段，家庭都应当给予充分的关心、关爱和精心呵护。

实现个人价值的方式丰富多样，教师应当持续引导学生发掘成长的关键节点，并采取多种措施协同并进，以促进其实现高质量的成长与发展。

人对行动的规定本身就是行动，行动的存在就包含着它的自律。在教育过程中，学校和家庭要注重发挥约束作用，引导学生学会自我约束，明确行为边界和认识边界。

正确利用时间

编剧：赵剑平、张文清

角色：李帅、小铭、文涛、小张、王老师

场景一：寝室

【窗外一阵凉风袭来，金黄的树叶散落一地，多少有些凄凉。寝室里李帅和小铭在玩游戏，传出一阵噼里啪啦的声音】

文涛：最近换季了，该买新鞋了。

李帅：是啊，该买了，去年的鞋不想穿了。

文涛：我最近看到一双鞋，新出的款式，可帅了。

小铭：我想买衣服，换季太冷了。小张你要买什么啊？

【小张低头沉思一会儿，看着自己脚上的那双旧鞋】

小张：我就不买了吧，我的衣服和鞋还有呢。我去食堂看看有没有兼职的。

李帅：我看小张都没怎么买过新衣服啊。

小铭：是啊，还总去兼职，可能家里经济有些困难吧。

场景二：教室

【王老师在讲台上，环视四周】

王老师：今天来上课的同学好像缺了几个，我们现在来点名，看看谁没来上课。

王老师：小张，小张……小张没来吗？

【李帅、文涛环顾四周】

李帅：小张没来上课吗？

文涛：没看到他人，应该没来，好像兼职去了吧。

王老师：快期末了，还有同学逃课不好好学习，对自己这么不负责任吗？同寝室的室友通知他一声，让他来我办公室一趟。

文涛：唉……

场景三：办公室

【小张在办公室门口踱步，久久不愿进去，正巧撞上了开门的王老师】

王老师：小张来啦？进来吧，你应该知道我找你要说什么吧。【打开门，示意小张进去】

小张：老师我知道。【低着头不情不愿地进门】

王老师：现在都已经期末了，你怎么还旷课，还想不想学习了？兼职重要还是学习重要？

小张：对不起，王老师，我家里的条件不是很好，平时实在需要兼职的工资，所以才不得不耽误了学习。

王老师：你的家庭状况我也了解一点，但你是来学习的，应该以学业为主呀，更何况现在都已经期末了。【耐心地说】

小张：老师我知道了，我会合理平衡兼职和学习的。

王老师：这样吧，你加一下我的微信，要是平时压力过大，可以跟老师说，不要一个人扛着，也不要有过度的自卑心理。

小张：好，谢谢老师。【听了王老师的话，本以为会被骂一顿的小张现在眼神充满感激】

旁白：小张按照王老师的话，认真学习了期末的课程，并且取得了一个还算不错的成绩，这也使王老师倍感欣慰。

场景四：教学楼走廊里

【第二学期初，天气逐渐褪去了冬日的寒冷。在教学楼里，有两个匆匆忙忙的身影

会面了，那就是小张和王老师】

小张：王老师，王老师！新学期好，这么着急找我有什么事吗？【气喘吁吁地问】

王老师：新学期好呀，上学期期末成绩还算可以嘛。

小张：哈哈哈，还是多亏了老师的教导呢！【不好意思地挠挠头】

王老师：我这次来是给你带了一个好消息，猜猜是什么？

小张：不知道。【看着王老师脸上的笑容，小张不明所以地摇摇头】

王老师：我给你找了一个勤工俭学的机会，图书馆的管理员，一方面可以减轻你的经济负担，另一方面也可以让你积累一些生活阅历，怎么样，要不要考虑考虑？

小张：真的吗？老师，太感谢了。【激动地说】

王老师：新学期要有新气象，好好加油哦，也要多多参加一些集体活动，交一些朋友，这样的大学生活才会多姿多彩呢！

小张：知道了，老师！

旁白：在王老师的帮助下，小张的大学生活逐渐走上正轨，他也摆脱了以前的自卑心理，变得阳光了起来。他明白了"自卑是土壤，自信是庄稼"的道理，从内心和外在都变得强大了起来，也重拾了对生活的乐观和对未来的希望。

辅导员说：

在对待兼职的利弊时，学生应当保持理性与审慎的态度。作为大学生，学业始终是主要任务，必须牢牢把握这一主要矛盾。对于家庭经济状况较为困难的学生，教师要引导其充分利用学校提供的勤工俭学岗位，通过实践工作积累宝贵的个人经验。同时，学生也要积极与老师和身边的同学保持良好的沟通，以便更好地平衡学习与工作的关系。

攀比之心须摒弃，助人为乐当秉持。在这个充满竞争与压力的时代，我们不应被攀比之心所束缚，而应将目光投向更宽广的天地。当我们摒弃攀比，心无旁骛地投入学习中，便能更好地领悟知识的魅力，不断提升自我。

选自己喜欢的就好

编剧：赵剑平

角色：小张、小王、小陈、小李、小李妈、小李爸、李老师

场景一：寝室

【时间已经临近大四期末，大家都在忙着找工作、考研的各项事务】

小张：【一边修改简历一边问大家】姐妹们，你们都找到工作了吗？

小王：【低头看书回答】快了，昨天刚通过一个公司的面试。

小陈：我这些天投了好几份简历，今天下午就有一个面试，希望我能面试成功吧。

小李：【一脸苦恼】我也投了好多简历，这眼看着都要放假了，还没有一家公司联系我呢。唉，这可怎么办呀？

小陈：没事，机会总会有的嘛。

场景二：家里

【寝室群里大家都发来面试成功的捷报，只有小李默不作声，对大家的询问也视而不见】

小李：为什么只有我找不到工作？投了那么多简历，没有一家公司面试通过，甚至有的连面试的机会都不给我。

小李妈：傻丫头，别想太多了，那只是因为那些单位并不是你最好的选择。人生有那么多选择，为何非要纠结于一时的失利呢？和你爸爸出去散散心吧。

小李：道理我都懂，可是您也知道我参加国家电网考试失利了，我觉得自己好像没那么优秀，连找工作都不如其他同龄人。

小李爸：丫头，别想那么多了，爸还有的是力气，还能养得起你，你也不要担心工作的事，和我出去散散步，咱爷俩都好久没一起散步了。

场景三：同学聚会

小陈：好久不见，你们工作都怎么样了？

小王：还好吧，都比较符合我的意愿。

小张：也还好，只不过工作有点辛苦，还是有点怀念在学校的日子。

小陈：是啊，我也很怀念。怎么没看到小李呀？

小王：听说她还没找到工作，最近情绪一直不是很好。

小张：小李平时最努力了，就是有些内向。她应该去咨询老师，向老师寻求意见。

小陈：要不我们和老师说说，帮她解决问题吧。

【小张、小王异口同声地说了句好】

场景四：办公室

李老师：坐吧，小李。听你室友说你最近有些情绪低落，还在为工作的事情发愁吗？

小李：老师，大家同样都是念了四年的书，从同一所大学毕业，为什么他们都能找到工作，我却迟迟找不到工作呢？

李老师：小李，你知道为什么茶和咖啡都能让人提神，可是有人喜欢喝茶，有人喜欢喝咖啡吗？

小李：啊？老师我不知道呀。

李老师：道理很简单，茶和咖啡都是生活中的饮品，但是味道不同，大家的选择

　　　　　自然不同。咖啡比较苦，但是回味起来有一种香甜；茶叶呢，更多带有一种淡雅悠长、桂馥兰馨的香味。就好比你在选择就业岗位一样，虽然大家都是同样的专业，但是每个人都有每个人的实际情况。虽然你有去国家电网的想法，但是不能只投一家的简历。

小李： 老师，我想明白一点了。谢谢老师的开导，我回去再找找自身的原因。我也相信自己一定能找到心仪的工作。

李老师：【笑了笑】好的，老师相信你是一个优秀的学生，老师也会帮你留意其他单位的招聘信息的。

旁白： 在老师的帮助下，小李顺利通过面试，成功进入了一家国有能源公司。当然，她也不忘和室友、老师分享了自己的喜悦。她开始尝试解开自己的心结，在工作中脚踏实地，迈向自己新的人生阶段。

辅导员说：

就业焦虑是毕业班学生普遍面临的问题。学生要主动向老师、同学和家长反馈焦虑原因，输出焦虑情绪，为解决焦虑创造条件。

求职过程本质上是一场同龄人间的激烈角逐，同学们应当学会在竞争中携手共进，在竞争的环境中不断磨砺成长。应保持平和的心态，深刻认识并评估自身条件，按照既定的计划，有条不紊地投递个人简历，珍惜发展机遇。

在大学集体生活中，我们应当适时地关注并顾及他人的情感体验，积极发扬乐于助人的崇高精神品质。同时，我们还需要学会尊重每个人的独立性和差异性，在集体中营造和谐融洽的氛围。在与人相处时，我们要注重沟通，善于倾听他人的意见和建议，尊重他人的选择和决定。

第二章
新家园 "心"归宿

　　学生寝室是开展思想政治教育工作、助力学生成长成才的重要阵地。不同于家庭环境，寝室成员多来自五湖四海，生活习惯、处事态度、作息时间等方面的显著差异成为寝室矛盾的主要来源。在小小的寝室里，每个学生都是一本独特的"书"，他们的思想、情感、经历交织在一起，形成了丰富多彩的寝室文化。

　　作为思想政治教育的重要阵地，学生寝室不仅承载着传授知识、培养技能的任务，更肩负着引导学生树立正确的世界观、人生观和价值观的使命。在寝室内，同学们通过日常的交流、讨论和合作，不断增进了解，加深友谊，同时也在相互的碰撞和融合中，学会尊重差异、包容他人，培养团队协作精神和集体荣誉感。

　　寝室人际关系作为大学生活中的重要一环，时常牵动着每位学子的心弦。在这个狭小而又紧密的空间里，每个人的性格、习惯和生活方式都不可避免地产生摩擦和碰撞。而当代大学生的网络参与度极高，寝室内的种种细节和纷争都会成为网络热议的焦点。随着社交媒体的普及，寝室里的点滴故事往往被迅速传播开来，引起广泛关注。从室友间的小争执到突如其来的矛盾升级，每一次的风波都在网络上掀起不小的波澜。这些事件不仅反映了当代大学生在寝室生活中的真实状态，也折射出他们在处理人际关系时面临的挑战和困惑。

　　寝室人际关系的复杂性在于每个成员都来自不同的家庭背景、成长环境，具有不同的价值观念。在这样的多元背景下，每个人对于寝室生活的期待和要求也不尽相同。因此，如何在尊重个体差异的基础上，建立和谐共处的寝室氛围是摆在每位大学生面前的重要课题。董军强围绕寝室人际关系现状调查与研究，面向某高校 1148 名本科生发放调查问卷，调查结果表明：当寝室室友跟自己的兴趣爱好不同时，有超过 50% 的学生不愿意交谈。在室友对自己的评价方面，近七成学生认为室友对自己的评价一般

或较差。❶

为了更好地发挥学生寝室在思想政治教育中的作用,我们可以开展形式多样的寝室活动。例如,定期组织寝室座谈会,让同学们分享自己的学习心得、生活感悟和成长经历;开展寝室文化节,通过举办文艺演出、体育比赛等活动,增强寝室凝聚力和向心力;建立寝室导师制度,邀请专业老师或辅导员进驻寝室,为学生提供个性化的指导和帮助。以下情境式案例均来源于学生的日常生活以及思政工作,希望它们能够带来更多的思考,帮助更多学生处理好寝室人际关系,进一步发挥寝室这一重要育人阵地的巨大作用。

爱自己,更爱寝室的人

编剧:刘嘉琪、崔洪铱

角色:李老师、小商、小田、小刘、小崔

场景一:办公室

【敲门声】

李老师:请进!

小商:老师好。

李老师:是小商啊,你找老师有什么事吗?

小商:老师,我想换寝室,换一个生活环境。

李老师:怎么需要换寝室了,是发生什么事了吗?

小商:是的老师,我和我的那几个室友……有些不愉快,她们一起孤立我,我感觉很不舒服。

李老师:具体怎么回事,你能具体说说吗?

小商:她们早上放音乐,还把我锁在寝室门外,我不明白她们为什么要这么对我。

李老师:要真是这样的话,老师来帮你处理。

【李老师打通了寝室长小田的电话】

场景二:办公室

【敲门声】

李老师:请进!

小田、小刘、小崔:老师好!

李老师:你们好,我想问一下你们,小商最近的状态怎么样?

小田:老师,最近小商经常阴阳怪气地说我们,我们也很不开心。

---

❶ 董军强:《大学生寝室人际关系实证研究》,《学校党建与思想教育》2013年第12期,第71—72页。

小刘：是的老师，小商对我们很不友善。我有一次买了化妆品，她就说我乱花钱取悦自己。

小崔：对对对，老师。不仅如此，我们三个一起点奶茶，知道她不喝奶茶就没喊她，她就撒泼打滚地说我们孤立她。

李老师：真的吗？这样吧，你们再好好想一下，自己在寝室做过的事是否影响了别人。每个人都会有不开心的时候，作为朋友，要适当地理解小商。当然，小商也有做得不对的地方，这个我会与她沟通。

小田：老师，我们三个已经对她很包容了，但不知道什么原因，小商最近情绪很暴躁，看不惯身边的人。

李老师：好，那你们先回寝室吧。

小田、小刘、小崔：谢谢老师，老师再见！

李老师：再见！

场景三：寝室

【趁着小商没在寝室，几个室友商量了一下，决定和小商好好地聊一聊。毕竟都是一个寝室的，不想继续把关系搞得那么僵。小商突然回来】

小田、小刘、小崔：【异口同声】你回来了！

小商：【很诧异】嗯？怎么了？

小田：【很诧异】我觉得我们可以坐下来好好地聊一聊，毕竟大家还要在一起住两年，没必要把关系闹得那么僵。

小商：【爽快】可以啊。

小田：那天和小刘听音乐，打扰到你休息，是我俩不对。我俩不仅没听你的意见还阴阳怪气，是我俩不对，对不起。

小刘：【接上小田的话】那天早上你没睡醒，我的洗漱声音有点大，我真的不是故意的。

小商：嗯，我知道，当时我的态度太差了，我也有问题。还有你们好心提醒我值日，我却耍脾气，害得大家都没得到德育分数，真的挺对不起大家的。

小田：事情都过去了，我们依旧是好朋友。

小商：好。

旁白：经过这次交谈之后，室友们和小商的关系缓和了起来，变得越来越好，寝室充满了欢声笑语。

场景四：办公室

【小田、小刘、小崔、小商共同站在李老师的办公桌旁边】

李老师：小商，你的室友已经与你达成了和解，今后一定要注意自己的言行举止，保持良好的情绪状态。室友是与你朝夕相处的好朋友，而不是坏情绪的宣泄出口。如果心情不好，可以找父母、老师或者朋友，坐下来谈一谈，把自己面临的困难说出来，寻求更多的帮助，这才是处理坏情绪的好方法。

小刘：对呀，小商，以后有烦心事可以跟我们说呀，我们有福同享，有难同当。

【随后，小商深刻地意识到了自己的错误，并向三名同学表达了真诚的歉意。小田、小刘、小崔也为自己的行为感到愧疚，四人冰释前嫌，最后成了很好的朋友】

辅导员说：

室友的和谐共处并非难事，其核心在于寝室成员需具备开阔的胸襟，秉持互助互爱的原则，共同营造和睦融洽的氛围。

自觉和自律不仅是对自己的要求，更是对他人尊重的体现。在寝室这个小小的空间里，每个人的生活习惯和作息时间都可能存在差异，这是客观存在的现实。我们应该理解并接受这种差异，不要用自己的标准去衡量和要求他人，这样才能营造良好的寝室氛围。

要学会体察他人的心意。言谈之间偶尔出现失言，或者行动上不慎犯错，这并不会对双方关系造成严重的冲击。我们应当学会包容与理解他人，给予对方改正错误的机会，这不仅是展现自身的宽容大度，也是促进双方关系和谐发展的必要之举。同时，通过理解和包容他人，我们自身也会得到成长与提升。

知人者智，自知者明

编剧：刘嘉琪

角色：辅导员、小淼、小明

场景一：办公室

【辅导员老师正在办公，忽然手机发出急促的铃声】

辅导员：【拿起电话】喂，您好？请问您找谁？

小淼：老师，我是小淼，我想和您申请换寝室。

辅导员：换寝室并不是什么小事，你是遇到什么问题了吗？

小淼：老师，我没遇到问题，我就是想换寝室！这个破地方我一天都待不下去了！

辅导员：小淼同学，我希望你可以冷静一点，你像现在一样激动是解决不了任何问题的。这样吧，你有时间来一趟我的办公室，咱们谈一谈。

【小淼答应了辅导员老师的请求，挂断了电话】

场景二：办公室

【小淼忸怩地敲响了办公室的门，走进了办公室】

小淼：对不起老师！之前在电话里是我情绪太激动了。

辅导员：没事的小淼，现在这里没有外人，所以你可以和我说说为什么要换寝室吗？

小淼：【不敢直视老师的眼睛】是这样的老师，我和我的室友由于一件事引发了争吵，最近我在寝室里的好朋友小明也转专业走了，然后他们天天嘲讽我，我实在无法忍受，所以想要更换寝室。

辅导员：是这样啊，这件事也挺严重。你可以和老师说说你们寝室平时的相处状态吗？

小淼：我们平时就会因为小事吵架，但是小明她总会在其中做和事佬，现在小明转专业走了，我在寝室就没有朋友了。【小淼说着说着哭了出来】

辅导员：小淼，不要钻牛角尖，不要把自己的想法强加于别人，遇到问题时要尝试沟通解决而不是通过逃避冷战来解决，也不要过度依靠别人的调节来让他人做出让步，你先回寝室好好想一想吧。

小淼：好的，老师。

场景三：寝室

【小淼在回寝室的路上，遇到了之前的室友小明】

小明：小淼，你这是怎么了？我的好乖乖，又被欺负了吗？

小淼：【抱住小明】呜呜呜呜，小明，她们都欺负我。

小明：好了好了，咱不哭。你的事我都听说了，是她们不对，那咱们别理她们好不好？

小淼：嗯嗯，我以后也不会钻牛角尖了。

小明：这就对了，走吧，咱们去喝奶茶！

场景四：办公室

【小淼轻叩三下门，脸上带着笑容进入办公室】

小淼：老师好！

辅导员：看起来你心情好多了。怎么样，最近这是想开了吗？

小淼：是的老师。我不那么钻牛角尖之后，这个人都变得豁达起来，再加上最近小明也一直陪着我，我觉得日子也没有之前那么难过了！

辅导员：这就对了，换个角度看问题，一切都会好起来。

【辅导员从桌子上拿出一张寝室调换申请表】

辅导员：把自己的名字填上去吧。

小淼：不不不，老师，我还是在原来的寝室吧。我想我应该学会与人相处，您放心吧！

旁白：一些抗压能力较弱的大学生，在集体生活中容易产生对某一人或某一事的偏执，久而久之就很容易对身边的人吹毛求疵，失去热情和耐心，变得自卑自责。现在的小森彻底变了一个人，变得乐观豁达，更加开朗，开始主动进行社交，享受着美好的大学生活。

辅导员说：

在大学生活中，遇到一个三观合的室友是一种幸运，但我们不能因为这种幸运而忽视了与其他室友的团结和沟通。只有团结一致、相互尊重、珍惜彼此，我们才能共同度过一段美好的大学时光。

遇到问题，我们要勇敢面对，积极解决。在解决问题的过程中，我们既要运用合理的方法，又要尊重他人的意愿和感受，不能以自我为中心，强行要求别人按照自己的意愿行事。

在压力面前，我们要保持平和的心态，保持谦逊和自省，既要向他人学习，也要审视自己的缺点和不足，加深对自己的认识，不断提升自己的能力和素质。

做自己的万花筒

编剧：安心蕊

角色：小丽、小丽爷爷、小丽奶奶、小丽爸爸、小白、伊一、小马、张老师

场景一：小丽家

【小丽拿着录取通知书走回家】

小丽：爷爷奶奶，我考上大学了！

小丽爷爷：好孩子，有出息了，成为咱家第一个大学生了！

小丽奶奶：真是奶奶的好孙女，真给咱家长脸。快给你爸打电话。

小丽：好的。

【电话声：嘟——】

小丽爸爸：喂，闺女怎么了。

小丽：爸，我考上大学了！

小丽妈妈：什么，闺女考上大学了！

小丽爸爸：不愧是我闺女，真棒！等着，爸爸忙完回去就给你带奖品。

小丽：好的！

小丽奶奶：唉。

小丽爷爷：叹什么气啊，孙女考上大学你还不高兴了？

小丽奶奶：你那是什么话，我当然高兴，只是这学费……

小丽爸爸：唉，会有办法的。

【小丽听见爷爷奶奶和爸爸的谈话之后默默地回了房间】

场景二：寝室

小白：我来自北京，请大家多多指教。

伊一：我来自四川，是典型的辣妹子，欢迎大家来四川吃火锅。

小马：大家好，我是东北人，喜欢交朋友，希望大家能到我家里去做客。

小丽：我家在云南的一个不起眼的小地方……

小马：开学第一天，咱们一起去吃火锅吧！我知道咱们学校附近有一家火锅店非常不错。

伊一：好啊，看看和我们四川火锅像不像。

小白：也看看和我们老北京火锅比起来怎么样。

小丽：你们去吧，我还有事，就不去了。

其他三人：别啊，一起吧。开学第一天，你别掉队啊！

小丽：不了，我不喜欢吃火锅。

其他三人：那好吧。

场景三：室外

【冬季】

小白：立冬了，吃点什么呢？

小马：在我们东北，立冬必须吃饺子。

伊一：你们东北什么节日不吃饺子。

小马：嗜，你这话也没毛病，哈哈哈哈哈哈。

小白：走，吃饺子去。

【三人笑呵呵地往出走】

小马：【回头并问】小丽你不去吗？

小丽：不去。

伊一：你怎么还问她，她就没跟咱们出去过。

小马：大家一个寝室不问不好吧。

伊一：你问了人家就能去吗？

小马：可是……嗜，好吧。

【小丽看着走远的三人心里泛上一阵酸楚】

场景四：办公室

张老师：为什么这次宿舍创意大赛你们宿舍又是三个人。

伊一：老师，那跟我们没关系，小丽啥都不跟我们一起弄。

小白：确实，小丽总是独来独往，不跟我们交流。

小马：老师，我觉得小丽有点过于拘谨和内向。

张老师：那我去找她谈谈。

【张老师与小丽家长联系后了解了小丽的家庭状况】

张老师：小丽啊，老师知道你有很多难言之隐，也知道你的生活中有很多不如意。你被黑夜敲打，恰恰说明你是光明本身。你啊，一定要明白，你是这世界上最好的你，你现在处于最好的年纪，身体健康，前途光明。所以，不必焦虑和自卑，往前走吧，走到属于你的康庄大道上去。

小丽：【默默流泪】我知道了老师，我会改变自己的。

小马：【敲门后进来】老师，我找小丽。

张老师：去吧去吧。

小马：快走，和我一起去吃海鲜粉，顺便再吃个水果捞，我超级想吃菠萝。

【小丽笑了笑并点了点头】

旁白：后来的小丽找回了自信，也在学校交到了很多好朋友，并通过自己的努力获得了奖学金。

辅导员说：

自卑既可能成为束缚个体发展的沉重外壳，亦能化作守护自我内心的坚实铠甲。唯有深刻认识自身定位，不被嫉妒之情所困扰，不被怨愤之念所左右，与自卑情绪达成和解，方能探寻到真实且更加优秀的自己。

在日常生活中，我们应当以积极的心态展现自我，深入剖析自身的长处与短处，明确个人的发展路径，并以多元化的视角审视个人成长与发展。

教育工作者应当主动深入了解学生的心理动态，积极发挥同伴互助的力量，以实现对学生心理问题的及时发现与有效预防。

团结的力量

编剧：谌思靓

角色：关老师、张喜、李明、袁梦、皖皖、李欣晴、刘老师、体育老师

场景一：教室

【思修课上课铃声响起】

关老师：班长统计一下同学，看看谁没来，把结果告诉我。

张喜：【小声对李明说】麻烦一下别说袁梦没来可以吗？

李明：啊？这都好几次没来了。

【声音有点大，关老师注意到并走向这边】

关老师：怎么了，缺人吗？

【关老师扶了下眼镜，望向统计名单上袁梦后面的一排空格】

张喜：【小声】完了。

关老师：这个学生怎么回事，为什么这么多次没来？

皖皖：老师，我们也不知道，她就说她有点事。

关老师：这怎么行，你们都不知道吗？

李欣晴：我们好多次让她告诉我们发生什么了，她就是不说。

关老师：这样下去会耽误学业的。你们的辅导员是谁？这件事告诉辅导员了吗？

张喜：是刘老师。还没有告诉她，不是很敢。

关老师：那我来联系联系，先上课吧。

场景二：寝室

张喜：你们说袁梦是不是有啥难事啊？

李欣晴：感觉她最近好奇怪啊，一会问问她。

【话音刚落，袁梦虚弱地打开寝室门】

张喜：可算回来了，担心死我们啦！

皖皖：袁梦，你最近是不是遇到什么困难了？跟我们说说啊。

【袁梦摇摇头】

李欣晴：咱四个敞开心扉交流一下。你有啥就讲，不怕的。你这样下去也不是办法啊。

【袁梦虚弱地摆摆手】

【三人对视都叹了口气】

场景三：体育课间

【热身运动】

张喜：好久没和我们袁梦一起上课咯。【调侃】

李欣晴：有袁梦就是好哇！

皖皖：耶耶耶耶耶！

袁梦：嘿嘿……咳咳咳咳。

【一阵剧烈咳嗽甚至干呕】

皖皖：袁梦你怎么了？

【袁梦没站稳，险些跌倒，张喜扶住了她】

李欣晴：老师，这里有人要晕倒了！

体育老师：先回寝室喝点热水休息休息，情况不对一定要去医务室。

皖皖：好的，谢谢老师。

场景四：寝室

【张喜扶着袁梦到床上】

李欣晴：喝点热水。【打开保温杯盖】

皖皖：袁梦你是打针了吗，为什么这么多针眼？【皖皖握着袁梦的手】

【袁梦突然哭了出来】

袁梦：我得了抑郁症，每天都自己偷偷去医院打针。

皖皖：为什么不早跟我们讲？【用手抹掉眼泪】

袁梦：我和父母关系从小就非常疏远，我一直以为所有人都讨厌我。【哽咽】

李欣晴：怎么会啊，我可喜欢袁梦了！

【电话铃声】

刘老师：喂，是21班的张喜吗？

张喜：是我。

刘老师：我是你的辅导员，你室友袁梦在吗？

张喜：在的。【把电话拿到袁梦身边，开了免提】

袁梦：喂，老师。【哽咽】

刘老师：孩子，你之前为什么挂我电话？好在你没什么事。

【皖皖搓了搓袁梦的手】

刘老师：下次有事一定要告诉老师，要不是关老师告诉我，情况就会更糟糕。

袁梦：知道了老师。

刘老师：下午5点去学校心理室，老师建议你每天都要去做半小时的心理健康疏导。

袁梦：好。

张喜：老师，我替你监督她。

皖皖：还有我。

李欣晴：加上我。

【袁梦擦干眼泪，暖心地笑了】

刘老师：都在啊，有你们这样的室友，我相信她一定会很快好起来的。

旁白：就这样，张喜、李欣晴和皖皖每天都陪着袁梦去心理室接受疏导，袁梦很感激能有这样温暖的伙伴们。辅导员联系了袁梦的家长，向他们说明了袁梦的情况。袁梦也慢慢打开了自己的心扉，对父母说出了让自己难过的往事，最终袁梦变得越来越阳光。

辅导员说：

辅导员在对待学生心理问题时，应坚持标本兼治的原则，深入剖析问题根源，并充分认识到心理疏导的重要性。为此，必须坚持及时沟通，确保问题得到有效解决，做好对心理问题的初步疏导。

大学是一个充满机遇和挑战的集体。我们要学会珍惜身边的每一个人，与他们共同成长、共同进步。在这个过程中，我们会发现，困难并不可怕，只要我们勇敢地面对它，总会有人愿意伸出援手，与我们并肩作战。

辅导员应全面践行"全员育人"的教育理念，突破时间和环境的限制，密切关注大学生的心理成长过程。同时，积极汇聚各方资源，形成合力，努力协助学生克服各种困境，以实现其更加全面、稳健的发展目标。

解

编剧：仇雪

角色：王老师、阿花爸爸、阿花、小李、小刘

场景一：食堂

【王老师在和其他老师吃午饭，有滋有味地聊着天，突然阿花爸爸打电话过来，打断了这场聊天】

王老师：喂？

阿花爸爸：【南方口音，急切】王老师啊，我是阿花的爸爸。我女儿刚才给我发短信，说要轻生，我着急坏了，也赶不过去学校，你赶紧去看看吧！

王老师：阿花爸爸您先别急，我马上去确认孩子的安全。

【王老师把电话挂了，立刻跑去阿花的寝室确认情况】

场景二：寝室

王老师：阿花！

【阿花在寝室里安静地坐着】

【王老师上前查看阿花有没有受伤】

王老师：阿花，你没事吧？

【阿花一言不发】

王老师：你为什么想轻生啊？

【阿花一言不发】

王老师：阿花，你还好吗？

【阿花还是一言不发】

【这时候楼梯间传来交谈声，离阿花的寝室越来越近】

王老师：【迟疑地说】阿花，你好好休息，老师下次再来看你。

【王老师推开寝室门，两个室友刚好走到面前】

小李、小刘：王老师好。

王老师：你们好，我想向你们了解一些情况。

小李：王老师请讲。

王老师：你们寝室的阿花，你们对她的印象怎么样？

小李：嗯……她成绩很好，就是话很少。

小刘：对对对，她学习成绩很好，曾经获得很多奖学金，我们都觉得她很厉害。

王老师：好的，我清楚了。那你们平时多注意一下阿花可以吗？有什么问题就来跟我说，谢谢两位同学。

小李、小刘：不客气，这是我们应该做的。王老师再见。

【小李和小刘回到了寝室，王老师拿出电话打给阿花爸爸】

阿花爸爸：喂，王老师。

王老师：喂，阿花爸爸啊，阿花没有什么事，在寝室里休息呢。

阿花爸爸：噢噢，没事就行。

王老师：阿花爸爸，阿花以前是不是出过什么事呢？孩子不会无缘无故地想轻生，我需要了解一些情况。

阿花爸爸：嗐，王老师，这孩子从小命苦。我跟她妈在她小时候就离婚了，是爷爷奶奶把她抚养长大的。后来，我给她生了两个妹妹、一个弟弟。之后啊，她亲妈在她高二时突然去世了。那时候的阿花就哭得啊，整个人都不好了。今年她回家过年，又正巧看到爷爷的腿摔伤了，家里负担瞬间重了，这也给孩子造成了压力。就这样了吧。

王老师：好，我了解了，谢谢您提供的消息。

阿花爸爸：不客气，麻烦老师了。

王老师：没事。

【王老师挂断了电话】

场景三：火车站

【王老师刚开完会，从报告厅里出来】

小李：【打电话】老师，阿花没有去上课，说要回家，正在火车站里买票呢！

王老师：别着急，咱们一起去火车站里找阿花。

【王老师和小李跑到了火车站，看见了目光呆滞的阿花】

王老师：【大喊】阿花！

【王老师抱住了阿花。阿花看见了王老师和小李，在王老师的怀里号啕大哭起来】

王老师：【等阿花的情绪平复一点后】阿花，你为什么要这么做？你知不知道你这么做很危险？

【阿花还是一言不发】

王老师：哎呀，你家长必须来一趟学校，不能再拖了。

场景四：办公室

阿花爸爸：王老师，你叫我来学校是因为阿花吧？

王老师：对，那我也不卖关子了。作为家长，希望您能给孩子鼓励，做孩子成长道路上的引路人，给予关心和爱护，这是身为家长的责任。我希望您能想清楚，回去之后跟阿花好好沟通一下。

阿花爸爸：好的，我清楚了。

旁白：阿花爸爸回家之后跟阿花说开，同时老师和同学也倾力帮助阿花，阿花终于好了起来。

辅导员说：

每个人的生命具有唯一性与不可复制性，因此，在面临各种情况时，我们应审慎思考、权衡利弊，确保决策明智且符合自身价值观。无论遭遇何种困境或挑战，我们都应秉持积极乐观的生活态度，珍视生命，努力过好每一天。

在心理健康教育过程中，教师应注重因材施教的教育原则，深入学生的日常生活，掌握学生的实际需求与心理状况。同时，教师应学会积极利用各方资源，包括但不限于专业心理辅导、家校沟通以及校园内外活动等，以期更为快速、有效地解决学生在心理方面遇到的难题与挑战，切实提升心理健康教育的实效性。

你的情绪你做主。坏情绪不仅会影响别人，也会让自己陷入内耗和不安之中。所以，学生要学会管控好自己的情绪，共同为营造和谐的寝室和校园文化氛围努力。

与自己和解

编剧：黄金鑫

角色：刘老师、小赵、利利、小航、小李、小朱

场景一：教室

【刘老师站在白板前，刚讲完了一个知识点】

刘老师：我刚刚讲的两个知识点你们都听懂了吗？

同学们：【异口同声】听懂了。

刘老师：那好，现在抽几个幸运儿来讲一下。

【小赵坐在第一排，因为他想认真学习，成绩名列前茅，他不能接受自己的不完美】

刘老师：来，最后一排的第二名同学，你来回答一下第一个知识点。

利利：好的，老师，您刚刚讲的是拉斯韦尔5W模式在传播过程中的实践。

刘老师：非常好，这位同学有在认真听讲。再请另一位来说一下第二个知识点。

刘老师：来，第一排的这位同学，【指向小赵】就你了。

小赵：好，好的，老师，您刚刚，刚刚说的，说的是……

刘老师：这位同学有点紧张，但也很好，请坐。

【虽然老师这样说，但小赵对自己的表现不满意】

场景二：篮球场

【小赵和几个室友一起打球，几个人自由投球】

小航：看我的三步上篮。【动作流畅优美，上篮成功】

小李：【在篮下拿到球，跑到三分线外】看我的三分球。【没进，但小李并不沮丧】

小赵：【拿到球，运球到罚球线】看我罚球的准头。【连投三个都没进，小赵气急败坏】

小航：没进没关系，不要一直拿着球啊！让我投一下，吸走你的霉气，说不定下一轮你就进了。

小赵：不要，让我再投一次……【躲开小航的手，继续投篮】

小李：好啦，我们一起玩，不要总是占着球了。

小赵：我投篮很准的，你再让我试一次。

小航：好了，你先玩吧，我们累了，先回去了。

场景三：宿舍

【室友们凑在一起嘀咕了一阵，最终小航站起来，走到了小赵面前】

小航：小赵，我们想和你聊一聊。【几个室友站在小航旁边，都看着小赵】

小赵：聊什么呢？

小李：你在课堂上的时候，为什么老师说了你回答得很好，你坐下后还是不满意的感觉？

小赵：【看着小李】我不满意我的紧张，我想我可以做得更好。

小航：【抢话】可是你已经做得很好了呀！

小赵：不，我可以更好，我不应该紧张。

小朱：没有人是完美的。你可能在课堂上会不自主地紧张，你可以通过多多发言来锻炼自己，而不是责怪自己。

小李：对啊，没有人面对那么多人说话时是不紧张的，只要多练习，会好起来的。

【小赵认真思考他们的话，若有所思的样子】

小李：还有，你和我们打篮球的时候，总是占着球，这真的很不好。

小赵：我想投进一个，证明自己的水平。【小声】

小朱：你这样是不对的。我们可以一起进步，我们教你怎么投准一点，而不是你占着球。你不用追求你在篮球上的完美，你可以一点点进步。

小李：对啊，你不用一直追求完美，只要我们打篮球玩得开心就可以。你不需要证明什么，就算打得不好也没人说你的，只要你开心。

小赵：【沉思了一会儿】好，我知道了。追求完美是对的，但我的不完美也是一定有的，我要意识到自己的不完美。我可能没有极高的篮球天赋，但我和你们玩得开心。学习也是这样，我可能不是第一，但我可以努力、勤奋、拼搏。【眼神越来越亮】

小朱：嗯，我们不是完美的人，所以我们要接受自己不能改变的，去改变那些我们能改变的。

辅导员说：

我们常常忙碌于追求各种各样的目标和梦想，以至于忽略了内心的需求和感受。我们总是希望拥有更多，却往往忽略了已经拥有的美好。然而，真正的幸福并不在于拥有多少，而在于我们是否能够与自己和解，知足方可常乐。

尽心就意味着完美。缺点不可怕，关键在于面对自身的缺点时要泰然处之，多一分满足，多一分心平气和。只要我们能够保持满足的心态、平和的心境，并尽自己最大的努力去追求梦想和目标，我们就能在生活中找到属于自己的完美。而这种完美，正是我们内心最真实的写照，也是我们人生最宝贵的财富。

生活总是充满了变数，我们总是在不断地追求完美。然而，真正的完美如同海市蜃楼，总是若隐若现，可望而不可及。追求完美固然是我们前进的动力，但在这个过程中，我们也应该学会欣赏那些看似微不足道却充满生命力的风景。

己所不欲，勿施于人

编剧：邵露凡、张囡

角色：小囡、小何、小可、小利

场景一：寝室

旁白：小囡，本科二年级，家庭单亲离异。

【早上六点，室友起床】

室友：该起床啦，快上课了，别迟到。

小囡：【听见声音，不耐烦地翻身】

【室友收拾洗漱】

小囡：你们可以小点声吗？【不耐烦地说】

小何：【心里想】我们也不是故意的。

【小囡起床放音乐】

小何：【心里想】这什么歌啊，听着像哀乐似的，真吓人！

小何：【走到小囡床铺旁用平和的语气说】你可以别放这种歌了吗？早上听我觉得

很诡异。

小囡：【不耐烦】就允许你们洗漱那么大声音，不允许我放音乐？

旁白：冷战开始，小何不再和小囡说话，彼此也屏蔽了朋友圈。

场景二：寝室

【晚上，小何、小可和小利在同一张床上分享视频，有说有笑的】

小囡：【不耐烦】你们可以小声一点吗？这都11点了，我需要休息。

小囡：【心里想】虽然是女孩子之间的感情，但是能不能考虑夜晚11点半休息的时间，大家是要休息呀，视频声音外放，还在床上嬉戏打闹。

【小何、小可和小利没理会小囡，还阴阳怪气地说笑】

小囡：【生气】大学生集体生活，既要考虑自己，也要尊重他人。我给你们提醒，是我对你们表示尊重，不如各退一步，留一份脸面；你们不懂得看脸色，还阴阳怪气，这就过分了。尊重是相互的，我就只说了一句"能安静会儿吗？"你们就受不了了，拜托，你们都是大二的学生了，还要别人提醒你们规范自己的行为吗？

【小何不耐烦地将视频声音降低】

场景三：寝室

【早上7点半，小囡还没有起床的迹象，小何就去叫她起床】

小何：【态度很生硬】该你拖地了，快点起床吧！

小囡：【被吵醒很不开心】知道了，这就起来，不用催了！

小何：【有点烦，态度更生硬了】上周四你都没有扫地！

小囡很不情愿地起来，动作好像故意放得缓慢，等她下床已经将近7点50分了。

小何：【很是着急】快啊，7点50分了！快上课了。

小囡：【由原来的不情愿一下子变成面色如常】真的啊，这么快！那赶紧上课去吧。

场景四：寝室

【整个宿舍只有小囡没在寝室，几个室友商量了一下，决定和小囡好好地聊一聊。小囡回来】

小何、小可、小利：【异口同声】你回来了！

小囡：【很诧异】嗯？怎么了？

小何：我觉得我们可以坐下来好好地聊一聊，毕竟大家还要在一起住两年，没必要把关系闹得那么僵。

小囡：【爽快】可以啊。

小何：那天和小利打扰到你休息是我俩不对。我俩不仅没听你的意见还阴阳怪气，是我俩不对，对不起。

小利：【马上接话】而且那天早上你没睡醒，我的洗漱声音有点大，我俩真的不是故意的。

小囡：嗯，我知道。当时我的态度太差了，而且大早上放音乐影响你们心情，我也有问题。还有你们好心提醒我值日，我却耍脾气，害得大家都没得到宿舍文明分，真的挺对不起大家的。

【听完小囡说的话，大家都开心地笑了】

小何：【开心】事情都过去了，我们依旧是好朋友。

小囡：【微笑】好。

旁白：经过这次交谈之后，室友们和小囡的关系缓和了，变得越来越好，寝室充满了欢声笑语。

辅导员说：

每个人的心灵都是一片独特的风景，汇聚着各自不同的经历和感悟。正因为这些差异，世界才显得丰富多彩，充满了无限的可能。当我们遇到与自己观点不同、性格迥异的人时，不妨试着去理解他们的立场和想法，而不是一味地指责或排斥。

在希望他人尊重的过程中，首要之务在于学会展现对他人的尊重。我们应当深刻认识到，每个人均为拥有完全平等地位的独立个体。当我们以尊重的态度对待他人时，不仅能够营造出融洽的氛围，还能够赢得他人的信任和尊重。

一件小事引发的冲突

编剧：李明泽

角色：辅导员、小刘、小赵、小唐、小张、班级负责人

场景一：开学典礼

【新生们第一次和辅导员见面，辅导员正在声情并茂地向这些刚刚入学的孩子们传授着在大学中的校规校纪】

辅导员：大学会是大家的一个新起点，希望大家能够好好地把握住这一次机会，继续努力，不间断地追寻自己的梦想，永远不要停下自己努力前进的脚步。不要辜负这4年的青春年华，在这4年里努力提高，奋发向上……

小刘：老师说得真对，我一定要好好学习。

小赵：【双手支撑着头，一脸无奈地翻来覆去，撇了撇嘴巴，懒洋洋地趴在双手之上】别装啦姐妹，老师又听不到。唉，这些话从小听到大，怎么大学老师还这样说，真没意思。还不如出去玩有意思呢，一会儿下课之后谁有兴趣一起出去玩呢？

小刘：这么说不太好吧？毕竟来大学就是为了好好学习的呀！

小赵：啊，是是是，你说得对。【满脸的敷衍和无所谓】

小刘：我感觉辅导员说的话还是有一定用处的。

小赵：是有点用处，但是用处不大，毕竟这样的话谁还没有听过几十遍啊？

小刘：听你这么一说，好像也有点道理。【若有所思的样子】

辅导员：【瞥了一眼正在底下嘀嘀咕咕的小刘和小赵】有的同学啊，就是不把我说的话当一回事，以后有她哭的时候。大学的生活和学习节奏和你们高中时期不同，校规校纪也更加严苛，希望同学们把我说的话放在心上。【下课铃声响起】好了，孩子们，我今天就先说到这里，下课。大家回去的路上好好地想想我说过的话。【拿起放在讲台上的稿件，转身离去】

小赵：【翻了个白眼】果然来来回回还是这两句话嘛。

小刘：好了好了，别说了。

小唐：我一定要好好努力。【展现出满满的自信心】

小张：老师说的有点意思啊。【欣喜与玩味】

场景二：教学楼

小刘：快走，要迟到了。【焦急忙慌】

小张：还有5分钟，还来得及。

【小张和小刘急急忙忙地跑进教室，急急忙忙地找到座位坐下，长舒了一口气。与此同时上课铃声响起】

小刘：【长长地叹了一口气】唉，我原本是想来好好学习的，没想到到了大学反而没时间学习了，小赵实在是有点……【欲言又止，并且一脸为难】

小张：是呀，今天因为她差点迟到啦。

小刘：唉，和她一个宿舍，这样的日子还得继续下去，真不知道该怎么办了。我只想好好学习，真不想管这些麻烦的事情。【正正地坐在座位上，一边做笔记，一边和小张抱怨着】

小张：我也觉得小赵有时候太过分啦，虽然我们是一个宿舍的，但她总是很晚不睡，早上还起得很早，实在是太打扰我休息了【伸了个懒腰，然后拿起笔开始做笔记】。

【下课铃声响起，同学们都开始收拾学习用品，准备去食堂吃午饭】

小刘：走，小张，我们一起去吃点午饭吧，学校的米粉可好吃了哦。【抱着书本向着食堂走去】

小张：【摇了摇手】不啦不啦，我答应好小赵去找她一起吃鸡排饭的，就先不和你一起啦，一会儿她就该来找我啦。

小刘：别等啦，都等这么久了，她都迟到了。她实在是一点儿时间观念都没有，再过一会儿又要上课了，就没有时间吃饭了。

【小赵正好走到小刘和小张背后，听到了小刘说的话，一脸愤慨地走过去，拍了拍两人的肩膀】

小赵：呦，说我坏话呢？

小张：【哈哈一笑】想什么呢，没有没有，小刘在和我抱怨你不守时呢。你怎么这么晚才来啊？

小赵：刚下课啦，走，吃饭去。

【小张拉着小赵走向食堂，留下小刘独自在风中凌乱】

小刘：我……我没有那个意思。

场景三：班会

班级负责人：【站在讲台上，一脸严肃地面对着同学们】最近很多老师向我反映，很多同学学习态度不认真，并且成绩有明显的下滑，希望各位同学一定要重视学业，加倍努力，争取使自己的大学4年收获满满。

小唐：【神色怪异，显得极为失落】唉，明明我已经很努力地去学习了，为什么成绩还是下滑啊！

小张：别怕，大学4年呢，迟早能学会的。看看我，我丝毫不担心。

【各班班委轮流上台总结了班级氛围和最近同学们的学习状况】

辅导员：【在所有班委的总结结束以后】好，今天的班会总结就到此为止。小唐同学下课之后找我一下，其他同学就可以先离开了。

小唐：【一脸惊恐】啊？老师为什么要留下我？

班级负责人：不清楚，可能是因为你的成绩问题吧……

小唐：唉，真不知道我该怎么办。我……唉……我还是一会儿乖乖回去吧。【一副沮丧的样子】

班级负责人：好啦好啦，没事的，老师人很好的，别害怕，老师是不会说些什么重话的。【拍了拍小唐的肩膀，以示安慰】

小唐：希望如此吧……

小张：没事的，老师又不会吃人。我在宿舍等你噢。

小唐：好的。【失魂落魄地走向老师】

场景四：操场

小唐：老师我来了，你批评我吧。【双手不断地搅动，心情十分复杂。】

辅导员：【哈哈一笑】傻孩子，我怎么会批评你呢？

小唐：因为我最近学习太差了，拖了班级的后腿。【委屈巴巴的样子】

辅导员：【恬然一笑】你在学习上有上进心这也是非常好的，有学业上的压力也是非常正常的。

小唐：可是我……

辅导员：【摸了摸小唐的头】小唐同学，你要合理地安排学习时间，要注意学习与娱乐相结合，学习上有需要帮助的地方一定要告诉老师。我已经联系了专业课老师向他们说明了情况，希望他们能够在学习上给予你帮助。不要害怕成绩不好，只要你愿意学习，老师们都会帮助你的。

小唐：谢谢老师……

辅导员：【像是突然想起来了什么】对了，一定要保证睡眠哦，感觉你最近很疲惫，一直都没有休息好。身体健康才是第一位的。

小唐：【一脸诧异】老师你怎么知道的呀？

辅导员：在我眼里，你们每个人都是我的孩子，我都会很关注的。在学习期间也要多参加社团活动和社会实践，这样才更加有助于培养能力和专业水平，可以很有效地帮你提升学习水平。【嫣然一笑】

小唐：我知道了，谢谢老师的开导。唉，我的表现是不是太差劲了？

辅导员：【摸了摸小唐的头】由于学习压力大而情绪崩溃、抑郁，这类问题在大学里十分常见。特别是在竞争如此激烈的当下，随着社会发展越发复杂，变化越来越快，人类价值观越来越多元化，生活方式也越来越多样化，大学生之间发生冲突，影响日常生活和学习状态，进而引发心理危机的情况也越来越多。你的这种自我怀疑情绪很多人都有。

小唐：那我的这种情绪正常吗？

辅导员：没有一种情绪是不应该的。每一种情绪的产生都有其原因。作为辅导员，我的责任就是积极与学生沟通，了解情绪背后的问题。作为一名学生，你有什么不开心的事也要和老师说。

小唐：我明白了。

辅导员：说起来，学生的心理问题，起因和形式是多种多样的，我们要向专业人士寻求帮助。比如，你可以在心情不佳的时候去学校的心理咨询室倾诉。

小唐：真的吗？但是我感觉那样不太好。

辅导员：就当作找知心姐姐聊天，别把这件事看得太严重。

小唐：好的，我明白了。【诚恳】

辅导员：【看了看时间】好啦，现在很晚了，快点回宿舍休息吧。

小唐：好的，老师再见。【向老师礼貌地鞠躬，挥了挥手，表示道别】

辅导员：再见。【同样挥挥手道别】

场景五：宿舍

旁白：某个晚上，小刘在结束晚自习返回寝室后，如往常一样拿出钥匙开门，发现无法打开。在打电话询问室友后才得知，门锁已被室友更换，且没有人想起要告诉小刘。小刘心态崩溃，在走廊上大哭起来，并立刻联系了班级负责人。

小刘：【哭得撕心裂肺】呜呜呜呜，班长，我好难过啊。

班级负责人：怎么啦？你先别着急，慢慢说。

小刘：我……她们……【哭得十分哽咽】

班级负责人：遇到什么事情啦？不要着急，慢慢来。【十分耐心地试图交流】

小刘：我如往常一样拿出钥匙开宿舍门，发现门锁已经被更换无法打开。【突然迅速说出，说完之后哭得更加激烈了】

班级负责人：这不是很正常吗？可能是舍友忘记告诉你了吧？【语气逐渐不确定】

小刘：呜呜呜呜呜…………

班级负责人：【手足无措，不知道该怎么安慰】你等她们回来开门就好啦。

小刘：为什么她们要排斥我啊，现在门都不让我进了。【突然歇斯底里地呐喊】

班级负责人：她们不是那个意思。

小刘：可是她们一直都孤立我。

班级负责人：好啦好啦，先别想那么多，会好的。

旁白：班级负责人试图安抚小刘的情绪，但小刘反而哭得越来越厉害，在电话中也能感受到她哭得颤抖起来。过了半小时，班级负责人束手无策，只好给辅导员打了电话。辅导员了解到这些情况后，马上拨通了小刘的电话并进一步了解情况。

【电话铃声】

辅导员：喂，小刘同学，有什么事可以和我说说吗？【语气尽量放得更加平缓】

小刘：我宿舍的……小……张和小赵，小赵经常唆使小张将我孤立，我长时间忍耐，在此期间我也……多次想要主动寻找机会……跟小赵同学进行交流，试图缓解寝室……关系，打破隔阂。但小赵同学表现得……像是根本没有问题，对我的话不理不睬，依旧我……行我素的样子。【小刘同学语气哽咽，断断续续地说完了自己的事情】

小刘：我试图进行交流，可是她不怎么搭理我。【情绪和缓了一些，语气也逐渐平缓下来】

辅导员：小刘同学，你知道吗？有的时候同学之间遇到问题不会立刻和解，而是要相互冷静一段时间。小赵同学可能只是碍于面子，没想好怎么与你和好。

小刘：老师，那我应该怎么办呢？【语气柔弱地询问】

辅导员：【语重心长地说】小刘同学，你一定要提高自己解决问题的能力。我们要以积极乐观的心态去看待问题，因为这样问题往往会被更快地解决。最重要的还是心态。

小刘：那我以后……【欲言又止】

小张、小赵：【气喘吁吁地跑来】小刘，抱歉，我们都忘记跟你说换门锁的事了……

小刘：【抽抽噎噎，感觉又快哭了】我以为你们是故意的。

辅导员：【听到小刘和室友的对话】让我和你的室友说两句，小刘，你打开公放。

旁白：辅导员向小张、小赵了解了小刘说的情况是否属实，小张和小赵都表示自己并不了解小刘心里是这样想的。

小赵：【面向小刘】对不起，是我没有考虑你的感受。

小张：对不起，我和小赵玩得比较好，没想到让你感到被冷落了。我真不是故意这样做的。

小刘：没关系。【略显腼腆】

辅导员：你看，没有什么问题是解决不了的。话说开了，一切都会变得更好的。

旁白：在此事件发生后，辅导员也与小赵、小刘的家长进行了沟通，将此事告诉了家长。同时，辅导员也叮嘱班级负责人密切关注该寝室学生的心理状况，并跟小刘同学进行定期谈话，帮助她建立信心。

辅导员说：

一千个人眼中有一千个哈姆雷特，对待同样的问题要积极寻求不同人的帮助，拓展看待问题的角度，力争在解决问题的过程中锻炼自己。

辅导员老师要做青年学生的知心朋友，在面对学生之间的矛盾时，要帮助学生指出主要问题的主要方面，引导矛盾双方进行有效沟通。

发现问题后不仅要勇敢地去面对，更要学会进行及时有效的沟通。缓解矛盾是一个长期的过程，这要求矛盾双方进行多次沟通，既要明事理，又要兼顾感情，共同寻找解决问题的最优解。

当学生遇到问题时，教师要给予学生适当的试错空间，多一点支持和鼓励，少一点催促和干预，学生就能够逐渐适应过来，并且找到解决问题的办法。

闪亮的自己

编剧：刘怡霏

角色：小利、小可、小曹、小迪

场景一：宿舍

【早上6点半，小利起床洗漱，收拾东西去自习室学习，随后关门离开。室友小可被小利的动静吵醒，睁开双眼，怒气冲冲地掀开被子，用力在床上砸了两拳】

小可：我的天呢，她卷死谁呢！宿舍里一天天的就她最卷。真的一天都不想在宿舍待着了，起那么早还那么吵，还让不让大家睡觉了！

小曹：啊？也不是吧，她就是想好好学习，我觉得没什么啊。

小迪：虽然想学习，但是早上起床动静确实有点大了，等她回来跟她讲一下呗。

【小可、小曹齐齐点头】

小迪：行，那我晚上说吧。

【小可躺回床上，用被子蒙住了头。】

【晚上9点，小利推门进入宿舍，回到了自己的床位】

【小可向坐在椅子上的小迪点了点头】

小利：我回来了，高等数学太难了。

小迪：那么难吗，辛苦了。

小可：天呐，学霸还会觉得难啊，那我们怎么办，不让我们活了呗？

【小利面露尴尬】

小迪：小利，我们想跟你商量个事情，就是你早上起床的时间太早了，起床的时候动静能不能小一点，今天早上把大家都吵醒了。

小可：对啊，今天早上好吵啊。

小曹：确实动静有一点大。

小利：【不知所措，攥着衣角】啊……啊……我觉得没有啊。那我也没办法啊，我已经很小心了。

【小可翻了一个白眼】

小可：拜托，小点声，求求了，我想睡个好觉。

小利：好吧，我尽量。

【大家各自坐在书桌旁玩手机，一言不发】

场景二：自习室

旁白：大家在写汇报，各科成绩打印粘贴在汇报表的第一页。

【小可从小利身边走过，瞥了一眼小利的成绩单】

小可：天呐，怎么考得那么高，得是专业前三吧！怪不得呢，啧啧。

小迪：救命了，还要附上成绩单，不留一条活路。

小曹：我这可怜的分儿。

【小可瞥了一眼一言不发的小利】

小可：谁不是呢，好好加油吧！

【小迪和小曹看了看小可的成绩】

小迪、小曹：啊，你考得挺好的了。

【小可面上非常得意，但又瞅了瞅小利，撇撇嘴，没有说话】

【四人坐在各自的位置上继续填写自己的汇报表】

场景三：操场

【许多学生在操场，三五成群地围坐着。旁边响起声音："小可，小可，快来这边。"】

【小可从容地笑了笑，快走几步打算过去】

小可：你们好，你们来得好早啊。

小曹：【一脸戏谑】来早不就是想来看看你嘛。

小迪：【笑道】等着看你表演的节目。

小可：啊啊啊啊，救命啊，五音不全，在线出丑。

【同学们哄笑成一团】

【小利羡慕地看着在同学群里嬉笑的小可，默默地坐在一旁不作声，和热闹的环境显得格格不入】

【大家起哄让小可表演节目，小可也不怕出丑，大方地走到中间。小利的目光一直跟着小可，不知道在想些什么】

场景四：社团面试现场的休息室

【小利因在四五个社团面试中落选，十分伤心】

【小可哼着歌，推门而入，听到抽泣声，看向小利，默不作声地坐在一旁。过了大概一分钟，小可起身走到小利身边】

小可：小利，你怎么哭了？

小利：没……没……没事儿。

小可：到底怎么了啊？没事儿你哭什么啊？

【小利哭得更大声了】

小利：【哽咽着说】我……社团面试……都失败了，我还……听见……听见……有同学说我奇怪。可能大家都不愿意……不愿意……搭理我这样的人吧……

小可：那么多社团呢，你怕什么？没事儿，别哭啊。

小利：【依然哽咽】你知道吗？其实我特别羡慕你，你有那么多的好朋友，和谁的关系都那么好。我觉得你真的超级好，真的好羡慕你，你在所有的场合都能自如，我……我……我却不一样，甚至没有几个人愿意和我说话……

【小可猛地一愣，沉默了几分钟】

小可：啊？你羡慕我？我还羡慕你呢！你根本不知道你有多优秀，我多嫉妒你。你成绩又好，又自律，我觉得你超级厉害啊！人都有自己擅长的部分，我觉得你不要把社团面试失败这种小事放在心上。不用那么悲观，人际交往能力是可以锻炼的，而且我觉得你现在就挺好的。

【小利渐渐地收住自己的哭声，抬头看向小可】

【小可拍了拍小利的肩膀】

小可：小利，你应该自信。你挺好的，自信点。

旁白：在这一次交谈之后，小可和小利的关系发生了变化，两人之间的隔阂不见了。

辅导员说：

许多人把过多的目光放在了别人身上，而忽略了自己。其实，每个人都有属于自己的闪光点，我们羡慕着别人，也都被别人羡慕着，我们都是他人眼中的星星，是宇宙中独一无二的浪漫。每一份友谊都弥足珍贵，每一份相遇都值得珍惜。

自信是一种力量，它能让你们勇敢地面对一切困难和挑战。请相信自己，相信未来，相信努力的力量。只要保持积极的心态，勇敢地面对每一次挑战，就一定能够逐渐建立起自己的自信。

要保持一颗谦虚的心，学会正确看待自己的优点和缺点，既不要过分自满，也不要轻易气馁。谦虚使人进步，骄傲使人落后。在追求自信的过程中，不要忘记向他人学习，借鉴他人的优点和经验。

朋友一生一起走

编剧：慕聪聪

角色：小杨、文文、天琪、小韩、楠楠、辅导员、小韩父母、小可、小利

场景一：寝室

【熄灯后，大家都躺在床上聊天，诉说着近日的烦恼】

小杨：唉！这论文我还没想好怎么写呢，怎么下周就要交了！

文文：对啊，这个月我的零花钱都花没了，但是我也不敢开口要，大学生太难了吧！

天琪：这不正常嘛！这一天天的不都这么过嘛！唉，只能撸起袖子加油干了，小韩今天怎么这么安静啊？

小韩：我嗓子疼，不想说话。【伴随着抽噎声】

场景二：食堂

【食堂人很多，小杨、文文和天琪三个正在买饭】

小杨：今天吃烤肉饭怎么样？

文文：好啊，小韩没来，咱们给她带一份回去吧。

天琪：我给她发微信她也没回。算了，这个点她肯定饿了，带一份吧，也不碍事！

场景三：卫生间

【小韩在卫生间里用微博编辑着最近的事情，眼泪汪汪，此时她的高中好朋友给她打来了电话】

楠楠：小韩，你最近怎么样啊？我放假了，你什么时候回来啊？

小韩：我这还没说呢。我好想你啊……【控制不住放声大哭】

楠楠：怎么了？别哭别哭，和我说说。

【小韩跟她说了最近的烦心事——没有朋友的孤独。她哭的声音很大，整个走廊都能听见。正好她的舍友回来，舍友听见了哭声，顺着声音找了过去】

场景四：办公室

辅导员：同学们来找我是遇到什么难题了吗？

文文：老师，小韩最近很不对劲，一直闷闷不乐，还在厕所里哭。我们问她原因，她就一直说没事，我们也不知道怎么办了。

辅导员：她是家里有什么变故，还是怎么了？好的，我会去了解这个情况的。

旁白：辅导员给小韩父母打电话，询问他们家里的情况，提及了最近小韩的反常表现。

场景五：教室

【辅导员临时组织大家开心理班会】

辅导员：同学们，组织班会是为了大家能够健康地生活、成长，大家有什么烦恼，可以举手发言，我们一起解决。

小可：老师，我教师资格证考好几回了，一直过不了，烦死了！

小利：老师，论文太难写了，我根本写不下去，时间还很紧张，要怎么办啊？

【大家叽叽喳喳地讲着自己的烦恼，大部分是学习方面的。小韩听着大家的烦恼，只是默不作声】

辅导员：同学们，我关心你们每个人的状态；同样，你们的家长更加关注。你们的父母录了视频给你们。

【突然小韩看见了自己的爸爸妈妈】

小韩父母：姑娘啊，不管什么时候爸爸妈妈都是最爱你的。最近联系可能有点少，因为爸爸妈妈知道你忙，不知道你什么时候有时间，怕你太累，但你要是想我们随时打视频通话啊，有事别放在心里。

【小韩突然趴在桌子上放声大哭，她的舍友围过来安慰她】

辅导员：同学们，你们或许感觉孤独，但这可能只是因为你们忽略了身边对你们好的人。人与人之间的缘分多奇妙啊，你为之烦心的事也许也正在困扰着别人。所以把心态摆正，适当地调整自己，这是成年人面对压力时基本的解决办法，最好的开导员其实是你自己！

【教室里回荡着热烈的掌声】

场景六：寝室

【舍友们把中午买的烤肉饭拿出来，其中有小韩的一份】

小韩：还有我的呢，谢谢，谢谢。

文文：有啥可谢的，顺手的事。我们听见你在卫生间说的话了，你其实有朋友的，我们都是你的朋友啊。

小韩：【热泪盈眶】谢谢你们，我的朋友们。

旁白：亲爱的你，孤独或许笼罩着你，让你没法呼吸，但是你并不是没有朋友。敞开心扉，把心中的烦恼倾诉出来，你会找到拥有同样的烦恼的人。希望你坚强勇敢，永远善良。

辅导员说：

当我们学会倾听内心的声音，我们也就学会了更好地了解自己。我们会明白自己的优点和缺点，知道自己的喜好和兴趣。这样的了解会让我们更加自信，也会让我们更加从容地面对生活的挑战。

当我们学会倾听内心的声音，我们也就学会了去发现和感激那些对你好的人。有时候，他们的好并不显眼，却足以温暖你的心灵。在面对困难时，我们要用心去感受这份美好，用行动去传递这份关爱。

辅导员要学会利用班会、小组会等形式开展心理健康教育，以点带面，针对学生的个性化需求和典型案例，进行更加深入的探讨和交流，引导学生正确面对学业压力、人际关系等问题，增强心理抗压能力。

自信的光芒

编剧：慕聪聪

角色：小可、小可妈妈、小利、小聪、主管经理、李老师

场景一：宿舍

**【小可拖着疲惫的身体回到宿舍，手机铃声响起，屏幕上显示来电的是妈妈。小可

看着手机屏幕迟疑了一下，犹豫地按下接听键】

小可：喂，妈妈。

小可妈妈：【关心】刚上大学，你最近怎么样，还习惯吗？

小可：【听到妈妈的声音，眼泪涌上眼眶】嗯嗯，一切都挺好的，不用担心。

小可妈妈：上大学以后，离家远，妈妈不能一直照顾你。你这孩子从小就喜欢独来独往，什么事都喜欢藏在心里。和新同学要好好相处啊。还有，你从小学习那么好，上大学可不能松懈，爸爸妈妈养你这个大学生不容易，不要让爸爸妈妈操心。

小可：【听着妈妈的话，眼泪顺着脸颊流了下来，她努力隐藏着自己哽咽的声音】好的，妈妈，我知道。放心就好，我还有事，有空再聊。【紧接着匆匆挂掉了电话】

【小可百感交集地躺在宿舍的床上，泪水浸湿了枕头。舍友的打闹声若有似无地敲打着小可昏昏沉沉的脑神经，瞬间一阵孤独感涌上小可的心头。在吵闹声和孤独感裹挟的洪流里，小可不知不觉进入了梦乡】

场景二：教学楼

【小可在睡眠时进入了第一重梦境，发现自己在教学楼的楼梯拐角】

小可：【自言自语】这梦好真啊。

【小可正准备上楼，发现她的两个舍友正在楼梯口闲聊，出于本能，小可转身要走，却突然傻傻地怔住了，不敢相信自己的耳朵】

小利：哎，咱们宿舍那个小可怕不是从幼儿园过来的吧，我从来没见过这么不合群的人，天天独来独往！问她什么话都不说，一点都不好接触。

小聪：还真是，我好几次都差点忘记咱们宿舍还有这个人来着。上次咱们宿舍打算一起参加的那个科创比赛不就偏偏把她忘掉了吗？其实也不怪咱们，谁让她天天故意躲着咱们一样。

小利：那咱们这周的宿舍聚餐还要不要叫上她呀？毕竟住在一个宿舍里，也算是缘分一场。

小聪：叫她做什么，充当空气吗？叫上她大家都要顾及她的感受，估计谁都玩不开心。

小利：这样是不是不太好呀？

小聪：没事，反正她又不在咱们宿舍群里，不告诉她，咱们自己出去玩她也不知道。

小利：哦，时间不早了，一会儿食堂该排不上队了。

【小利、小聪退场】

【小可站在楼梯的拐角处听着楼上的交谈，紧紧地握着自己的手机】

【回到宿舍】

小利：小可，咱们宿舍聚餐，你要不要一起？

小可：【摇了摇头，眼睛里暗淡无光】不了，我今天晚上去图书馆，可能没有时间，你们玩得开心一点呀。

小利：好吧，你不去实在太可惜了。

【晚上，小可在图书馆不知不觉地睡着了】

场景三：办公室

【小可进入了第二重梦境】

【这一次醒来，小可发现自己到了一个陌生的地方。小可发现了西服外套口袋里的工作证，她恍然大悟，这是未来的自己】

主管经理：小可，这个客户你来跟，用电话和客户聊，约客户上门约谈吧，毕竟你不是新人了。【一边说着一边把客户资料放在小可手边】

【这个客户之前已经有很多人联系过，但是都没有拿下，小可微微叹气，拿起手机开始拨电话】

小可：【心里害怕，不愿意去交涉】您好，我是××公司的，之前联系过您，您还有印象吗？

客户：【不满】你们公司的策划案我们不满意，而且你们公司搁置了这么久，没有给反馈，麻烦给我一个解释。

小可：【满脸通红，手在抖】不好意思。我们……

客户：是你负责和我们联络吗？既然你不能给我们一个准确的答复，我们就要考虑换一个公司合作了。【通话被挂断】

【小可垂头丧气地瘫坐在椅子上，责怪自己这点小事都做不好。她正准备起身再次拨打电话，发现经理生气地站在身后看着自己】

主管经理：小可，你过来一下。

【小可敲门，得到回应后进入】

主管经理：小可，我观察了你毕业以后进入职场的表现，让我很失望。你连最基本的人际沟通都不会，大学是只教会了你课本知识吗？你代表的是整个公司的形象，你知道这个单子对咱们公司有多么重要吗？这个损失你能赔付吗？你离职吧。

【小可一路上面无表情，回到出租屋，无助地坐在地上，闭上眼睛睡着了】

旁白：我梦寐以求的大学对于我来说犹如一尊晶莹剔透的冰雕，在阳光下折射出耀眼夺目的光芒。然而尴尬的境遇、孤独的心绪却让这座冰雕渐渐融化，最终变成一摊无法掬起的死水。自己好像处在大海深处，又好像似有若无，无力挣扎，谁能听见我在边缘角落里的呼唤呢？

场景四：办公室

【小可从梦境中回到现实】

【早上一切正常，手机的闹钟依旧响起】

小可：【从床上坐起，看了看手机，确认是新的一天，自言自语】原来都是梦啊。

旁白：梦里的场景萦绕在小可的脑海里，小可忐忑不安，不愿意让梦境在未来的某一天变成现实。不知不觉她走到了办公楼前，她决定找老师聊一聊，找回那个元气满满的自己。

小可：【敲了敲办公室的门】老师，您在吗？

李老师：请进。

小可：老师，您好。我最近在生活里遇到了一些问题，自己不知道该怎么办，所以想找老师帮忙。

【小可把自己的情况和老师详细地说了一遍】

李老师：小可，你的情况我了解了。首先你要相信自己，你要知道自己是优秀的。你一步一个脚印地走到这里，每一步路都不会白走，在金字塔的顶端相遇的都是佼佼者。所以，毫无疑问，你也是。你也许觉得你不如其他人优秀，但是你在别人看来也是闪闪发光的。摆正心态，打破束缚自己的链条，和周围所有人站在同一个高度去交流、去融入，去让你自己的光芒照亮其他人。

小可：【恍然大悟】老师，我明白了，谢谢老师。

旁白：从那一天起，小可仿佛变了一个人，在校园各个角落、各种活动中都可以看到小可的身影。她不再封闭自己，用自己的光和热去感染周围的人。

辅导员说：

每个人都有属于自己独特的光芒，只是有时我们过于关注他人的辉煌，而忽视了自己内心的光芒。我们往往陷入比较和评判的旋涡中，用他人的标准来衡量自己的价值，结果只会让自己陷入无尽的焦虑与自卑。

一时的无助不代表永远的困境。人生总是充满了起伏与变迁，有时我们会在生活的道路上遇到一些磕磕绊绊，感到力不从心，仿佛被黑暗笼罩。然而，正是这些艰难的时刻，塑造了我们的坚韧与智慧，让我们学会在困境中寻找出路，在挫折中汲取力量。

集体生活是对抗孤独的一剂良药，它像一股温暖的春风，轻轻地拂过每个人的心田，带来无尽的慰藉和力量。在集体中，我们不再是孤单的个体，而是彼此依存的伙伴，共同分享着生活的喜怒哀乐。

生命诚可贵

编剧：刘嘉琪

角色：杨老师、小可、小美、小美父亲

场景一：杨老师家

【深夜，杨老师正在家中睡觉，忽然一阵手机铃声吵醒了她】

杨老师：喂？您好，请问您是哪位？

小可：喂，老师，是我小可。小美……小美在寝室用钢笔自残，她在扎自己的大腿。

杨老师：小可，你别怕，你说清楚一点，到底发生了什么事？

小可：【略带哭腔】小美……小美她曾经得过抑郁症，今天回寝室之后，她突然就开始用钢笔伤害自己。我现在真的好害怕。

杨老师：小可，不要害怕，你们几个室友赶快拦住她，要快！

【杨老师迅速挂断了电话，拨打了小美的手机】

【嘟……嘟……】

小美：【颤颤巍巍】喂……杨老师，您……

杨老师：【激动地】小美，小美，你听着，无论遇到了什么事情，老师都会帮你的，你现在需要冷静。这世界上没什么事情是过不去的，听话，冷静下来，有什么事情你和老师单独说好吗？

小美：老师，从家乡来到长春后，我发现大学生活与自己想象的不同，我难以适应东北的气候和环境。由于性格比较内向，我平时除了在网上与朋友聊聊天，很少与同学当面说话，不善于跟同学交流，逐渐封闭自我，变得敏感、自卑。同时专业知识我感觉很难学懂，就产生了焦虑、抑郁的心理。我也希望能像其他同学一样拥有健康、快乐的大学生活，可却无法摆脱现状，很苦恼，一时才有了不冷静的想法。

杨老师：小美，你听着，这些事都没有什么大不了的。你先睡觉，明天老师去找你，咱们两个单独谈谈，好吗？

场景二：办公室

【咚咚咚……】

杨老师：您好，请进！

小美：老师，我……我来了！

杨老师：【用纸杯给小美倒了杯水】小美来了啊，随便坐。你最近的情况老师也清楚了，所以老师决定成为你的第一个朋友，你愿意接受老师吗？

小美：我愿意的，老师。

杨老师：好的，那作为朋友，老师想和你说几件事。作为新时代的大学生，首先要严格遵守学校各项规章制度，合理安排个人的作息时间，协调好在校期间的学习生活，积极参与学校各项活动，努力锻炼自己各方面的能力，提升自身素质；其次要合理规划大学生活，大一学会融入、学会适应、学会学习，争取不挂科；大二打好各方面基础，确立人生目标，努力学习；大三确定目标，珍惜在校时间，抓紧学习；大四完成实习、论文任务，实现最终的目标；最后顺利完成学业，都能找到理想的工作。所以你不需要有压力，只要安心学习，未来一定是光明的。

小美：好的，老师，我会的！

杨老师：【拿出手机】所以，小美同学，可以和老师加一下微信吗？

小美：【绽放出笑容】好的呢，老师。

场景三：杨老师家

【杨老师拨打电话给小美的室友小可】

小可：喂，导员，有什么事吗？

杨老师：是这样的小可，我想问一下，小美最近的情况如何，是否还出现过自残的行为？

小可：这样啊老师。小可最近真的变了好多，她开始主动和我们说话了。老师您真的是太厉害了！

杨老师：【惊喜】真的吗？那可是太好了。小美的情况变好那是再好不过了。你们最近也对她照顾一点，多一点关心。室友之间会比师生之间更容易相处。

小可：好的，老师，我们会的！

场景四：学校大门口

杨老师：您好，小美父亲，我是小美的辅导员，我姓杨。

小美父亲：【激动地握住杨老师的手】真是太感谢您了杨老师，如果不是您，我们真的不知道小美有这种情况。如果不是您，可能我们家小美就……真是太感谢您了。

杨导员：这都是我应该做的。小美既然是我的学生，那我就应该对小美负责。更何况，我们还是朋友，对吧小美？今后遇上什么事情都要第一时间联系老师，没什么过不去的坎。

小美：好的，老师。

旁白：在老师、同学的持续关怀与家长的不断支持下，小美的心理状况趋于稳定，她逐渐向朋友敞开心扉，更好地融入了集体生活。

辅导员说：

生命诚可贵，它的独特性与宝贵性让每个人深感敬畏。每个人的生命都是一场旅行，既短暂又漫长，充满未知与挑战。我们在这段旅程中，或欢笑，或哭泣，或奋斗，或安逸，但无论如何，我们都应珍视每一刻，因为生命的价值在于我们如何度过它。

前途是光明的，道路是曲折的。在人生的道路上，我们总会遇到各种各样的困难和挑战。有时，前方的路似乎布满了荆棘，让人望而却步；有时，我们又会陷入深深的迷茫，不知道前方的路在哪里。然而，正是这些曲折和困难，锻炼了我们的意志，塑造了我们的性格，让我们变得更加坚强和成熟。

大家都会喜欢积极向上和乐观的你。乐观会让你把一切难过的事看淡，也正因如此，乐观会让你冲破很多困境。

家风的力量

编剧：赵剑平、杨绍志、刘怡霏

角色：江彻、严暖、林软、陆星延、康沉、季明舒、程硕川、林湛、刘老师

场景一：教学楼

【临近期末考试，大三学生正在紧张地进行着复习考研的准备，而江彻作为一个彻头彻尾的学霸，则是许多同学想要讨教的对象】

严暖：江彻，这个程序"爱心代码"我有点不明白，你能给我看看吗？

江彻：【看了一眼严暖的代码，毫不留情面地说】你这高数挂了得了，我的你可能看不懂，你还是看课代表的吧。

林软：走，严暖，我们不问他了，又不是只有他一个人会啊，我们去问陆星延。

【林软拉着严暖气呼呼地走了。两个人坐在座位上生着闷气，这时，康沉、季明舒走过来坐在她们面前】

康沉：你们还去问他题，他是不会告诉你们的。

季明舒：就是，前段时间，他们寝室的程硕川问他一道高数题还被他奚落了一顿呢。

林软：怎么回事，发生什么了，我怎么不知道？

季明舒：就是程硕川问了他一道题，他的确是给他讲了思路，但是讲完后又和他说了一句："拜托你上课时认真听讲，下次不要再来问我这么简单的问题了。"当时川哥就生气了，还是陆星延做了和事佬。

严暖：原来是这样。那我们以后还是少跟他交谈好了，太麻烦了这种人。

旁白：就这样，江彻虽然成绩极其优秀，但是人际关系越来越紧张。

场景二：寝室

【窗外一片漆黑，江彻的寝室时不时传出游戏的语音对话】

程硕川：快，快，一起上分！林湛，你快点！【程硕川一边大声喊着一边手上不停地敲打键盘】

林湛：好了，好了，催什么催，你先去中路，我辅助。

【江彻在床上捂着耳朵，键盘噼里啪啦的声音吵得他久久不能入睡】

程硕川：【加大了音量】林湛，你会不会玩？你先去抢兵线，推塔，这局就要输了，我这可是排位！

江彻：你们能不能小点声，明天还要有早操呢！你们不睡，我还想要早点睡觉呢。

林湛：好了，我们知道了，我们小点声。现在才几点就睡觉啊？

程硕川：别管他，我们继续玩，真麻烦。

陆星延：太晚了，你们两个明天也有课，别到时候起不来，我可不叫你们啊。

程硕川：知道了，陆大少，我们打完这局就睡。

【就这样，林湛两人继续大声打着游戏】

江彻：你们能不能行了，都说你们太吵了，打扰到我了，听不懂吗？

程硕川：我们打游戏怎么了？不愿意住你可以出去，没有人让你在这住。

陆星延：好了，都是一个宿舍的，不要因为一件小事弄得不愉快。

程硕川：陆大少，拜托，是他在没事找事。

江彻：你再说一句！

林湛：说你怎么了，你有本事动手打我啊。

【于是，在这天晚上，程硕川、林湛和江彻之间的矛盾一触即发，发生了严重的肢体冲突】

场景三：教务处

【因为江彻和舍友打架严重违反校规校纪，所以被刘老师单独叫来谈话】

刘老师：江彻同学，据我了解，你一直很优秀，但是最近我发现你和同学的关系并不是很融洽，而且你今天晚上竟然打架，能和我说说是什么情况吗？

江彻：老师，我不是故意的，都是他们太吵了，我都和他们说了，但是没有用。

刘老师：我知道是他们有错在先，但是我们不能换一种方式解决问题吗？你知道这次你为什么没有通过民主测评吗？班级里的人都说你清高、傲慢，不好接近，这才导致你测评不合格。你能和我说说为什么这样吗？

江彻：老师，我真的很想和他们搞好关系，但是我从小就不知道怎么和人相处，我父母经常吵架，在我看来，只有自己待着才有安全感，不用担心任何事。

刘老师：可是我们始终要面对现实，人总要学会成长的，把自己封闭起来，即使你学习再好也是不可以的。

江彻：【双手抱着头，一副无助的样子】老师，我到底应该怎么去做？我不知道……

刘老师：你可以相信老师吗？在我看来，你真的很优秀，只不过缺少一个敞开心扉的机会，如果你可以重新认识自己，审视自己，老师相信你一定会变得更好。

场景四：办公室

【为了更好地解决江彻的问题，辅导员决定找江彻的家长和室友谈话，以便寻找更好的办法】

江彻爸爸：【恭敬地向老师问好】老师，我们家江彻在学校怎么会打架呢？这孩子很听话的，做事一向很有分寸，一定是别人先动手的。

程硕川：明明是江彻先动手的。

江彻妈妈：怎么会？老师，我们家江彻很乖的，他是绝对不会惹事的。

刘老师：好了，江彻家长。这次我叫你们来主要是为了江彻的心理健康。这个孩子很优秀，成绩也很棒，但是性格比较偏激，对人对事都比较敏感，和同学之间的人际关系有着极大的问题。

江彻妈妈：【一脸不可置信】不会吧？我儿子我了解，他就是比较腼腆，怎么可能和同学相处不好呢？

刘老师：据我和孩子沟通，你和他爸爸的感情不太和谐吧？你们经常吵架，所以孩子极其缺乏安全感，也没有学会怎样正确地去解决人际方面的问题。

【此时，被父母的爱包裹着的程硕川和林湛突然理解江彻为什么那么孤僻了】

程硕川：老师，我也有错，我不会再打扰江彻休息了。

林湛：老师，我也是，而且我们会和江彻好好相处的。

刘老师：好了，你们两个可以回去了。既然认识到了自己的错误，那就努力去改正和弥补，老师希望你们可以帮助江彻克服困难。

江彻爸爸：【突然接到电话，"王总，我马上就回去，咱们一定要一起喝一杯啊。"】老师，既然问题已经解决，我这还有个生意没谈，我们就先走了。孩子就交给你了。他要是再不听话你就处分他。

江彻妈妈：是啊，老师，孩子就交给你了。我和他爸爸很忙，有什么事情我们打电话沟通。

刘老师：江彻父母，孩子已经出现心理问题，如果现在不能解决，会造成严重的后果。而且孩子变成这样，你们做家长的是有一定责任的。

江彻爸爸：老师，我们在外面打拼挣钱不都是为他好，为他以后铺路吗？我们要是都在家，谁能让他有钱花啊，他要什么我给他什么？

江彻妈妈：是啊，老师，他要星星我都附赠月亮，我在外面挣钱不都是要给他的吗？我和他爸爸是经常吵架，但生活不就是这样的吗？

刘老师：我理解你们想要给孩子更好的未来，但是作为一个孩子，他从小需要的不是钱，而是家人的陪伴，是没有争吵的家庭氛围。现在江彻变得孤僻暴力，我想和你们的家庭氛围是有关系的。

【江彻父母在一旁呆呆地坐着，好像意识到了自己的错误】

江彻爸爸：老师，我们该怎么办？过去我们一直忙着挣钱没时间管他，我和他妈妈吵架的时候没有想过会给孩子带来这么大的伤害啊。

江彻妈妈：是啊，老师，我们对不起他啊……

刘老师：好了，江彻家长，我们学校一定会好好地对待这个问题的。我会不定期地找他谈心，并且让室友定期汇报他的情况。同时，我会鼓励他多参加一些集体活动，增强人际关系。你们放心，一切都会好起来的。

江彻妈妈：【流下了眼泪】那我们江彻就交给老师您了，拜托了老师。

旁白：在老师和同学们的暖心陪伴、用心沟通下，江彻同学逐渐学会了处理人际关系，能够融入集体生活。他从原来的经历中获得了成长经验，大学生活更加充实。

辅导员说：

良好的人际关系是实现自我价值的重要条件之一。寝室关系是校园人际关系的基础，在集体生活中，对待他人要相互理解与包容，为自己和其他同学提供良好的学习环境和生活环境。

在大学生活中，对人际关系的处理无疑是每位大学生都必须面对的一项重要课题。它不仅关乎个人的情感状态，更直接影响学业成绩、未来职业发展乃至人生轨迹。因此，对于那些在人际关系处理上稍显逊色的学生，我们更应当给予足够的关注与鼓励，帮助他们尽快提升人际交往能力。

一场因沟通而引发的冲突

编剧：徐思佳

角色：小张、辅导员、子宁、小宇

场景一：寝室

小张：【舔了舔嘴唇开口道】我已经向辅导员申请了调换寝室，过几天我想我就会搬走了。子宁，你有时间可以到其他寝室来找我玩啊。

小宇：【不屑地轻嗤一声】至于吗？不就是一件小事，你没帮我考试打小抄嘛，自己身上那么多问题，还要别人来帮你承担。上次是谁使用违规电器来着？

哈哈哈哈。

子宁：【脸上已现怒意】要不是你上次上课扰乱课堂秩序，不尊敬老师，侵害了其他同学的利益，小张才不会跟你发生冲突。还要作弊，你还有没有良心啊！

小张：【抱住子宁】别冲动，我搬去别的寝室他就影响不到我了，你在这要好好地。

场景二：医院

子宁：【匆匆忙忙地赶来】你说你咋上医院来了，平常看着挺好的啊。

小张：【笑得有些难受】没事，我都没想到你能来，走吧。

子宁：【一下子抽出小张手里的报告单】重度抑郁症，什么时候的事？

小张：【眼神飘忽，难受得想哭出来】也许是好久之前的事了吧，我也不知道。你不用担心了，快回学校吧。

【子宁想陪在小张身边，但是小张变得越来越不耐烦，他只能回到学校，并向辅导员说了此事】

小张：【一个人蹲在医院大门旁边，手不住地颤抖起来】怎么办，我该怎么办？

场景三：办公室

【小张进来时戴着口罩，棒球帽也没少，哭肿的眼睛布满血丝，辅导员心里一阵发疼】

辅导员：【握住小张的手，轻拍了几下】老师也有个和你年龄差不多的女儿，你这一哭，我感觉你就像我女儿一样。

小张：【眼泪夺眶而出】老师，我，我，我不知道我做错了什么，这几天真的好难受。从小就没人理解我，我以为到了大学这个新环境就好了，可是事情并没有想象中的顺利。违规电器那次是我不小心。

辅导员：【拿出纸递给小张】别哭别哭，先把事情说明白了，我们要一起找到办法解决问题，这样下去对解决问题没有帮助。有什么事情一件一件说。

小张：我寝室有个室友叫小宇，他想要让我帮他作弊通过考试，但是我因为怕影响出国深造，没有答应他，他就对我进行了长时间的干扰，已经影响到了我的正常学习和生活。他时不时还会把我之前受处分的事情拿出来说一说。老师，我想换寝室。

【辅导员已经提前找子宁谈过话，了解到小张说的就是实情，但是并没有认为这件事会对小张影响到得重度抑郁症的程度】

辅导员：我感觉这件事情只是个导火索。以前你有没有抑郁的症状？

小张：【想了想还是说了出来】我的父亲忙于生计，我的母亲负责照顾我们，但是哥哥赢得了母亲的大部分关注，我则缺乏关注。父亲脾气暴躁。和我们也没有过多的沟通和交流。

辅导员：孩子，这些都是你得抑郁症的原因所在。但是你本身有没有考虑过，我从同学口中了解到你经常在晚上打游戏，生活不规律，这也影响了你与室友的关系，老师会帮你调换寝室，同时我也希望你能接受对抑郁症的治疗。

小张：【向辅导员鞠了一躬】谢谢您，我会积极地接受治疗，希望有一天我可以恢复成以前的样子。

旁白：后来，小张调换了寝室，他对新的寝室很满意。辅导员联系了小张的父母，征得他们同意后，由班里同学陪同小张到医院就诊。辅导员也建议小张的父母多关心孩子，及时了解小张的情况。不久，小张找到了一份兼职工作，这缓解了他经济困难的问题。

辅导员说：

见贤思齐，见不贤而内自省，在寝室这个小天地里，我们要学会用包容的心态去面对室友的不同个性，用理解和关爱去化解彼此间的矛盾和误会。大学生在与室友相处的过程中要学会将心比心，多一分理解和包容，少一分猜疑和妒忌。

抑郁症不可怕，可怕的是主动隐瞒和被动面对。大学生要理性看待自己的缺陷和不足，勇敢面对它，积极与老师和同学沟通、交流，以解决问题为导向，增强信心。

环境是由人创造的，它对一个人的影响是持久和深远的。大学生在集体生活中要把自己的行为举止与集体的精神风貌联系起来，从自我做起，为创造良好的学习环境贡献自己的力量。

在点滴中重铸自信

编剧：徐思佳

角色：周周、小宋、小王、小何、辅导员

场景一：寝室

【清早，雾很大，几米开外的物体朦朦胧胧，看上去若隐若现。周周和小宋早已穿起了新衣服，等待着中秋假期的到来】

周周：【眼中充满了笑意】这中秋节马上到了，你们都打算去哪儿啊？我妈打算带我去北京逛逛，好期待啊。

小宋：【望向窗外】这雾真大。不是还有两三天呢吗？我估计我得回乡下陪陪我爷爷奶奶。小王呢，今年你不会还在这儿过吧？

小王：【眼神呆滞，手不禁握成一团】说不定吧，我爸妈在外打工，回去一趟太费钱。

【小王说完后拿起水杯去饮水器接水了，留给周周和小宋一个落寞的身影】

周周：唉，他这人独来独往惯了，有什么事情也不说。

场景二：图书馆

【图书馆人来人往，小王独自一人待在角落，没想到碰上了自己班的代导小何】

小何：【一脸惊讶】我刚才看到周周他俩去第一教学楼了，你怎么没去上课呢？上次就有老师向辅导员提起了这件事，我最近正想问你来着。

【小何顺势坐在小王身边，眼中带着满满的不解】

小王：【眼神飘忽不定，结结巴巴地说道】学长，我，我，我等会儿就去，马上去。

小何：【想去抓小王的手，却被躲开了】上节课老师提问你的事我听说了，要是有什么心事你就微信和我说，不要憋在心里。

小王：【脸憋得通红】谢谢学长，我知道了。

【小王拿着他的包走了，小何拿起手机给辅导员发了微信】

场景三：空教室

小宋：小王，你有什么困难就和我们说吧！今天上课你又没来，老师批评你了。

周周：【拍了拍小王的肩膀】你这样下去也不是办法，不交朋友，平常话也不怎么说。这都快过节了，开开心心的。原生家庭是咱们没办法改变的，但是我们可以努力改变自己。

小王：【抱了抱周周和小宋】真的很感谢你们。从小到大，没有人理解我，我的父母从来也不关心我，我什么都没有。其实我很庆幸遇见了你们，学长和我说了，你们帮我联系了辅导员，我自己也想了很多，我确实想和辅导员谈一谈。

场景四：办公室

辅导员：【向小王招了招手】快进来，别站在门外了，别害怕。

小王：老师好，学长应该把我的事情和您说了。

辅导员：说了，今天你能来我相信应该是想好了吧，你也敢把以前的事说出来了。

小王：【搓了搓手，眼神躲闪】老师，好长时间了，我没有和别人面对面谈谈心里的事。我从小到大都没有感受到过来自父母的温情，他们一直对我冷眼相待，无论发生什么事情都是责怪我，从来不关注我的想法。他们对我很冷漠，我就渐渐习惯把自己藏起来了。

辅导员：我知道你的家庭状况，你的父母在外打工，没有过多关注你，但我相信只要学校和你的父母进行良好的沟通，你们之间的感情还是会恢复的。而且除了你的父母，你的室友也会陪伴你，还有老师和你身边的每个人都在关心你。

小王：我在高中时期向女同学表白，但她的态度给予了我很大的打击。我感到自己非常自卑，每个人都在嘲笑我、讥讽我。我已经什么都没有了，害怕所有人的目光。

【在小王说完这句话后，辅导员拿出一张纸，让小王在纸上随意涂鸦。小王画出了一些杂乱无章的线条，表明了他心中的焦躁】

辅导员：你并不是一无是处，我感觉你对改善自己的心理状态有一定的想法。

小王：【逐渐提起兴趣】但是我不知道从哪里开始改变。我害怕，我害怕失败。

辅导员：向你的室友学习。你可以和他们多聊聊天，与同学多交往，多参与集体活动和班级事务，这样你就会体会到班级荣誉感，体会到自己作为集体的一分子。一步一步来，每一次尝试后，你就会发现自己会变得更自信。

小王：【向辅导员鞠了一躬】谢谢老师，我明白了，我会开始尝试的。

【在辅导员和同学们的帮助下，小王努力走上讲台尝试发言，同学们的掌声让他知道自己并不孤单。学校也与他的父母取得了初步联系，及时将小王的成绩告诉了他的父母，对其在校表现提出表扬，促进了小王与其父母形成双向良性沟通。几个月后，小王似乎变了一个人，脸上总是挂着笑容】

辅导员说：

在教育领域中，朋辈力量作为一种独特的资源，对于塑造学生的性格、培养社交能力以及促进全面发展具有不可忽视的作用。因此，教师应该充分认识到朋辈力量的重要性，并善于利用它来优化教育环境，提升教育质量。

爱情是双向的，不要给予爱情过多不切实际的幻想。对方的态度并不能代表自身的综合能力，每个人都有自己的性格、经历和价值观，这些因素都会影响到他们对爱情的态度和表达方式。因此，我们应该保持良好的心态，不要因为对方的态度而轻易否定自己，要保持良好的心态。

改变从学会沟通开始，价值蕴含在话语体系中，蕴含在交流情感中。大学生要学会利用情绪价值，创造情绪价值，在沟通交流中提升看待问题的整体意识和大局意识。

缓解慢性焦虑，还你美丽青春

编剧：张文清

角色：小王、吴老师（辅导员）、小王母亲、陈榴

场景一：办公室

【一位名叫小王的同学上学期考试挂了四科，引起了辅导员吴老师的注意】

吴老师：小王同学，我发现你上学期考试挂了四科，是不是发生了什么事？

小王：老师，我……【低头沉默】

吴老师：小王，你应该知道学校有所谓的学业预警机制吧？针对挂四科及以上的学生实施学业预警，也就是找到你们，说明挂科的理由，并将此成绩告诉挂

科学生的家长，让其家长了解，注意到孩子在学校的学习和生活情况。

小王：不，老师，千万不要告诉我的家长我挂科的事情。【突然大哭】

吴老师：怎么了，你慢慢说给老师听。

小王：【哽咽着说】我家庭条件一般，年幼时父母离异，照顾我的责任全部都落到了我的母亲身上。我的母亲有望子成龙、望女成凤的思想，并且这思想根深蒂固地植入在她的脑海里。她严格要求我，每次我做错事或者没有达到她的预期，她就会严厉批评我，给我造成很大的心理压力。【看上去很难受】

吴老师：小王同学你先别急，冷静一下。按照你说的，你的心理压力大多来自你的母亲，你悲观也是因为母亲对你的要求严格，这些压力没有得到很好的处理，所以导致你现在的压抑。你先不要想那么多，慢慢来，有什么事情都跟我说，相信我。

场景二：电话中

【在得知小王同学压力过大都是因为她的母亲后，吴老师开始着手联系小王的母亲】

吴老师：小王母亲你好，我是小王的老师。最近小王在学校压力比较大，想问一下你知道这件事情吗？

小王母亲：是吗，我不太清楚，发生什么事了？

吴老师：上学期她一下子挂了四科，已经引起了学校的关注。

小王母亲：什么？挂科？还是四科？【很震惊】

吴老师：对的，您没有听错。

小王母亲：我只是希望她做得更好，怎么会这样！严格一点不好吗？怎么还适得其反了？【不解】。

吴老师：可是您给小王的压力已经远远超过她自己可以消化的程度了。她的心理调查问卷反映出了许多问题。她有严重的焦虑，并且产生了泛化，一想到类似的经历就会紧张、压抑，甚至出现了轻生的倾向。这件事的严峻性我想您必须要好好考虑一下。

小王母亲：这么严重吗？这孩子平时有什么也不跟我说，只跟她的姐姐说，我也不知道会变成这样。【自责】

吴老师：我认为您可以少给小王一些压力，让她好好放松一下。学校这边我也会联系心理咨询中心，对小王做进一步观察，为她提供咨询帮助，让其摆脱心理困境。

小王母亲：好的，老师，我会做到的。

场景三：教室

【小王同学的这件事让吴老师意识到了心理健康的重要性，于是开了一场心理健康

主题的班会】

吴老师：同学们好。最近有一位同学情绪不太好，在学业上遇到了严重的阻碍，借此，我们开展这次班会。【微笑着问】大家最近有什么心理状态不对劲的吗？

同学们：没有。【齐声回答】

吴老师：都没有吗？没有的话那就最好了，心理委员在吗？

陈榴：在的老师。

吴老师：作为班级的心理委员，你要帮助同学们进行心理上的疏导，多多关注每位同学的生活状态、学习状态等，及时向我汇报。

陈榴：好的老师。【点头致意】

吴老师：那就这样吧，大家可以离开了，心理委员留一下。

吴老师：陈榴，刚刚我提到的心理出现问题的是小王同学，相信你也听说了一点吧。我想让你多多留意她，并且让她多多参加学校、学院、班级组织的活动，转移她的注意力。

陈榴：没问题老师。【自信地拍了拍胸脯】

旁白：在这件事情后，学校更加深刻地意识到了心理健康教育的重要性，各班定期召开心理座谈会，让各班心理委员在会上发言，在保护隐私的前提下，讲明各班同学出现的心理状态和心理问题，共同讨论解决方案，大家共同学习，营造了一个积极、健康的生活环境。

辅导员说：

为了有效推进心理健康教育，教师必须充分发挥班委及同辈的互助作用，积极探索并创新班级内部的教育方式，在细微之处使更多的学生深刻感受到心理健康教育的关怀与意义。

压力过大会适得其反，"有压力就有动力"并不适用于所有情况。学生的成长需要轻松、和谐和适度的压力的环境，这要求教育者要把握好"度"，立好规矩，使学生取得更好的学习效果。

发现并解决心理问题要把握时机，因为任何事情都可能成为"最后一根稻草"。教育者要根据客观规律及时介入心理健康问题的量变过程中，尽最大努力预防质变的发生。

关注学生，把握航向

编剧：张文清

角色：小月、李梦、辅导员、心理咨询师、小月母亲

场景一：宿舍

旁白：大四，大家都在着手找工作和复习考研，每人都很忙碌。

小月：好累啊。【落魄地打开宿舍门，双眼无神】

李梦：你没事吧？【看到小月这样，不禁担心起来】

小月：我好累啊，为什么我要背负这么多？【咆哮着】

李梦：你先冷静冷静。【尝试平复小月的情绪】

【其他舍友见此情景，连忙给辅导员打电话。辅导员得知此事，很快向分院领导反映了情况，并且迅速赶往宿舍楼】

场景二：宿舍走廊

辅导员：怎么了，小月，你有什么顾虑和压力跟老师说，不要一个人扛着。

小月：老师，我背负了好多，家庭、学业、经济，各方面的问题让我分身乏术，压得我喘不过气。【眼神躲闪，面露痛苦】

辅导员：你先不要想这么多，慢慢说。

小月：老师，我感觉活得好难，好疲惫。【身体轻微颤抖】

辅导员：小月，你要是有经济方面的问题，我可以帮你申请助学金和各项资助，帮助你度过家庭困难期。

【小月摇摇头，并不接受】

【在跟小月及其舍友沟通了一些近期的问题之后，辅导员了解了很多信息，并且用电话联系了小月母亲，向小月母亲也说了相关的情况，建议她尽快来学校陪伴小月】

场景三：办公室

旁白：辅导员见沟通效果不大，便寻求了专业心理咨询师的帮助。在心理咨询师持续30分钟的沟通后，初步断定小月患有焦虑症。辅导员向分院领导和学校学生处汇报了谈话情况，告知了该生的心理状况评估结果，同时也联系了小月的母亲。

辅导员：小月母亲，相信你也知道了，最近小月的心理压力很大，甚至还产生了轻生的念头。我们分析了问题的来源，很大一部分原因来自家庭。

小月母亲：老师，我都知道，是我拖累了孩子，我会开导她的。【愧疚】

辅导员：对于小月的身体和心理健康状况、家庭状况，我觉得您与她进行沟通一定能产生很好的效果。我们打算让她休息一段时间，进行一段时间的观察。我们也会让舍友和同学多多关心小月。

小月母亲：好，谢谢老师，我一定和她进行沟通。

场景四：心理辅导室

旁白：在辅导员定期与小月谈话和同学们的日常关心下，小月的情况渐渐有所好转。一周后，学校心理咨询师又对她进行了一次心理疏导。

心理咨询师：怎么样，小月？听说最近的积极性很高嘛。

小月：是的，最近我的状态越来越好了，现在的我，思想积极，要求进步，心态向上。【面露笑容】

心理咨询师：哈哈哈，我都听说了呢。是不是成绩也取得了不错的进步呢？

小月：那肯定的，成绩上升了很多，我还想着以后要报考公务员呢，为人民服务！【洋洋得意】

心理咨询师：那就好，看你这样我也就放心了。

小月：放心吧，我相信，经过我的努力，生活会越来越好的。【眼神里充满希望】

旁白：只有积极探索大学生心理健康问题的深层次原因，把存在心理问题的学生从危险的边缘解救出来，建立有效的心理预警机制，才能为学生的成长和发展打下良好的基础，避免和减少因心理问题带来的各种安全隐患，实现学生个体的更好发展。

辅导员说：

在走向社会的过程中，每个学生都有可能感受到一定的落差，从而产生一定的心理问题，这要求教育工作者在就业辅导工作中积极融入各种教育形式，戒骄戒躁，以解决实际问题为导向，注重实际效果。

教师要始终坚持"三全育人"理念，发挥全员、全过程和全方位的优势，统筹更多的教育资源，在内容、传播方式等方面不断创新，建立健全危机预警机制，为日常工作赋能。

鼓励的重要性

编剧：赵剑平

角色：李老师、小王、辅导员、室友

场景一：教室

【夏日午后，李老师在教室里滔滔不绝地向同学们传授知识，而小王却在睡懒觉】

李老师：睡觉的是哪位同学？快起来，这么重要的知识一定要听啊。

小王：【纹丝不动，睡得正香】

李老师：那位同学快起来，叫你一遍就别睡了。

【小王睡得正香，根本听不到老师说话。李老师愤怒地走到小王旁边，拍了拍他，小王醒来，看着老师】

小王：老师，怎么了？

老师：怎么了？课堂是你睡觉的地方吗？叫你好几遍都不醒。

小王：我就睡一会儿怎么了。

老师：多重要的知识你不听，期末还考不考试了？上课睡觉就是不对。

小王：怎么我上别的老师的课他们都不说我，就你事多呢？

老师：我说你、叫你起来是对你负责。

【就这样，小王和李老师你一言、我一语吵了起来，不一会儿消息就传到了辅导员那里】

场景二：办公室

【老师翻阅着小王的资料，发现他父亲病逝，母亲下落不明】

小王：老师您找我有啥事啊？

辅导员：我听说你上课和老师吵架了，有这事吗？

小王：我就休息一会儿，那老师就说我。

辅导员：那你上课睡觉，听不到老师讲的知识，学习不要啦？

小王：本来我也对我的学习没抱啥希望，就想着快点毕业。

辅导员：不要这样想，你应该往积极的方向努力。

【快上课了，辅导员让小王先回去上课，并叮嘱他认真听课，不要再睡觉了。随后辅导员找来了小王的室友】

辅导员：我找你来是想问问小王的问题。平时你们一个寝室，互相都非常了解吧？

室友：他虽然和我们住在一个寝室，但是平日里不怎么和我们说话，性格比较孤僻。有一次寝室团建，他都没有参与。寝室里的其他活动他更是没怎么参加过。

辅导员：那他平日里和你们交往得友好吗？

室友：交往得还比较友好，并没有发生矛盾。我看他从来都不和父母打电话，什么事情都是自己藏着掖着，我们也挺想帮帮他的。

辅导员：你们平日里就多关照一下他，帮助他一些。

室友：好，老师，我知道了。

场景三：饭店

【这些天，辅导员和小王一直通过微信保持着联系。辅导员和小王之间已渐渐地建立起了友谊，互相信任】

小王：老师，您为什么要请我吃饭呀？

辅导员：老师主要是想帮助你解决一下现在的问题。通过这段时间的交往，老师觉得你是一个好孩子，但是你有一些消极的态度，这不利于你以后的发展。老师知道，你家里的事情让你有些自卑，但是除了家里人，学校里的老师、同学，还有你的室友都是你的朋友，都愿意帮助你。你未来的路还很长，要往前看，积极地面向未来。

小　王：老师，我知道你们为我好，但是不行的，我现在的学习成绩根本就提不上去。我怕同学们因为我的家庭和我学习成绩的原因，不愿意与我交流。

辅导员：你有这么多同学，这么多老师帮助你，我相信你的学习成绩一定能够提上来的。老师觉得你很有能力，并不是事事无成的。咱们班的生活委员一直还无人担任，老师觉得你能胜任。老师也希望你能从生活委员的工作中学到一些东西。

小　王：谢谢老师的信任。

旁　白：在此之后，在老师和同学们的帮助下，小王渐渐地有了积极的一面，他不再自卑，也不再有逆反心理，和同学、老师相处得十分融洽。他在学习上努力刻苦，认真听讲。缺乏家庭关怀的学生尤其需要我们的关爱，如此一来，他们的身心才能更好地发展。

辅导员说：

沟通是治愈孤独的钥匙。在人生的旅途中，我们或许会遭遇孤独，但只要我们愿意敞开心扉，用真诚和善意去与他人交流，孤独便会渐渐消散。

原生家庭的不幸，或许曾让你感到无助和迷茫，但正是这些经历，让你更加珍惜那些来之不易的温暖与关爱。因此，无论原生家庭的环境如何，我们都不能让它成为阻碍自己发展的绊脚石。相反，我们应该勇敢地面对它，从中汲取力量，让自己变得更加坚强、更加成熟。

在处理寝室矛盾问题时，辅导员要做好背景调查，通过与宿管人员、其他同学以及矛盾双方的朋友进行深入交流，以获取更为全面、客观的信息，并与双方一对一谈话，时刻保持公正中立的立场，避免伤及某一方的情绪而造成严重后果。

第三章
和谐交往你我他

在大学生活中,朋辈关系是集体生活的基础,对于大学生的成长与发展具有重要意义。朋辈关系不仅影响着大学生的心理健康、学业成绩,还对其人生观、价值观的形成产生深远影响。

朋辈关系指的是同龄人或相近年龄段的人之间建立的一种亲密关系,包括友情、同伴关系等。在大学生活中,朋辈关系表现为同学之间的互助合作、共同学习、生活交流等。不同于寝室人际关系,大学生朋辈关系范围更大,影响更广,人际关系更加复杂,具有多样性、动态性和互动性等特点。多样性体现在朋辈关系的类型丰富,既有基于兴趣爱好的社团关系,也有基于地缘关系的宿舍关系等;动态性则表现在朋辈关系随着时间和环境的变化而不断调整;互动性则强调朋辈之间的相互影响和共同成长。

朋辈关系对大学生个体具有较为深远的影响,在心理健康方面,良好的朋辈关系有助于缓解大学生的压力与焦虑,提升他们的自尊和自信,促进心理健康发展。在学业成绩方面,朋辈关系在学业上发挥着积极作用。同学之间的互助合作、共同进步,有利于提高学业成绩和学术水平。在价值观方面,朋辈关系对大学生的人生观和价值观产生深远影响。通过与不同背景、不同观点的同学交流,大学生能够拓宽视野,丰富自己的人生体验。

当下大学生朋辈关系中存在的主要矛盾和问题可以归结为以下几个方面。

第一,价值观差异。每个大学生都有自己独特的价值观、信仰和观念,这些差异在交往过程中可能导致摩擦和冲突。不同的价值观可能导致在看待问题、做出决策时的分歧,从而影响朋辈关系的和谐。

第二,兴趣与习惯差异。大学生来自不同的家庭背景和地域文化,可能具有不同的生活习惯和兴趣爱好。这些差异在共同生活中可能导致相互之间的不适应和矛盾,如作息时间、卫生习惯、娱乐方式等方面的冲突。

第三，竞争与合作失衡。在大学环境中，学业成绩、奖学金评定、社团活动等方面的竞争较为激烈。过度的竞争可能导致朋辈关系紧张，缺乏合作精神。同时，一些大学生可能过于追求个人利益，忽视团队和集体的利益，这也可能引发矛盾和问题。

第四，沟通与理解不足。有效的沟通是建立良好朋辈关系的关键。然而，一些大学生可能缺乏沟通技巧或意愿，导致沟通不畅或误解。此外，由于生活经历、知识背景等方面的差异，大学生之间可能难以深入理解对方的想法和感受，从而加剧了矛盾和问题。

第五，心理压力和情绪管理不当。大学生面临着学业、就业、人际关系等多方面的压力，这些压力可能导致情绪不稳定和焦虑等问题。在情绪管理不当的情况下，大学生可能更容易产生矛盾和冲突，影响朋辈关系的和谐。

引导大学生处理好朋辈关系是一个涉及人际交往、心理学和社会学等多方面因素的复杂问题。根据社会心理学家马斯洛的需求层次理论，尊重是人类的基本需求之一，满足这一需求有助于建立健康的人际关系。诚实沟通是建立良好朋辈关系的核心。

在教育过程中，教师要引导学生坦诚地表达自己的想法和感受，同时也要善于倾听对方的意见和反馈。在沟通中，语气应友好、理性客观，并尽量避免攻击性言辞或过度批评。此外，积极解决冲突是大学生处理朋辈关系的关键技能，也是教师帮助学生的主要出发点，当冲突出现时，教师应不断引导学生调整附加情绪，采取积极、建设性的态度来应对。通过开放、诚实的对话，寻找双方都能接受的解决方案。这有助于增进彼此之间的信任和尊重，进一步巩固朋辈关系。以下情境式案例均来源于学生的日常生活以及思政工作，希望它们能够带来更多的思考，帮助更多的学生在复杂的人际交往活动中做到游刃有余。

换位思考

编剧：赵剑平

角色：小橙、小红、小黄、小绿、小青、小蓝、小紫

场景一：体育馆

小橙：会不会打游戏啊，会不会玩啊！

【小红正在学习看书，小橙骂人时小红转头看向小橙，又快速把头转回来，微微撇嘴皱眉，手捏紧衣袖，却不敢制止。这时小黄和小绿推门进宿舍】

小黄：哎呀，饿死我了，打了一上午羽毛球，又累又饿。【看向小绿】去吃饭吗？

小绿：好啊，陪你打了一上午的羽毛球，早就饿了。【看向小红和小橙】诶，小红、小橙你俩一起去吃饭吗？

小橙：【还在打游戏，嘴上一直没停地大声与队友语音】我不去，这把游戏刚开始呢！你俩帮我打包呗，我要吃二食堂的红油干拌米线，谢啦！

小绿：好啊，记得微信转我钱。小红你呢，想一起去吃饭吗？【看向小红】

【旁边的小黄拉拉小绿的衣袖，向小绿撇撇嘴，示意她别问小红】

小红：【转身，不好意思道】我吃饭慢，就不和你们一起了。【说完立马转身，垂下了头】

场景二：去食堂的路上

小黄：你为什么还叫小红和我们一起去食堂啊？每次问她要不要和我们一起去食堂，她都拒绝。你说她是不是对我们有意见啊？而且她都不怎么和我们交流，平时不是看书就是背书的，她肯定是觉得我们这种学渣和她走在一起丢人。

小绿：你别这样说，万一人家不是这样想的呢？我只是看她平时都是一个人，去教室一个人，去食堂还是一个人，怪孤单的，所以我才问她要不要和我们一起嘛。

小黄：你啊，就是爱多管闲事，说不定人家还嫌你烦呢！

小绿：切。

【小黄和小绿一起收拾餐盘，从二食堂回去寝室的路上碰见小红一个人往一食堂走，小黄、小绿两人对视一眼】

场景三：寝室

【晚上，小青在公共走廊上晾衣服，可是衣服完全没拧干，走廊上就像是在下大雨一样。小红从走廊走过，发现头上在滴水，她偷偷瞅了眼小青，没敢说话，只加快了脚步，迅速回到了寝室。小红走到衣柜前拿换的衣服，因为她的衣服都被淋湿了。小蓝发现小红的动作，看了看走廊，皱起了眉头】

小蓝：【夸张地喊道】下雨啦，下雨啦，小青人工降雨啦！快来看呀，你看不了吃亏，看不了上当……【小橙跑过来看，小红的目光也追随过去】

小青：喷。【撇嘴】小蓝，别在这阴阳怪气的，你什么意思啊！

小蓝：谁叫你不把衣服拧干再挂上去的？这么多的水滴下来，跟开了花洒似的。怎么，从走廊上走一趟还顺便洗个头、洗个澡吗？【小青无力反驳地低下了头】

小青：对不起，是我考虑不周，我这就把衣服收下来拧干【小青默默地把衣服收下来】

【小红感到好笑，轻轻地笑了一下】

【换好衣服后，小红坐在座位上，拿出手机跟高中时的闺蜜小紫打字聊天】

小红：小紫，我好想哭啊！

小紫：怎么了？谁欺负你了？

小红：没有，我是觉得自己太没用了，遇到舍友做得不对的事、影响到我的事，我都不敢提出来，因为我怕自己说了也不管用，也怕与人争吵。我一直纠结、忍让，可宿舍里的其他人都能大方地说出来，能够解决这些问题，就我一个人小心翼翼地。真羡慕那些性格外向的人啊。

小紫：今天太晚了，这样吧，明天中午你来找我。

小红：嗯嗯，明天见吧。

场景四：校园一角

【小红和小紫坐在校园的公椅上。小红没精打采的，黑眼圈重】

小紫：小红，你的黑眼圈怎么这么重啊？昨晚没睡好吗？

小红：别提了，还是我上次和你说的事，就我上铺，昨晚又和男朋友打电话到凌晨2点，害得我一直睡不着。

小紫：那你和她沟通了吗？叫她小声点。

小红：你也知道我胆子小，性格内向，我哪好意思说啊！像这种事情我都是忍过去的。

小紫：你呀，每次都忍，要是我非得骂她几句才解气。你就该学学我，遇到矛盾一定要和产生矛盾的那个人沟通，讲清楚才行。有什么是沟通解决不了的呢？遇事不能逃避、忍让，这样只会让自己受伤、受委屈。而且你不说人家怎么知道打扰到你了呢？

小紫：【停顿了一下】你昨天说想哭，是遇到什么事了？

小红：昨天我给你发消息之前，我们宿舍的小青把没拧干水的衣服晾在走廊上，我走过去的时候被淋湿了，但我不敢向小青发脾气，怕和她的关系变僵，但是另一个舍友很大方地说了小青的不是，所以我觉得自己好没用啊！

小红：你呀，这是心理不健康。你都没和人家沟通呢，就开始幻想不好的结果了。你还是要主动和她们沟通交流，要把自己内心的真实想法说出来。就算因为这样和他们关系闹僵，你这不还有我呢吗？

【此时，小黄挽着小绿路过，小绿看见小红，主动打招呼】

小绿：嗨，小红。旁边这位是你的朋友吗？

小红：【站起身】对啊，她是我高中玩得好的闺蜜。

小紫：【站起身，大方地打招呼】你们好呀。你们是小红的舍友吧？我们小红在宿舍表现得怎么样呀？

小黄：【阴阳怪气地说】反正每次叫她一起去吃饭她都拒绝，可能是某位学霸看不上我们这些学渣吧！

【小绿向小黄使眼色，示意她闭嘴】

小紫：【若有所思】哈哈，是你们误会小红啦。她只是吃饭速度太慢，怕和你们一起吃会让你们等她。是吧，小红？【给小红使眼色】

小红：【有点害羞】嗯。

小黄：【不太相信的样子】真的吗？

小绿：【捅了捅小黄】原来是这样，你真是善解人意。不过，其实我们吃饭速度也很慢。既然今天这么巧遇上了，不如我们四个一起去食堂吃饭吧，也让我们比比谁更慢！

【四人一起去食堂】

场景五：寝室

【小红在课桌前写教案。小橙掀开被子，穿上拖鞋，走到课桌前坐下，给手机充电开始追剧，还把音量调到最大。小红听到声音后，放下手中的笔，向小橙走去】

【小红拍了拍小橙的肩膀，小橙扭头看向小红，并把视频暂停】

小橙：【疑惑道】怎么了？

小红：你追剧的音量太大，影响我学习了。

小橙：啊！不好意思啊，我之前打游戏的时候也这么大声，我看你没啥反应，以为你不会受影响呢。真抱歉，之前也影响你了吧？你应该早点和我说啊！你放心，我下次不会了。

小红：之前确实影响我学习了，不过这也不完全怪你，是我没胆量，不好意思和你说。

小橙：没关系的，下次有什么直接和我说就好，做得不好的地方我会改正。

小红：嗯嗯。

【小红回到课桌前，继续写教案，突然，闺蜜小紫发来消息】

小紫：最近还好吗？

小红：最近积极和室友沟通之后，一切都变好了，我太开心了。多亏了你的开导，现在的我已经不是从前的我了，谢谢你！

辅导员说：

换位思考是一项至关重要的人际交往能力，它要求我们摒弃以自我为中心的思维方式，并努力站在他人的立场上审视问题。每个人都是独立的个体，拥有独特的思想和感受。因此，只有当我们真正学会理解他人，尊重他人的立场和观点，才能建立起相互理解和尊重的关系。

要学会接纳别人，既能欣赏他人的优点也能容忍他人的缺点。这样的互相欣赏会让即将迈入社会的大学生们增加自信，更有勇气去搏击长空。在日常生活中，教师要间接地引导和培养学生包罗万象的心态，进而提升整体心理素质。

小团体主义是矛盾激化、群体对立的主要原因，学校、教师和学生要共同抵制小团体主义，坚决纠正影响大学生人际交往的不正之风。

温暖受伤的心

编剧：安心蕊

角色：张爸爸、小云、张妈妈、小王、小刘、小赵、辅导员

场景一：家中

张爸爸：宝贝，别看电视了，过来吃饭。

小云：哦。【慢悠悠地磨蹭过来】

张妈妈：来，喝杯牛奶，有助于睡眠。

小云：这是什么破菜，我不是说了我要吃黄焖鸡！

张爸爸：家里没有黄焖鸡米饭的配菜了，你先吃红烧肉，明天给你做黄焖鸡米饭。

小云：明天我就不吃了。【摔下筷子转身就走了】

张妈妈：都说了让你去买菜，你看孩子不吃了吧！

张爸爸：嗐。

场景二：宿舍

小王：没有大小姐的周末总是如此愉快。

小刘：收起你的开心吧，大小姐3小时后即将抵达宿舍。

【小云一脸不开心地走了进来】

小赵：【低头打开手机在名为"远离大小姐"的微信群中说道】怎么这么早回来了？

小刘：谁知道这大小姐又怎么了。

小王：我美好的周末夜晚就这么不见了。

小云：【趾高气扬地说】你们给我订一份黄焖鸡。我爸妈真是的，我就想吃黄焖鸡，非得弄什么海鲜和红烧肉，不知道那龙虾早就吃腻了吗？

【小王三人默不作声】

小云：听见我说话了吗？我就吃万达那家店的就行，别放辣椒。

场景三："远离大小姐"微信群

小王：这又把自己当公主了！

小赵：她是不是精神不好，在那儿趾高气扬演给谁看。

小刘：都别拦我，她再这样我就要忍不住了。

小云：你们三个在干什么？你们不是吃过黄焖鸡米饭吗？怎么不说话？

场景四：宿舍

小刘：大小姐，您是没有手只有嘴吗？

小云：你在说什么？

小赵：没说什么。你要吃什么自己订，没人管你。

小云：都是同学，你们怎么就不能帮帮我？

小王：怎么帮你？帮你订外卖你不给钱，叫你上课你说耽误你睡美容觉，帮你打扫寝室你说我们没有你家保姆打扫得干净……真拿自己当大小姐了？你算个什么东西！

小云：你们，你们太不知好歹了！

小王、小赵、小刘：是，那就麻烦你远离我们。

小云：你们给我等着。【摔门而去】

场景五：办公室

小云：老师，我好难过。

辅导员：怎么了小云？

小云：老师，生活好难啊，父母不懂我，同学不关心我，我该怎么办？

辅导员：人生不如意十之八九，体验过生活的苦，才能体验生活的甜。

小云：老师，你真的愿意管我吗？

辅导员：你放心，老师一定管你。

旁白：随后，辅导员联系了小云父母，了解了小云的事情后，联系了学校心理咨询师。在小云接受心理咨询的过程中，辅导员也向小云的舍友了解了小云在宿舍的表现。

场景六：办公室

旁白：张爸爸、张妈妈来到学校与辅导员交流小云的情况。

辅导员：心理咨询师反映小云有比较严重的焦虑，而且小云在宿舍中与舍友的关系都不太好，因此我建议让她回家休息一段时间。

小云：我不想回家，大家会认为我不正常，会嘲笑我的。

张爸爸：走吧孩子，跟我回家。

辅导员：别担心孩子，没有人会嘲笑你。放心，你只是回家休息一段时间，不要有心理压力，一切都会好起来的。

旁白：在该事件发生后，辅导员与小云的家长保持沟通，要求家长多关心小云。在多方努力下，小云已经恢复健康。

辅导员说：

每个人都会有焦虑的时光，面对焦虑，最重要的是进行合理调节，早日走出焦虑，而不是传递焦虑。

焦虑，如同乌云般笼罩住生活，有时它悄然而至，让人措手不及；有时它如影随形，久久不散。然而，焦虑并非不可战胜的敌人，只要我们掌握正确的调节方法，便能早日走出这片阴霾，重新拥抱阳光。

我们要明白焦虑的来源。很多时候，焦虑源自我们对未来的不确定和对自我的怀疑。因此，我们需要学会正视自己的内心，勇敢地面对自己的恐惧和不安。只有深入了解自己的焦虑源头，才能更好地找到解决办法。

家的温暖，不可或缺

编剧：谌思靓、刘怡霏
角色：奇奇、阿英、小微、小陈、奇奇妈妈、刘老师

场景一：食堂

【第二节下课，食堂里同学们在一边吃饭一边闲聊】

奇奇：【扒拉着盘子里的菜】唉，学校的菜一点都不好吃，【愁眉苦脸】还是家里的菜好吃啊！

阿英：是啊，我好想吃我妈做的饭啊。

小微：我觉得还不错哇，能吃饱就好。【边低头吃饭边说】

阿英：那哪能有家里的好啊，我妈做饭巨好吃。

奇奇：好想爸爸妈妈啊，唉，我好想回家啊！

【小陈默默地低头吃饭，大家还在一边谈论着】

场景二：楼梯间

【吃完饭，大家来到楼梯间给家人打电话】

阿英：【打视频通话】妈妈，我好想你啊！好想回家吃你做的饭啊，学校的饭太难吃了。【一脸委屈】

奇奇：我也要给我爸妈打视频。【走到一边给家人打去了电话】

奇奇妈妈：怎么想起来给妈妈打电话啦，宝贝女儿？【一脸笑意】

奇奇：我想你和你做的菜啦，学校的饭菜太难吃了。【一脸委屈】

奇奇妈妈：哎呀，真是委屈我的宝贝啦，等你放假回来妈妈给你做一大桌子好吃的。

奇奇：好，我爱你妈妈！

【小陈看见室友们与自己的父母都谈得很开心，默默地低下了头】

小陈：我先回屋了。【垂眼】

【小陈躺在床上看着天花板发呆】

场景三：宿舍

【夜晚，本来安静的寝室，传出轻微的抽泣声】

小微：【戳了戳隔壁床的奇奇，小声说】我怎么听到了抽泣的声音啊。

奇奇：还真是，好像是小陈啊。【给阿英发消息】

【阿英摘掉耳机起身看了看隔壁床，看到了正将头埋进枕头小声抽泣的小陈】

阿英：小陈，你怎么了？【关心地问】

【奇奇开了手电筒】

小陈：【用手捂着眼睛摇了摇头】没……没怎么。

小微：怎么了，和我们说说，有什么事不要自己憋着，多难受呀。

阿英：难道你是因为想家了吗？

【小陈又摇了摇头】

奇奇：给你纸，先擦一擦泪。坐起来，有什么事跟我们说，大家一起帮你解决。

小陈：我父母在我小的时候就离婚了，根本没有人关心我。我好羡慕你们有爸爸妈妈宠着你们。【泪流满面】

阿英：为什么不早点告诉我们呀？【抱住了小陈】

奇奇：没事，说出来就好了。【用纸替小陈擦眼泪】。

小微：你这样的心情持续多久了啊？这样会有害你的健康的，怎么不早点和我们说呀！【满脸关切】

小陈：好久了，我一直没好意思说出来。【抽泣】

奇奇：我们明天去找辅导员说说吧，让老师跟你家长沟通沟通，一定能解决问题的。

小微：对呀对呀。

阿英：放心，我们会一直陪着你的。

小陈：好，谢谢大家。【感动】

【三人又陪小陈聊了会儿天，四人进入梦乡】

场景四：办公室

【三人陪着小陈来到了辅导员办公室门口。在三人的鼓励与陪伴下，小陈敲了门】

刘老师：请进。【低头忙着工作】

四人：老师好。

刘老师：随便坐，找我有什么事吗？【放下手中的工作，抬头看向四人】

【奇奇怕小陈说起来再次伤心，大概讲述了她的事情】

刘老师：【温柔地摸着小陈的手】原来是这样，辛苦你了孩子，我会和你的父母联系的，让他们多关心关心你，怎么能缺少了对孩子的陪伴呢？

小陈：谢谢老师。

刘老师：我还会安排学校的心理老师给你做一些疏导。不必担心，有老师和你的这群好朋友在，一切都会好起来的。

奇奇：有劳老师费心了。

刘老师：哎呀，你这群小伙伴们真好，有她们在我就放心了。

【四人幸福地笑了，起身道别】

四人：谢谢老师，老师再见。

旁白：刘老师在送走四人后，给小陈的父母打去了电话。在刘老师的劝说下，双方都意识到了自己对小陈的欠缺，也保证以后一定会关心小陈。三个室友也都一直陪着小陈去找心理老师聊天。小陈的父母在此之后，也经常给小陈打电话嘘寒问暖，来学校看她。在众人的爱的包围下，小陈变得越来越阳光，越来越自信。

辅导员说：

家庭教育并不受时空限制，它对一个人的成长不可或缺，任何一名学生都很需要关心和鼓励，在关键时刻更是需要家庭、学校和社会的指导和引领。

家庭婚姻的失败不能以牺牲孩子的幸福为代价，不能把自己的压力转嫁给孩子。

学会沟通是缓解心理压力、拥抱幸福的必备技能。

适度的亲密

编剧：谌思靓、孙雨齐

主角：阿杨、马克、吴柳、辅导员

场景一：教室

【阿杨正在复习上节课学的内容，马克走了过来，在阿杨旁边坐下】

马克：哇，阿杨这么多笔，给我看看，我都没买过这么多笔。【直接翻阿杨的笔袋】

阿杨：诶，你怎么……【不太情愿地看着马克】

马克：哇，这么多新款式，给我一支用用呗。你可真有眼光，每支笔都这么好看。

【阿杨皱眉地看着他，念及同学之情，阿杨没有出声】

马克：这两支笔我喜欢很久了，一直没舍得买，拿走了哈。这么多笔，反正你也用不完。【拿起两支笔，挑挑眉】

阿杨：不是，你……

【没等阿杨说话，马克就转着笔走了，阿杨只好愤怒又无力地叹气】

场景二：体育课

【1000米体测结束，大家累得气喘吁吁，在原地休息。马克找了替考，气定神闲地站在一旁看热闹】

马克：阿杨你行不行啊，就你跑得最慢！【轻蔑一笑】

阿杨：【虚弱地摇摇头，扶着膝盖摆手】不行，太累了。

马克：【笑出声，大声喊道】哈哈哈，你知道吗？你刚才跑步跟小猪崽一样，踉踉跄跄的。喏，我这还有视频呢！大家都来看看啊，哈哈哈哈。

阿杨：马克！【大声叫马克的名字，顿了顿，却什么都没说，转身离开了】

马克：喊我干什么？！这么大声，吓我一跳。【拍了拍胸脯怪声道】

吴柳：哎呀你少说点吧哈哈哈，都把阿杨气跑了。

马克：说实话怎么了，不会这么小气吧？真是的，开不起玩笑。【无所谓地耸耸肩】

场景三：寝室

【几个室友正拿着手机窃窃私语，捂嘴偷笑，这时阿杨走了进来，大家都对阿杨上下打量】

吴柳：【拍了拍阿杨的肩膀】你小子身材不错，皮肤也很白嘛。

阿杨：【一脸不解，拿出手机】你们笑什么？【说着看了看自己】

【身边人继续看着阿杨偷笑，阿杨打开群聊发现马克偷拍了自己换衣服的照片，一瞬间愤怒了起来】

阿杨：【径直走到马克面前】为什么这么做？这是侵犯别人的隐私！【尽量压住怒气】

马克：想拍就拍咯，怎么啦？这么点小事，别斤斤计较啦！

阿杨：我计较？是你太过分了！【瞬间爆发，拽起马克衣服领抬起了手】

马克：你看你看，小心眼。至于这样吗？

【阿杨十分生气，瞪着马克就是不松手】

【气氛达到冰点，室友纷纷停下议论】

吴柳：哎呀好了好了，就是开个玩笑嘛。【吴柳见事情发展不妙，急忙出来打圆场】

【阿杨使劲把马克往床上一甩，摔门而出】

场景四：办公室

经过这次的事，阿杨决定不再忍耐，去寻求辅导员帮助。

【阿杨向辅导员讲述了近一个月马克对自己造成的人格侮辱，并拿出微信聊天记录】

辅导员：那你为什么不沟通呢，说明他这么做是不正确的？

阿杨：因为我怕惹事，而且顾及大家都是同学。我家不是很有钱，从小我就很小心翼翼，不想给家里添麻烦。他一次次地变本加厉，这次我是真的忍不了了。【无奈又愤恨地握紧拳头】

辅导员：其实积极地沟通可以改变事情的发展，你可以尝试与他多沟通。

阿杨：【沉默】

辅导员：这样吧，你这几天先去别的寝室住，调整一下自己的情绪。

阿杨：谢谢老师。

辅导员：至于马克，我会单独找他谈话。【说完拍了拍阿杨的肩膀】

旁白：在学弟的帮助下，阿杨自信了起来，也变得爱笑了。同时辅导员找马克谈话，告诉了马克事情的严重性，严肃地批评马克。马克意识到自己的不对，主动约阿杨见面并赔礼道歉。阿杨选择了原谅，二人破冰和解。辅导员还给阿杨父母打了电话，让他们多关心阿杨。阿杨学会了不再隐忍，也学会了交流和沟通。就这样，阿杨又搬回了原来的寝室，并开心快乐地过着每一天。

辅导员说：

在与人交往的过程中要顾及他人的感受，即使是最亲密的朋友，也要保持适当的社交距离。

对待他人的物品要有借有还，充分尊重他人意愿，不要因为小事而伤了和气，破坏了关系。

学校要以学生寝室生活为出发点，注重学生品德建设，引导学生在集体生活中学会交流和沟通，树立团结意识。

唤醒勇气

编剧：刘微

角色：小李、辅导员、小李父亲

场景一：办公室

【小李连续找工作一周以后，仍旧没有好消息，各种实习申请都石沉大海，心情低落的小李来到辅导员办公室寻求帮助】

小李：【轻声敲门进入】老师好，有一些事想麻烦您一下。

辅导员：进来坐，怎么了，发生什么事了？【一边说一边让小李坐下】

小李：老师，眼看着就要毕业了，但我一直没找到工作。我尝试了很多渠道都杳无音讯。很多同学平时成绩都不如我却比我先找到了工作。

辅导员：找工作这件事中，成绩固然重要，但也要看个人的综合能力。

小李：难道就因为我不善于和大家交流吗？

辅导员：这可能是一部分原因。那你为什么不善于和人交流沟通呢？

小李：我……【窘迫地搓手】

辅导员：在社会中人际交往能力是很重要的一种能力，它不仅关乎你的工作，甚至能界定你的人生。也许你在此之前不太具备这种能力，但老师相信你一定有能力改变现状。你有能力让成绩在系里名列前茅，那老师相信你在别的方面也一定可以做得好。

小李：老师，我不知道如何开始。【低头小声说道】

辅导员：别担心，先和大家一起做大学生创业活动，老师相信你可以的。

小李：好的，老师，谢谢你。

场景二：办公室

辅导员：【拨通小李父亲的电话】小李家长你好，我是小李的大学辅导员，这边想和您了解一下他的个人情况。因为孩子最近在找工作上遇到了一些困难，所以我想了解一下他的情况。

小李父亲：我和孩子妈妈常年在外打工，他是奶奶一手带大的，我平时对他学习方面也很少关心。他奶奶年纪大了，可能在经济方面和生活方面我们都有些疏忽，所以孩子从小也养成了内向自卑的性格。

辅导员：原来是这样。看得出来孩子有些内向自卑，但我们不能放任不管。孩子现在在找工作的过程中遇到了困难，希望作为家长的你们也多给孩子一些勇气和信心，只有我们家校合作才有机会改变孩子的现状。赚钱养家固然重要，但是孩子们的身心健康更加重要，所以希望家长也能作出改变，给孩子一个更好的家庭环境。

小李父亲：好的，老师，我们一定积极配合，麻烦老师了。

场景三：辅导员办公室

小李：【敲门而入】老师好。

辅导员：来来来。【热情招招手】

小李：老师，您叫我来是因为上次汇报有什么问题吗？

辅导员：你先别急，坐下来慢慢说。【拉开椅子让小李坐下】

辅导员：找你来确实是因为汇报这件事，但是不是出问题了，而是你这次表现得非常好。

小李：真的吗，老师？我以为我把事情搞砸了。

辅导员：当然是真的，这次你们的汇报工作完成得非常好。与你合作的同学们也认为你很有能力。通过这次事情你应该也明白了沟通协作的重要性。在交流合作的过程中，我们会不断加强自己的适应性、承受力、调控力、意志力、思维力、创造力以及自信等多方面能力。你要知道，要想自己未来能够发光发热，不仅要有思想品德、智慧、体魄的储蓄，更要有战胜各种困难、挫折的心理准备，从而使我们不断完善自我，更新观点，超越自我，从而获得更好的明天。

小李：老师谢谢你，我明白了，我一定好好努力，不辜负您的期望。【站起来对辅导员鞠了一躬】

旁白：经过辅导员和家长的共同鼓励、支持以及小李自身的努力，最终小李成为一个积极向上，喜欢交朋友的阳光开朗大男孩。

辅导员说：

面对挫折和困难，我们不应放弃。通过不断的努力和尝试，我们可以提升自己的能力，改变自己的命运，只要我们有勇气面对，有决心改变，就一定能够迎来属于自己的灿烂明天。

沟通和交流能力对我们很重要，作为一名大学生应注重提升自身的综合实力，以各种各样的方式来锻炼自己，并以良好的沟通能力为纽带，进而更好地发挥自己的才能。

作为一名教育工作者，应重点了解学生的家庭情况和主要社会关系，坚持具体问题具体分析的基本原则，注重因材施教，充分发挥家校共育和朋辈帮扶的作用。

克制嫉妒心理

编剧：邵露凡、王艺凝、安心蕊

角色：小高、保卫处老师、刘老师、班长、舍友小可、舍友小利、舍友C、舍友D、舍友E

场景一：办公室

小高：老师，我的手机不见了！

刘老师：寝室都找过了吗？今天去哪里了？别急，好好回忆一下。

小高：【语气十分焦急，带哭腔】都找过了老师，昨天下课时手机还在，然后回寝取了东西，大概就离开了一个多小时，把手机放在枕头底下，就去洗澡了，回来手机就没了。

刘老师：当时寝室有人在吗？

小高：我们寝室一共六个人，我和我下铺一起去的，回去取东西时其他人也都在寝室。

刘老师：好的，老师知道了，别着急，回去看看是不是掉到了床缝里，老师会找你的室友了解一下当时的具体情况。

小高：好的，谢谢老师。

刘老师：【打电话给小高的班长】喂？

班长：老师好！有什么事情吗？

刘老师：我记得你们上午是没有课的。

班长：是的，老师。

刘老师：那好，帮我把小高寝室的室友叫到教室，我有点事找他们。

班长：好的，老师。

场景二：某教室

刘老师：想必大家已经知道小高手机丢了这件事，经过我和小高反复核查，确定是已经丢失了，把大家叫来就是想问问当时的情况，大家可以说说自己知道的。

舍友小可：老师，我和小高一起去洗的澡，走的时候大家确实都在。

舍友小利：老师，他俩走了之后，我们就下楼吃饭了。

舍友C、舍友D：是的，我们一起走的，可以查监控的。

舍友E：【攥了攥衣服边，没有说话】

场景三：保卫处

【刘老师把室友小利叫了出来，让其他人在教室等待】

刘老师：小利同学，你们都找自己的地方了吗？

舍友小利：已经找了，老师，但是都没有找到。

刘老师：我们去看一下监控。

舍友小利：好的，老师。

刘老师：当时你们都出去了，只有E同学在寝室对吗？

舍友小利：是的，她说她肚子疼，所以没有和我们一起去吃饭。

【观看监控】

刘老师：后来她也没有出来啊。

舍友小利：老师，其实我们也怀疑她，当时我们都在翻箱倒柜地找，因为手机确实很贵重，而且小高丢了手机以后没办法正常生活，支付、联系都需要手机，但是舍友E只是象征性地找了一下，还一直阻拦我们看她和小高的床夹缝的地方，说是放着电脑，怕弄坏了。而且半夜我失眠，迷迷糊糊地听见她床上有小高手机铃声的声音。

刘老师：【若有所思，心里有了想法】好的，老师知道了，我们回去吧。

场景四：某教室

刘老师：同学们，老师需要你们清楚，【看了一眼E同学】偷盗是一种很严重和恶劣的行为！

【舍友E额头冒出了冷汗，手紧紧攥着衣服】

刘老师：希望这位同学能主动站出来。根据保卫处提供的监控，我们现在已经有了答案。我们不希望用强迫的手段去伤害你的自尊，也不想因为这件事去叫你的家长。

舍友E：老师……【流下眼泪】

【刘老师示意她先别说话】

刘老师：好了同学们，先回去吧。【看了看舍友E，舍友E主动留了下来】

【后来的事情就很顺利了，舍友E交代了自己的做事动机：她很羡慕小高优异的学习成绩和良好的性格，一时冲动动了歪脑筋。她将手机还给了小高，学校也对其进行了相应的处分】

辅导员说：

诚实守信是一个人的立身之本，作为大学生，做事情要有始有终，对自己的行为负责。

嫉妒之心虽然不可避免，但我们要学会理性和客观地看待和评价一个人，从优秀中汲取力量，从沟通中增进友谊。

冲动背后的动机往往存在问题，教师要合理看待学生的冲动行为，注重方式方法，引导学生在错误中反思。

社交的魅力

编剧：谌思靓

角色：小王、小康、小胡、小肖、小刘、小张、卖饭大哥、小可

场景一：宿舍

【夜深了，宿舍里四位同学都还没睡。她们在交流自己的所见所闻】

【背景音乐：钢琴曲《寂静的夜》】

【四位同学坐在椅子上】

小王：你们知道吗？咱们班那个李翠花，我好几次碰见她在食堂吃米饭就辣椒蘸水了。好像她家条件不好，学费都用的助学贷款。她天天不吃菜，这可不行。有几次我在走廊里看见她在偷偷哭呢！

小康：那确实是不容易。有什么方法帮她呢？

小王：咱们学校不是有贫困助学金吗？咱们老师帮她申请了一个，还给她安排了一个勤工俭学的补助岗位。老师来来回回给她跑手续，她感动得不得了，给老师写了封感谢信。下周她就开始工作啦。

小胡：听起来确实不错，老师真的在很努力地在帮她哇。

小肖：老师除了教我们知识，更重要的是教我们做人。其实，仔细想想，他们也是从学生过来的，学生有什么困难，他们怎么能坐视不理呢？

旁白：韩愈曾说，师者，传道、受业、解惑也。张桂梅老师也是在坚守教育事业的同时努力帮助学生们成长啊。这些令人尊敬的老师，在很多年前，也曾是少年人。

【此时，四位同学共同唱起《你曾是少年》】

场景二：食堂

【一行人端着一个奶油蛋糕走进食堂，其中一个女生面露微笑。等她们的饭上来时，卖饭的大哥注意到了这个蛋糕】

卖饭大哥：同学，今天是你的生日啊？

小刘、小张：是啊，今天是她的生日。

小赵：是哇，今天是我的生日。

卖饭大哥：那就祝同学今天生日快乐。

【卖饭大哥说完转身进了厨房，并端出两盘配菜】

卖饭大哥：今天是同学你的生日，那我送你们两盘菜，祝你生日快乐。

【说完，卖饭大哥憨厚一笑转身要走，众人在桌前齐声道谢。吃完饭分蛋糕时，小赵首先切了一块给卖饭大哥送去】

小赵：今天是我的生日，你家是我吃过的最好吃的鸡公煲，所以和我朋友们在这里吃饭，谢谢您送的菜。今天是我的生日，也请您吃块蛋糕吧！感谢食堂等后勤工作人员的努力付出，谢谢你们呀。

场景三：校园小路

小胡：虽然今天有点累，但也还是很开心。

小王：你们都干什么了？

【小胡陷入回忆中】

【一位女生蹲在地上哭，脚下是几个卫生纸纸团】

小胡：小可你别哭了，咱们不是非得和他在一起啊。好聚好散，为恋爱死去活来不值得，要坚强。

小可：我不想分手啊，我好伤心。

旁白：小可和小胡都是羽毛球社团的成员。小胡发现小可总是体育课逃课，平时在校园遇到她，她也没精打采的，打招呼也不理睬。小胡打算借助社团的力量让小可重振精神，于是她在微信上联系了社团负责人，他们就决定举办一场社团联谊活动。

【场上小可和一群人打羽毛球，打累了坐下休息】

小胡：运动使人快乐！小可，多参加社团活动吧，让我们忘掉一些不开心的事儿。

【社团所有成员都围着小可，冲着她微笑】

辅导员说：

家庭经济上的困难并不能决定一名学生的未来，作为教育工作者，应时刻关注困难生群体的学业和生活状态，引导学生积极参加集体活动，拓宽资助育人路径。

生活中的小善举往往能给人带来巨大的温暖和感动，教师要在教育教学实践中引导学生学会感恩，尊重每一位为我们的生活而努力的人。

真诚沟通，增强自信

编剧：刘微、刘嘉琪

角色：小杰、小杰母亲、小杰父亲、刘老师、李想、卢俊毅、李思思

场景一：家

【刚查到成绩，小杰就垂头丧气地躲进房间里，不愿意和父母交流】

小杰母亲：【满脸忧郁之色，很担心地走向儿子房间的方向】儿子，没关系的，没考好没事的，只要你尽力就好了。我和你爸爸虽然对你很严格，但是你总不能一直躲着我们呀。

小杰父亲：【一脸失望又严肃地朝小杰房间走过去】我知道你没考好，但是你也别一个人躲着呀！有什么话你出来和我们说，你没考好躲着也没用呀。

【小杰父母担忧地对视了一眼】

【小杰父亲、小杰母亲担心地在儿子小杰的房间门口劝导小杰，希望儿子可以出来和他们好好坐下来谈谈，可小杰沉浸在没考好的自责中，心情久久不能平复，满脑子都是对自己的质疑和无限的自卑】

【过了很久】

小杰：我没事的，爸爸妈妈，你们不用担心我，我过会儿就好了。你们先去忙吧，我休息一会儿。

【虽然小杰父亲、小杰母亲依然很担心，但也不得不去忙自己的事，他们带着担心的神色离开了】

【到了晚上】

小杰：【满脸委屈地埋头坐在沙发上，过了很久才抬头看向父母】爸爸妈妈，我没事了。你们不用担心我，我下次会更加好好努力的。

小杰母亲：【依旧很担心但又不得不妥协地看向儿子】我们相信你。

【已经深夜了，小杰又默不作声地回房间去了】

场景二：学校礼堂

刘老师：同学们好。接下来我会给你们讲解一下大学里的学习生活以及对自己的

要求。大学不像你们想象的那样无忧无虑，在这里需要靠你们自己努力，学校和学院会为你们提供良好的平台和表现机会，希望大家能够把握自己，把握机会，继续追寻自己的梦想，永远不要停下自己的脚步。这可能就是现实版的龟兔赛跑，不要做骄傲的兔子，或许做一只脚踏实地的乌龟更好，不要辜负了自己的青春……

李想：【一脸不在意地瘪了瘪嘴向小杰靠近】唉，说实话，上初中和上高中时，好像老师也是这么说的，怎么上大学后老师也还是这一套？好无聊，真没意思。

小杰：【若有所思地点了点头】嗯，确实。

李想：嘿嘿，我叫李想，你叫什么名字？

小杰：【稍稍睁大了眼睛，惊讶地看向李想】那个，你好，嗯……我叫小杰。

【站在队伍里认真负责的代导卢俊毅悄悄走过来拍了拍两人，示意他们认真听讲，但这让本就沉默寡言的小杰红了脸，下意识地低下了头】

场景三：礼堂外

李思思：【下意识地走近和自己一样是代导的卢俊毅】刚刚好像那个小杰因为你的提醒有点不知所措，像犯错了一样，会不会有什么事？要不要去问一下？

卢俊毅：【有点惊讶地转头看向她】应该没事吧，可能只是刚来到大学里加上有些内向，人生地不熟，有点害羞吧，不过可以问一下。

【大会结束后】

李思思：【快步走向小杰】刚刚看你好像被卢俊毅吓到了，有没有事呀？

小杰：【转头看向代导】没事，学姐，只是我比较内向，没事的，我回寝室了，学姐，再见。

场景四：宿舍

【李想和小杰分到了一间寝室】

李想：诶，对了，以后我们两个一起去上课吧，我们既在一个班，又是室友，以后多多互相照顾。

小杰：【听到声音抬头看去，害羞地回应道】应该可以的吧。

李想：【吊儿郎当地继续说】看你挺内向的，不过不用怕，你以后就跟着我吧，我罩着你。

【此时小杰的心里很矛盾，感觉拒绝会很不礼貌，但接受又感觉今后会受拘束，小杰的内心陷入无尽的纠结】

李想：【看到小杰在犹豫，李想又主动出击，接着追问】没事的，以后有我一块肉吃，就有你一口汤喝，你以后就跟着我吧。

小杰：【内心还是很纠结】或许可以的吧。

【此时的小杰虽然心里很复杂，但是脸上也不敢表现出来，怕被室友看到难堪，于是只能勉为其难地默认了】

李想：【抬起手看了看表，然后转头看向小杰】现在时间差不多了，我们一起去吃饭吧。

小杰：【思索片刻】我现在还不饿，你们先去吧。

李想：【做了个鬼脸打趣道】你是不是不相信我能带你去吃香的、喝辣的呀？

小杰：【连忙摆手】没有，没有，我不是那个意思，我是真不饿，你们去吃吧。

李想：哈哈哈，我逗你玩的，那我们去啦，拜拜。

小杰：【点了点头】好吧，拜拜。

【在李想出去了以后，小杰也算松了口气】

辅导员说：

在新生入学教育中，学生既是受教育者，也是教育者，面对新同学要多一分包容和理解，为良好的人际关系打下坚实基础，同窗情谊是人生中的宝贵财富。

新生代导是引导新生适应大学环境，辅助辅导员工作的重要力量，也是学院优秀学生的代表。大一新生要学会树立规矩意识，积极向代导或辅导员反馈问题。

心房的钥匙

编剧：王会钧

角色：陈枫、李洁、同学甲、王晓伟、钟立文、陈枫妈妈

场景一：教室

【下课铃声响起，教室内嘈杂起来，同学们交谈打闹。陈枫坐在教室角落，神情漠然。李洁回头偷偷观察着陈枫的举动，同学甲上前】

同学甲：李洁，李洁。

李洁：啊，咋啦？【李洁回神，转过头】

同学甲：下周末咱班的班聚，你会去吧？

李洁：这可是班级的集体活动，我必然参加啊。

同学甲：那成，回头我来找你，咱一块儿出发吧。

李洁：好啊。

李洁：【与同学甲相视一笑，同学甲离开，李洁起身到陈枫身旁】陈枫，下周末的班级聚会，你会参加吗？

【陈枫手中玩转的笔突然掉落，他抬头看了李洁一眼后又低下头】

陈枫：嗯，不去。

李洁：为什么班级所有的活动你都要推掉？

陈枫：没兴趣。

李洁：你为什么就不能试着融入我们集体里呢？你总是一个人，形影单只的，你……

陈枫：行了，不用你来教训我！【不耐烦状】

李洁：【愕然】我没有。【小声委屈状】

【上课铃响起，李洁走回座位时回过头瞄了陈枫一眼，陈枫依然神情漠然】

场景二：校园某街道

【陈枫将双肩包单侧背着，一人走在放学路上，偶尔转头看向左边操场打篮球的学生，叹了口气，继续往前走。陈枫后方100米左右，两个舍友王晓伟和钟立文边走边打闹着。在距他俩后一段距离，李洁正快步跟上】

李洁：嗨，你们两位边走还边玩闹啊。

【王晓伟、钟立文回过头】

王晓伟：是李洁啊。我正教训这小子呢！【钟立文轻推了王晓伟一把】

李洁：怎么你俩就把陈枫一人晾一边啦，这么不友爱。

钟立文：李洁，你这话可说反了，是陈枫把我们宿舍其他人都晾一边了。瞧那高傲的劲儿，他看不上咱，不屑和咱一块玩儿。【看了前方的陈枫一眼】

李洁：这怎么说？他也就生性孤僻了一点，高傲可说重了。

王晓伟：我们同宿舍的最清楚了，不是我们故意冷落他，也不是舍友间闹别扭什么的，这家伙从刚上大学那会便对我们爱搭不理的。我们也试着和他友好相处来着，没用啊，他永远是一副自命不凡的样子。【李洁望着前面的陈枫思索着】

钟立文：唉，咱不说这怪人了，谈点其他的吧。【做摆手状】

李洁：【快步追上陈枫】陈枫，陈枫，你等等我啊。

【陈枫停下脚步，李洁追上】

陈枫：你有什么事儿吗？

李洁：课间的事，我……

陈枫：说了不去，你有完没完啊！【陈枫打断李洁】

李洁：我是来道歉的，对不起。【说完低头跑开】

【陈枫呆立两秒后低头前行】

场景三：校园一角

【陈枫坐在草地上背对着小路看书，李洁从远处走来，看到陈枫，偷偷在其后方草地坐下。过一会儿后，陈枫手机响起】

陈枫：【掏出手机接听】喂，妈。

陈枫妈妈：小枫啊，最近过得怎么样啊？和同学相处得还好不？

陈枫：放心吧，妈，我过得很好，和同学相处也很愉快。

陈枫妈妈：唉，你这孩子，过得好就好。自从我和你爸离婚以后，你就像变了一个人似的，终日不言不语。我知道，这件事对你伤害很大，可是我们也是没有办法了啊。

陈枫：妈，你和他离婚是你们俩的事，都过去这么久了，何必再提起来？我很好，您不用操心，要是没什么事我就挂了。【语气变得生硬】

陈枫妈妈：好，我不说了。不过有件事我还是要告诉你，你爸最近身体不怎么好，前儿我陪人去医院还碰到他了，整个人憔悴多了。他说他希望能见见你，你要有空就去看看他吧，毕竟他是你爸啊。

陈枫：我爸？【冷笑】哼，我没有爸，他要是心里有我们，当年就不会抛弃我们母子和那个女人跑了。现在他早已组建了一个新的家庭，有了属于他们的孩子，心里哪里还有我们的位置？

陈枫妈妈：这么多年了，我都已经想开了。小枫，你就别再赌气了，你的教育费用不也是他给的吗？他还是很关心你的……

陈枫：这钱我以后会还给他的。妈，你就是太好欺负了，他才敢这样对你。好了，你自己多注意身体吧，我还有事呢，挂了啊。

【陈枫挂断手机，看着手机屏幕，叹了口气。将手机塞回口袋时他看到了身后的李洁】

陈枫：你怎么偷听别人打电话啊！【生气皱眉】

李洁：我不是故意的，我在这很久了，你都没看见我。【低头小声说】

陈枫：别狡辩了，你天天跟着我到底想干什么？

李洁：我就是想帮你，我不知道原来你的家庭是这样的。

陈枫：我很好，不需要你的怜悯，你也别假惺惺了，还是管好你自己吧！【起身打算离开】

李洁：陈枫，你为什么总是要拒人于千里之外呢？【大声】没人怜悯你，是你自己不放过自己吧！

李洁：生活总是要向前看的，可你揪着自己不放，一直沉浸在过去的阴影中，这样下去你只会对生活失去信心和希望，这样的生活是可悲的。

陈枫：是他缔造了这样的我，自从他离开我和我妈后，我就再也不相信别人了。从前他总是很疼爱我的，可是后来一切都变了。连最亲近的人都尚且如此，何况别人。【沉浸在回忆中，神情落寞】

李洁：你错了。你爸爸伤害了你和你妈妈，并不代表他就不爱你了，他就罪无可恕了。你听过一句话吗？生命以痛吻我，我愿报之以歌。哪怕真的受到了不公，也要微笑着继续热爱生活。何况世界还是有很多美好的事物存在的，也有许多人是可以信任的。你的亲人、你的朋友、你的同学，大家都很爱你，都很关心你，但是你必须先打开心扉，让别人走进去。

陈枫：我一个人就好了，我不需要别人的关怀。【声音低落，神情落寞】

李洁：人是群居动物，需要温暖和爱。把自己的心包裹起来，虽然阻隔了伤害，但也拒绝了友好。

陈枫：现在说这些没什么用了，我早已给人一个高傲冷漠的形象了吧，还有谁会愿意和我交流，愿意对我友好相待呢？

李洁：何时醒悟都不算迟，任何习惯都是可以一点点改变的。我会陪着你的。【微笑着把手放在陈枫肩上】

陈枫：谢谢你。【看着肩上的手，回头报以一笑】

场景四：寝室

【王晓伟正在打电脑游戏，钟立文靠在桌边吃着零食】

钟立文：我说，你最近有没有觉得陈枫挺奇怪的，像是变了一个人？今天早上课上我没带笔他还主动借了我一支。

【王晓伟停止玩游戏，转回身】

王晓伟：是啊，前儿还说自己要打包饭菜问要不要帮我带呢。你说他不会是鬼魂附体了吧？【故作惊恐状】

钟立文：他这是不是放下屠刀，回头是岸了啊？不过他若不装，还是挺不错一人啊。

【一阵掏钥匙开门的声音】

王晓伟：咱别说了，貌似他回来了吧。【陈枫开门进入】

陈枫：都在呐，刚买了份炸鸡，一起来吃点吧？【亮出手中的袋子】

王晓伟：今儿什么好日子，你小子竟舍得开荤了？

钟立文：有吃的说那么多干啥？【跑到陈枫面前接过袋子】哟，还带了啤酒呢？你小子想得挺周到啊。【拍了拍陈枫的背】

【陈枫笑了笑，把袋子中的炸鸡和啤酒拿了出来，放在桌子上。然后他拿了两罐啤酒，一罐塞给钟立文，拿着另一罐走到王晓伟面前】

陈枫：你也把椅子搬过来吧，咱们叙叙？【把啤酒递上】

王晓伟：成啊，你小子开窍啦？【接过啤酒将椅子搬到陈枫桌前。钟立文正偷偷地将一块鸡肉塞入口中】

钟立文：嗯，不错，跟演韩剧似的，啤酒加炸鸡，哈哈，爽！【喝了一口酒】

王晓伟：别忙着吃啊，咱干一杯先。这顿是陈枫请的客，以后要是有啥事，陈枫

你也和咱俩说声。【对着陈枫举着酒罐】

钟立文：说的是，有事好说。【嚼着口中食物，忙举起啤酒罐】

陈枫：以前我不懂事，脾气也不好，怠慢了你们，你们也不和我计较。今儿我想明白了，四年大学不容易，同宿舍更是缘分，以后有啥事，还望你们哥儿俩不计前嫌，多多照应。

王晓伟：都是好兄弟，【将手搭在陈枫肩上】有我们搭得上手的尽管开口。

钟立文：有啥了也别忘了我们啊！来，干一杯。

【三人举杯相碰，做饮状】

场景五：校园某街道

【陈枫、王晓伟、钟立文背着包走在路上，边走边谈。李洁从远处跑来，挽起陈枫手臂，一脸幸福】

钟立文：哟，陈枫，你什么时候和李洁好上啦？便宜了你小子。【陈枫笑】

李洁：得啦，你们俩，还是这么贫嘴。陈枫，我们让他俩自个儿待着去，好好反思。【向王晓伟吐了吐舌头，笑着拉陈枫走】

陈枫：我们先走啦。【抱歉地笑笑】。

王晓伟：去吧，去吧，你俩甜蜜去吧。【李洁拉着陈枫跑开】

旁白：并不是上天给你关上了门又忘了给你开扇窗，而是你把自己心房的钥匙攥得太紧了，而忘记了门不自己去打开，外头的人没法进来。心灵的距离不远，也许就在开门一刹那，你才会发现对门的那颗心是如此美丽。

辅导员说：

感情是相互的，得到帮助最好的方式是帮助别人。

为了更好地生存，任何个体都有保护自己的防御机制，但是也不要防御过度，许多心理上的问题是因为我们防御系统的刻板、缺乏弹性。

敞开心扉是一种看不见的开朗，会打开自己心门的人，一定是一个快乐又阳光的人。

自卑女孩

编剧：王俊鸥

角色：王老师、肖旭、小刘、刘父、刘母

场景一：办公室

【一阵急促的电话铃声响起】

王老师：【接起电话】肖旭啊，怎么了，是有什么问题吗？

肖旭：【急切地说道】老师，我们寝室的小刘已经四天没有回来过了。他平时和我们交流不多，大家也就没太注意过，直到今天才发现很久没见过他了，而且平时上课他也不在，他所有的联系方式我们都尝试了很多次，根本打不通！

王老师：【神色凝重起来】怎么回事，你把这几天的事情都具体地跟我说一说……

旁白：通过对班级同学们的询问以及与各任课老师的沟通，王老师确认肖旭所言属实，他立即与小刘的家长取得联系，开始寻找小刘。

场景二：教室

旁白：经过与小刘家长的沟通，王老师得知小刘曾经做过开颅手术，一直在服用药物治疗，身体状况不是很好，这不由得让他忧心忡忡，担心小刘的情况。

王老师：【站在讲台上抬了抬手】同学们安静一下，大家都听我说。小刘的事情相信大家都已经知道了，希望同学们不要听信不实传言造成恐慌。小刘他的身体状况并不好，现在离校数天，让人极为担心。学校和家长都已经在尽全力寻找他，也希望大家能够共同努力，协助学校早日找到小刘。如果谁有什么消息，一定要第一时间通知我。

同学们：【整齐响亮地说道】好，老师您放心吧！

【班会结束后，王老师到校门口去接连夜赶来的小刘父母。远远看着小刘父母憔悴苍老的样子，他不由得叹了口气】

刘父、刘母：【刘父搀扶着捂着心口一脸哀痛的刘母颤巍巍地走上前】老师，我们家小刘有消息了吗？我这实在是担心，担心他出什么事哇！【刘母忍不住捶胸大哭起来，身子不住地向下滑落】我这心一直揪着啊，可怎么办啊？老师啊，你帮帮我们，帮帮我们！

王老师：【急忙上前扶住刘母】您别担心，我们正在全力地寻找和联系，孩子一定会没事的，有了消息我立刻就来告诉您，您得养好身体等着孩子回家啊！

场景三：办公室

【经过大家的仔细搜寻，最终在学校附近的一个公园的长椅上找到了小刘。当时的小刘身上并无明显伤痕，只是独自蜷缩在角落。找到小刘后，辅导员老师立即将其送往医院进行身体检查，并且通知了他的家长，告知他们孩子一切平安。检查完身体，确保一切无碍后，辅导员老师与小刘进行了多次谈话】

王老师：【轻声问道】可以告诉我你为什么会独自离校吗？

小刘：【垂下头，抠了抠手指】老师，我，我觉得我最近的学习压力好大，我也不知道和谁说……我家里的条件不太好，不如班级里的同学，我不好意思找他们。我的病又给家里带来一大笔开销,我实在不知道怎么办了【隐隐带了些哭腔】感觉每一天都好累、好难……

王老师:孩子,咱不能这么想啊。一个人的家庭条件不能代表什么,班级里的同学也从来不会因为这些去嘲笑、抵触别人,大家都是很关心你的。他们想要和你做朋友,只是不知道该用怎样的方式,所以不曾亲近你。【坚定地看向小刘】你寒窗苦读十二年进入大学,是凭着自己的学识堂堂正正考进来的,你从不输于别人什么,所以不必自卑。你更应该挺直腰板,加倍努力地提升自己。如果成绩优异,能够争取到奖学金,也会为你的家庭减轻负担。

【经过老师的多次谈话与安抚,小刘渐渐调整好了状态。老师辅助他申请了国家助学金,缓解了家中的经济压力】

场景四:教室

【通过老师与同学们的倾心帮助,小刘脸上慢慢绽开了笑容,与寝室同学之间的关系也有了进一步的发展】

王老师:【笑着看向大家】最近我们班荣获了先进称号,有没有愿意自告奋勇上来为大家表演一下的?

肖旭:【和室友们对视一眼,齐声喊道】小刘!小刘!指定牛!老师,小刘可以!

小刘:【猛然被点名有点慌了神,手忙脚乱地站了起来】啊?我?不行的。

【班级里的同学们开始笑闹着起哄】

王老师:【鼓励地向他招了招手】你可以的,相信自己,来试试吧。

小刘:【看着老师缓缓地点了点头,用颤抖的声音唱了起来】轻轻敲醒沉睡的心灵……让昨日的泪痕,随记忆风干了……让我们的笑容,充满着青春的骄傲,为明天献出虔诚的祈祷……

【一曲毕,班级里响起了热烈的掌声,小刘从此真正开始融入这个集体,他的明天也将会更好】

辅导员说:

资助育人工作,核心在育人。在教育过程中,应加强学生自信心教育,引导学生合理对待个人发展过程中的阶段性和差异性特征,不断拓展和丰富经济资助、心理资助和文化资助。

人际交往困难的原因是多方面的,大学生要以开放包容的心态接纳身边人,从自身出发,见贤思齐,见不贤而内省。

学校要不断丰富校园危机情况预案,建立健全危机事件处理体系,尽最大努力保障学生的安全和利益,为学生的全面发展保驾护航。

自由生长

编剧：张文清

角色：苏老师、小Q、小Q父亲、小Q母亲

场景一：办公室

苏老师：你知道今天特地喊你来我办公室是为什么吗？

小Q：我不知道，难道是我成绩下滑了吗？【紧张地说着】

老师：成绩下滑是一方面，但是更让我关心的是你的情绪低落。发生了什么，可以跟老师说说吗？

小Q：老师，我感觉我的压力好大。【委屈地说道】

苏老师：不着急，孩子你慢慢说。

小Q：我家庭条件好，父母关系也还行。父亲喝酒，交际多。母亲是教师。我是独生女，父母对我比较严格。高中以前，父母就对我严格要求，但是没有现在这么明显。随着父母的要求越来越多，我感觉我的压力好大，心里感觉好迷茫，好无助。【伤心地说着】

苏老师：你的基本情况我大概了解清楚了。我想带着你找你的父母谈一谈，解决这件事情的过程中，你不要有太大的压力，一切都会好起来的，不要放弃。

小Q：谢谢老师的关心，那什么时候让我和我父母沟通？【感激地看着老师】

苏老师：这周末我会以家庭拜访的理由去你们家跟你的父母好好谈的，你也要跟你的父母沟通，毕竟解铃还须系铃人。

小Q：好的，谢谢老师。

场景二：家里

苏老师：这次突然家庭拜访打扰到你们了。

小Q母亲：没事，老师，是关于小Q的问题吗？

苏老师：是的，小Q最近情绪不稳定，成绩也下降了。我了解了一些情况后我希望你们和小Q好好沟通，解决当下的事情。

小Q：我压力好大爸爸妈妈。从小到大我都非常听你们的话，但是我现在快受不了。你们每天都要我向你们汇报学习情况，还要晚上打卡，记录各种学习进度。母亲你有时候还会跟我说一些父亲的问题，这让一天下来本来就疲惫的我更加疲惫了。父亲有时候会借酒劲说一些要求，我真的很累。

小Q母亲：可是我们的本意就是希望你好，希望你好好学习，成为一个能为父母

> 分担、为国家贡献的人才。天底下没有哪个父母不希望孩子好的，我们对你严格也是对你好。

小 Q 父亲：是的，我的本意和你妈妈一样，都是希望你越来越好。

小 Q：可是你们知道我心里是多么委屈？以前我处了个男朋友，就因为你们不同意才分手的，现在又处了个男朋友，你们又不同意。我也想要自己的生活，自己的圈子。

小 Q 母亲：你这个年纪，应该好好学习，不要整天谈情说爱，男朋友什么的等你毕业了、工作了，你想怎么谈就怎么谈，父母是不会阻拦你的。

小 Q：可是当初成绩什么的该有的一个都没有落下，难道这些还不够吗？你们总是跟我说长大了要好好孝顺长辈，孝敬你们，要多听你们的话。我不知道有些事情不按照你们说的去做算不算孝顺。孝顺这个词给了我很大压力。连"四级"、"国二"上学期都失败了，我真的不知道该怎么办了。【心情沮丧】

苏老师：其实孩子每天都在成长，但是你们家长的要求也在不断提高，这才导致孩子的压力越来越大。父母有时候会给予鼓励和否定，但是更多的却是要求，这才导致孩子内心堆积太多负面情绪。

小 Q 母亲：对不起孩子，是我们一心希望你变得越来越好，却忽视了你的感受，居然给你造成这么大的影响。我和你父亲决定今后不会再给你提这么多要求了，但是有些事你也要答应我。

小 Q：母亲你说，我听着。【一脸认真地听着】

小 Q 母亲：首先我们不会每天都让你汇报学习情况，但是我们希望你每个星期天跟我们说一次你近期的学习和生活情况，不要让我们担心。你交男朋友也可以，但是我也希望你不要被恋爱冲昏了头脑，学习还是第一目标。有时候你觉得我们做得不对，你也可以尝试把你的想法说出来，我们可以好好沟通。考级没有过没有关系，今天过后调整好心态，继续努力，妈妈相信你一定会过的。

小 Q 父亲：我也同意。

小 Q：谢谢爸爸妈妈，我会遵守你们说的这些，会把学习放在第一位的，不辜负你们的期望。

苏老师：我一直相信小 Q 是一个优秀的孩子。请你们放心，我们也会看着她的，有什么事情也会跟你们说的。

小 Q 母亲：谢谢老师，您费心了。

小 Q 父亲：谢谢老师！

旁白：在这次老师和父母沟通后，小 Q 的心情逐渐好了起来。

场景三：毕业后的学校

旁白：小Q健康地成长着，在学业上也取得了她满意的结果。

小Q：老师，真的很谢谢你，没有您当初的那番教诲，让我从低落期走出来，就没有现在的我。我喜欢我的专业，也很喜欢我的学校，我更庆幸能有你这样的良师。【鞠了一躬】

苏老师：我也很荣幸，作为你的老师，能开导你这样的学生并且成功了，老师也很高兴。你现在毕业了，老师相信你以后会有更好的人生，走向更广阔的天地，老师在这里祝你越来越好！

小Q：我也祝福老师您事业有成，生活越来越好。

旁白：通过小Q的事件，我们可以知道父母对孩子的要求要考虑孩子的心情，不能把自己的压力强加给孩子。父母与成年的孩子沟通要注意方式，注意引导孩子寻找自己新的生活方式，而不是逼迫和无休止地关注孩子。对于孩子的成长，父母要做好体面退出的准备。优秀学生的成才在关键时期也需要老师的指导和引领。

辅导员说：

要不断培养学生的独立思考能力，给予其更多施展才能的空间。在一定程度上，自主实践永远比耳濡目染效果更好。

在家庭教育中，孩子并不永远是父母情绪的宣泄对象，要学会不断地赞扬和鼓励，积攒更多的正能量。

学生在学习过程中遇到的问题既有显性的又有隐性的，这要求教育者既具有较强的逻辑思维和问题解决能力，也要具有一定的共情能力。

告别自卑

编剧：赵剑平

角色：老师、班长、小慧、室友、小慧父亲、小慧母亲

场景一：办公室

【秋日的午后，老师和班长正在交流班级相关情况】

班长：老师，咱们班的小慧和同学们交流好像有些困难，也不愿意参加集体活动。我和她交流了好几次，也没什么改进，而且我找过她几次，她对我有些抵触。

老师：【眉头紧蹙】好吧，我知道了。

【随后老师联系了和小慧同寝室的同学】

老师：我找你来是想了解一下咱们班小慧的情况，她在寝室里和你们的关系怎么样啊？

室友：小慧人很好，但是平日在寝室不怎么爱和我们说话，经常将自己围在床帘里面。有一次上课我们没发现她，还把她锁在寝室了，她也没给我们发信息。

老师：啊！是这样啊，可能有点内向吧。

室友：还有一次选课，她没有电脑，也没管我们借。

老师：行，就先了解这些。你平时在寝室也多关心关心她，和她多交流，帮助她点，辛苦你了。

室友：不辛苦，老师，这是我应该做的。

场景二：寝室

【次日，老师在联系不到小慧后来到了她的寝室】

老师：小慧，怎么了，我给你发消息你怎么没回呀？

小慧：抱歉老师，我没看到。

老师：没事，我听同学们说你不太愿意参加集体活动，也不爱说话，是怎么了，发生什么事了吗？

小慧：没事老师，我平时就不太爱说话。

老师：多和同学们交流交流多好啊。

小慧：我家里条件不太好，怕融入不了他们，被同学们嘲笑。

老师：不会啊，同学们都很友善的。和老师说说家里有什么情况，老师好帮助你。

小慧：我的爸爸妈妈自从离婚之后对我的关心很少，我也不想与他们有更多的联系。他们根本不了解我的想法，不在意我。他们只会打电话教育我，说我没用，学习不好。由于家庭状况和经济原因，我很自卑，我觉得同学们会瞧不起我，所以我不愿意与大家交流。我很在意别人对我的看法，感觉自己和别人好像隔了一层，不能自在地和别人相处。

老师：小慧呀，你不要放弃自己，你要相信自己会在未来集体生活中有进步和变化。而且同学们对你都充满友爱，都希望能够帮助你，并没有排挤你，你要试试与她们接触。以后毕业了会经常和人们打交道，你现在就应该具备集体观念，锻炼自己。

小慧：【低头沉思】嗯，我知道了老师，我会改正的，多和同学们交流。

场景三：办公室

【老师联系小慧的父母，想要父母多关注一些小慧】

小慧父亲：老师您好，请问是小慧在学校犯什么错误了吗？

老师：您先别急，并没有，小慧很听话。只是我最近了解到小慧不太爱和同学们交流，有些自卑的消极情绪，在和她交谈之后，我觉得可能有一部分原因来自家庭，就想把你们叫过来，一起帮助帮助小慧。

小慧父亲：我和小慧妈妈很早就离婚了，这对小慧可能有些打击，从那以后孩子就不太爱和人讲话了。

老师：我认为咱们做家长的应该给予孩子更多家庭上的关爱，即使你们离婚了，但是也应该让她感受到爸爸妈妈的爱，不要总谴责她，这会给她心理造成很大的创伤。应该多和她交流，了解她的喜好，多关心她，这样有助于她的心理建设和成长。

小慧母亲：您说得对老师，我们平时确实对小慧太严厉了，很少关心她，才导致她现在这样，我们以后一定多关注她，多把心思花在她身上。

【在老师同学的帮助下，以及父母的关爱下，小慧渐渐走出了阴影，不再自卑，和同学们相处得非常融洽，也找到了自己人生的目标】

辅导员说：

教育者不仅要关注学生的学业成绩，更要关心学生的内心世界，每个人都有自己的价值和闪光点，我们需要具备敏锐的观察力和同理心，及时发现并解决学生的心理问题，共同为学生的健康成长创造条件。

家庭环境会对学生的个人成长产生重要影响。在家庭中缺乏关爱和支持的孩子，往往会在学校中表现出自卑、孤僻等负面情绪。作为教育工作者，我们要关注这些学生，给予他们更多的关爱和鼓励，帮助他们建立自信，克服心理障碍。同时，要与家长保持密切联系，共同关注孩子的成长，为他们创造一个更加和谐的家庭环境。

第四章
恋爱交响曲

恋爱是男女双方培育爱情的过程。当代大学生对爱情充满美好的憧憬和向往，但由于缺乏社会经验，受网络观念和社会思潮的影响，对婚恋产生了一定的认知偏差，从而在自身的恋爱经历中频繁出现心理问题甚至是心理危机，这种问题通常与自卑、家庭、抑郁症等关键词形成联动，已然成为当代大学生面临的主要困惑。

在搜集大学生心理健康教育案例的过程中，从各类由恋爱引发的心理问题进行推理研究发现，恋爱方式的多元化特征较为明显，社交媒体的快速兴起极大地促进了大学生之间的交流和互动，扩大了交友的途径，同时也导致一些大学生陷入了虚拟世界与现实生活的矛盾之中。大学生的恋爱价值观趋于现实，受网络文化思潮和西方文化思潮的影响，对实用主义、利用价值的追求逐渐成为恋爱考虑的重要因素。最为重要的是，大学生对恋爱的敏感度逐渐加深，以偏概全，善于从简单的行为举止中推理出复杂的心理特征，根据局部信息形成完整的印象，进而导致感情升温和感情冷却的极端化，在结果处理上缺乏理智。

恋爱问题是影响大学生心理健康的重要因素，2019年，《南方周末》刊发报道的《"不寒而栗"的爱情：北大女生的聊天记录》受到了广泛的关注，两名大学生用极端的方式处理感情的矛盾，最终将一方推向深渊。恋爱动机不纯洁、择偶标准极端化，一波又一波网络文化思潮不断冲击着大学生的恋爱价值观，赋予了人际交往关系不确定性。引导大学生正确对待恋爱，发展恋爱关系，为健康成长赋能，是高校思想政治教育面临的一项时代课题。

新时代大学生正确的恋爱观应建立在马克思主义以及马克思、恩格斯婚恋观基础之上，是富含儒家文化思想，顺应时代潮流并具有中国特色的时代产物。马克思的《1844年经济学哲学手稿》和恩格斯的《家庭、私有制和国家的起源》两本著作均指出,成熟的恋爱观是崇尚志同道合,注重家庭美德。❶ 恋爱是有条件、有约束的,需要双方互爱平等,需要有共同的理想信念作为支撑,携手走过迂回、曲折的恋爱道路。❷ 以下情境式案例均来源于学生的日常生活以及思政工作,希望它们能够带来更多的思考,不断提升大学生婚恋观水平。

爱的力量

编剧:仇雪

人物:小于、小刘、班长、邱老师

场景一:晚自习放学后的校道

【微风习习,晚上的校道是一如既往的热闹,小于和小刘牵着手在校道上散步】

小刘:小于。

小于:嗯?怎么了吗?

小刘:我们分手吧。

小于:啊?为什么?我们已经在一起这么久了,为什么还要分手?你说,你是不是在外面有人了?啊?说啊!

小刘:没有为什么,就是不爱了,也没有出轨。有一瞬间我觉得,你不是可以跟我走下去的那个人。所以,自重,好聚好散吧。

场景二:自习教室

【时间飞快过去,一年一度的校运会就要到了,班长正尽自己最大的努力让同学们踊跃参加】

班长:【激动】哎哎哎!小刘啊!你过来参加100米好不好,这个项目就差你了!

小刘:【惊恐】啊——班长,不行的,我一个女生,跑不快的,你去找其他人吧。

【小刘说完立刻跑开了,消失在班长的眼皮子底下】

班长:【失落】嗐,又失败了一个。【转头看到趴在桌子上无精打采的小于】小于啊!于哥!你大人有大量,帮帮小弟我吧,你参加的话我们班加分的机会会大一些,甚至还可以为班争光啊!

小于:【没精神,整个人像是精气神被抽走了一样】我不要,你去找别人吧。

班长:【满头疑惑】嗯?小于,你怎么了?你以前对这些都很上心的啊,怎么这次这么无精打采,泄气了?

---

❶ 中共中央马克思恩格斯列宁斯大林著作编译局:《马克思恩格斯全集(第42卷)》,人民出版社,1985,第155页.

❷ 中共中央马克思恩格斯列宁斯大林著作编译局:《马克思恩格斯全集(第36卷)》,人民出版社,1974,第155页.

【小于偏头，不理会班长】

班长：【持续言语"骚扰"小于】呦——不理我啊！咱们英明神武的于哥，你可得打起精神来啊，你不会不行吧！哈哈哈哈哈哈。哎，你女朋友也会来的不是吗？到时候你参加了，还可以展示自己的风采，何乐而不为呢！

小于：【生气，起身拍桌】你烦不烦啊你？！我说了我不要，听不懂吗？烦死了。

【小于直接越过班长，出了教室，只留下班长一个小可怜愣在原地】

班长：【懵】这是怎么了？发生了啥啊？怎么突然生气了？

场景三：辅导员办公室

【时间飞快流逝，这时候，已经是大一下学期期末了，小于的成绩明显下滑，多门功课挂科，学业困难】

【咚咚咚，有人在敲办公室的门】

邱老师：【听到了敲门声】请进。

小于：【缓慢推开门】老师好。

邱老师：【神色严厉】知道我为什么把你叫过来吗？

小于：【乖巧站着】知道。

邱老师：那你说说吧，怎么回事，以你的水平，你不会是这样的成绩。

【小于沉默，一言不发】

邱老师：【语气放缓】小于啊，老师知道你是个好孩子，你可不可以跟老师讲讲最近遇到什么事了吗？

小于：【神色有些松动】老师，我……

邱老师：没关系的，我有在听你讲。坐下来吧，我去给你倒杯热水。

【邱老师起身去给小于倒水，过了一会儿，热水杯就递到了小于的手上】

小于：【接过热水】谢谢老师。

邱老师：【期待】那我可以知道你发生了什么吗？

小于：也没什么吧，就失恋了，跟谈了好多年的女朋友，分手了。那天之后我心里感觉就有一根刺，扎得我很痛，喘不过气来，才导致的这样。

邱老师：这样啊，你知道"我于窗中窥伤鹤，恰如仰头见春台"这句诗吗？

小于：【疑惑】不怎么知道，这句诗是什么意思？

邱老师：【缓缓道来】意思是我站在窗户旁，安静地看着那只依附在窗边的受伤的鹤，在我万分感慨、万分悲伤之际，一抬头，看那远处，看那天边，好像看到了春天的平台。那里万花盛开，那里生机勃勃，那里春意盎然。

邱老师：小于啊，我知道爱情对于你们这个年纪的人来说很重要。爱情是一所学校，它教会我们成长，也教会我们珍惜。好的爱情是互相进步的。你的女朋友放弃了与你共同走进幸福时光的可能性，也许是三观不合，也许是行为模式不契合，但你得振作起来啊！你不想亲口跟她说一句："我没有你，也过得很好"吗？所以就振作一点吧，世间因少年挺身向前，而更加瑰丽。

小于：【惊愕，没想到邱老师会说出这些话】老师你这是劝我放手吗？

邱老师：你也可以这么理解吧，但我想，你女朋友……啊不对，是前女友了，会更想与你顶峰相见吧！变得更好，也是一种"报复"的方式。青春只有一次，昙花也只有15分钟无人知晓的盛开。我想，该怎么做，你也心知肚明了吧？

小于：【高兴】谢谢老师，我知道该怎么做了。

旁白：在老师、家庭和学校的三方合力下，小于的学习情况好转，对人也像以前一样落落大方，不再因情所困。

辅导员说：

爱情是相互的，真正爱一个人是希望对方幸福地生活而不是把对方占为己有。如果彼此不合适，那么放手是最好的选择。爱情并非简单的占有，而是两颗心的契合。真正懂得爱的人，会明白幸福并非源自将对方紧紧捆绑在自己身边，而是放手让对方自由飞翔，去追求属于他们自己的幸福。

恋爱是人生中一件大事，不要盲目从众，大学生在日常生活中要以学业为重，不能让恋爱影响学习。恋爱不是生活的全部，也不是衡量一个人成功与否的唯一标准。学业是实现人生价值和梦想的基础。因此，大学生们应该保持清醒的头脑，理性看待恋爱，不要因为一时的冲动而做出错误的决定。

大学生要摆正心态，不要因为追求恋爱而失去自我。恋爱是双方的事情，需要相互理解、支持和包容，而不是一味地索取和依赖对方，更不是把对方当作自己生活的全部。

爱人先爱己

编剧：刘微

角色：小可、小利、辅导员

场景一：宿舍

【小可在宿舍里大哭大闹，嘴里喊着不想分手，不想和小利分开】

辅导员：怎么啦？小可，有什么事情可以和老师说。

小可：我父母关系自我幼年起，一直不是很和谐，常常吵架动手，有时候甚至对我大打出手，给我留下了很深的心理阴影。这样矛盾的家庭关系一直持续到大二，父母终究提出了离婚，原因是妈妈在外面有了外遇。这件事情对我的打击很大，如今我的内心充满恐惧，严重缺乏安全感，对待感情充满怀疑与不信任。后来遇到了对我非常好的小利，我一直很依赖他，不想和他分开。

【辅导员与小利谈话】

旁白：虽然经过老师的劝解之后我们和好了，但是和好没几天，我们又因为一些小的矛盾开始吵架。之后我们就一直处在三天一小吵，五天一大吵的状态。前几天更因为一点小事在教室发生了冲突，激动之时我还打了他一巴掌。

场景二：辅导员办公室

小可：老师，我感觉我变得越来越敏感多疑，有时会觉得十分焦虑、紧张，经常失眠，身体状况也变得越来越不好。现在我也不想学习，感觉生活处处无聊，做什么都提不起兴趣。这学期我常常逃课，许多课程都处在及格的边缘，我不知道我应该怎么办。

辅导员：这些都是正常的现象，你也不必过于焦虑。大学的课程安排与设置和高中相比有很大的不同，如果说高中学习更重视知识的积累，那么大学就更重视能力的培养。很多大学生刚步入大学时会无所适从，他们习惯了以往的学习模式，习惯了老师的安排，而在大学，学生要自己安排学习的内容、进度以及计划。很多大学生无法适应这样的学习模式，在无所事事的同时，便会产生情感空虚。因此，大学生要摆脱空虚，就要不断调整自己，适应大学的学习和生活节奏，及时制订阶段性的个人发展计划，确立发展目标，培养自主学习、生活的能力，充实自我。

辅导员：进入大学校园后，大学生远离了高中时期埋头苦读的生活，人际交往渐渐成为大学生综合能力培养的一个重要方面。其实你空闲时间可以阅读励志书籍、观看励志影片、参加学校学院的各种社团活动等。逐渐摆脱自卑的心理，对自己充满信心，正确地认识自我。同时，你也可以参加社团活动，多与同学交流互动，增强人际交往与沟通能力。

辅导员说：

你若爱己，那就会爱所有的人如爱己。你若对一个人的爱少于爱己，你就无法真正爱自己。爱是一种无私的奉献，是一种包容与接纳，更是一种深刻的共鸣。当你真心实意地去爱别人，你便是在展现自己内心深处的善良与慈悲，同时也是在提升自己爱与被爱的能力。

要学会跟孤独相处，心中保有爱的能力，它是我们面对孤独时最宝贵的财富。爱，不仅是对他人的关怀与付出，更是对自己的温柔与善待。当我们学会爱自己，就能更好地去爱别人，也更容易吸引到同样有爱的力量的人。

突如其来的困难会不会打倒你，取决于你是否有勇气去接受过往，拥抱未来。我们不能因为过去的失败而气馁，更不能因为过去的成功而自满。只有真正地接受过往，我们才能从中汲取力量，为未来的挑战做好准备。

双向的奔赴

编剧：赵剑平

角色：森森、小梦、小名、欢欢、老师、小梦妈妈

场景一：天桥

森森：小梦最近怎么郁郁寡欢的，自己一个人走那么快，也不等等咱们。

小名：我还想问你来着，平时就属她最能说，最近也不爱说话了。

欢欢：【点头】可能和男朋友吵架了吧，昨天听到她和男朋友打电话，两个人态度都不太好。

【小梦步子逐渐缓慢，"咚"的一声倒在了天桥上，室友忙跑过去扶起她】

室友们：小梦！小梦！……

小名：赶快送到医务室，联系老师！

【围观的两名身材健壮的男同学将小梦送到了医务室】

场景二：医务室

【病床上的小梦睁开双眼】

森森：小梦，你醒啦！老师，小梦醒啦！

小名：小梦你快吓死我们了！

老师：小梦，医生说你压力太大。怎么了？遇到什么事了？和我们说说，大家帮你一起解决，好吗？

小梦：【不自觉地抽泣起来】老师，我……没什么，可能是期末了吧！

老师：【看出了小梦的心思】好吧，你多注意休息，不要太累。

小梦：好的，我会注意的，谢谢老师。

场景三：办公室

【老师将小梦的室友们叫到办公室】

老师：今天找你们来想必你们也能知道我的用意，小梦同学最近是不是遇到了什么事情呀？

欢欢：老师，我们也只是听说她和男朋友分手了，小梦还挺伤心的。

小名：她最近都睡得很晚，偶尔还有些自残的倾向。

老师：好的，我了解了。大家最近就多照顾照顾小梦同学的情绪，陪她说说话，分散她的注意力，我也积极联系她的家长，咱们一块帮助小梦同学克服困

难，好吧？

室友们：好的，老师，我们知道了。

场景四：办公室

【老师将小梦妈妈找来，向她了解情况】

小梦妈妈：老师您好，我听说小梦在学校的事了，谢谢您的照顾。

老师：没事的，这是我们该做的。其实我想向您了解一下小梦的情况，感觉她有些难言之隐。最重要的是，你知不知道小梦有自残的倾向？

小梦妈妈：我知道，小梦的爸爸一直在国外工作，我平时也忙于工作只能将她寄在她姥姥那里。从小缺少管教，导致她现在这个样子。

老师：希望你能够多陪陪孩子，多了解一下她。这个年龄的孩子都会有自己的想法，需要我们多去了解，给他们更多的爱。

小梦妈妈：好的，老师，我以后会多了解小梦的，多陪陪她，也麻烦您在学校多关照她。

老师：没事的，这是我们的职责。

场景五：办公室

【老师找来了小梦】

小梦：老师，我来了。

老师：来坐。老师想和你了解一下你最近的情况，老师和你的父母以及同学们都特别关心你。最近是有难处吗？这里就我们两个，你可以大胆地说出来。

小梦：我爸爸常在国外工作，很少陪伴我，我觉得我没有家的安全感和依靠感。我和我的妹妹关系也不好，经常吵架，缺少玩伴。在高中时，我与同学关系不好，受到冷落，发生冲突。我感觉我的人生像是黑暗的。我男朋友最近也要和我分手，我觉得活着没什么意思了。

老师：生命高于一切，健康最重要。我们平时要多关注自己的心理健康状况，有问题及时倾诉。老师希望你正确对待恋爱。恋爱不是一个人的事情，合适最重要，学会放弃，去迎接更好的人。你现在处于人生最宝贵的阶段，要勇敢面对问题，从"心"出发，健康成长。

旁白：在这次交谈过后，小梦的心情也渐渐缓和了过来。小梦的妈妈每周来学校两次陪伴小梦，陪她去看心理咨询师。老师和室友们也对小梦更加关心，给她关爱，让她感受到更多的爱。小梦在充满爱的环境中度过了最艰难的时光。

辅导员说：

失恋并不可怕，当你经历过爱与被爱，学会了爱，才会知道什么是你需要的。我们要学会关注自己的内心需求，寻找生活中的其他乐趣和价值。这样，我们才能从失恋的阴影中走出来，重新拥抱阳光。

不完美的人生才是丰富多彩的，它教会我们成长与坚韧。每一次的失败与挫折，都是我们成长的阶梯。它们让我们明白，生活并不是一帆风顺的，而是充满了未知与变数。这些经历会让我们更加珍惜成功与喜悦，更加懂得感恩与付出。

恋爱是一场双向的奔赴，是一个共同成长的过程。我们会在彼此的陪伴下，不断地学习、进步，成为更好的自己。恋爱也需要双方共同经营，彼此成就，携手同行。

自信的爱

编剧：王会钧

角色：晓曼、小夏、杨杰、庄燕、秦越、小慧、姜寒、辅导员

场景一：学校大门

【大学新生入学日，阳光明媚，大家兴高采烈地环顾着这陌生又新鲜的校园】

晓曼：【兴奋地向远处望去】小夏你看，我们的大学真的好好啊！

小夏：是啊，晓曼，终于考上这里了。

【杨杰从远处向她俩走来】

杨杰：【贱兮兮地说道】学妹，你们好，我是学院大二的志愿者，我叫杨杰。我来帮你们拿行李吧。

【这时庄燕走到这三人面前，推了推眼镜】

庄燕：学长，请问女生宿舍怎么走啊？

杨杰：【很没耐心地说道】你去找别人问吧，我不知道。

【庄燕失落地走了，杨杰死缠烂打地跟着小夏，秦越突然出现】

秦越：杨杰，这是我邻居家的妹妹，以后离她远一点。

场景二：宿舍

【庄燕拿着家乡土特产腊肠、腊肉要分给室友们】

庄燕：小夏，这是我老家的土特产，我们中午一起吃饭吧！

小夏：【难为情地说道】好啊。

【话音刚落，小慧走了进来】

小慧：【用手在鼻子前扇着】这是什么味儿啊？什么东西发霉了？

【庄燕刚要解释，晓曼进来了】

晓曼：【一脸嫌弃】小夏，你们寝室这是什么味道啊？好奇怪啊！

小夏：庄燕给我们带了土特产。

【气氛很尴尬，庄燕便把腊肠、腊肉收回了自己的桌子。到了中午，三个人要去食堂吃饭】

小夏：庄燕，我们一起去吃饭吧！

庄燕：你们先去吧，我还有东西没收拾完。

【三个人离开后，庄燕失落地把腊肉、腊肠扔进了垃圾桶】

场景三：教室

【姜寒帮小夏占了座位后匆匆离去，不小心撞到了去教室上课的庄燕】

姜寒：【对教室里的小夏笑着】对不起啊同学！

【庄燕痴痴地看着姜寒，望着姜寒离去的背影】

场景四：宿舍

【宿舍已经熄灯了，小夏拿着手机和姜寒在聊天，八卦的小慧悄悄地下了床】

小慧：你和姜寒什么情况，你们俩今天干吗去了？

小夏：【很紧张的样子】嘘，我们什么都没干！

【庄燕莫名其妙地很大声地下床，凳子撞击地板的声音很大】

小慧：庄燕，你小点声，室友还在睡觉呢！

庄燕：【一脸不服气】你们还知道小点声啊，难道你们说话不打扰别人吗？

小夏：【站了起来，面向庄燕】庄燕，我到底哪里惹到你了，你干什么这么针对我？

庄燕：【边说边走向小夏】小夏，你可真恶心，吃着碗里的看着锅里的，装什么深情！

【话音刚落，庄燕扇了小夏一巴掌】

小慧：你干什么啊庄燕，你凭什么打她啊！我这就去找辅导员说！

【小慧冲出宿舍】

场景五：办公室

辅导员：说说吧，怎么回事？

【小慧一五一十地和辅导员复述当时发生的事情。辅导员先安抚了小夏和小慧的情绪，让小慧带着小夏去医务室】

辅导员：庄燕，你这是怎么了，和小夏有什么矛盾吗？在大学期间喜欢一个人很正常，但是我们也要考虑到许多东西。你喜欢姜寒，很正常，但你也要确定他是不是有了女朋友，是不是也喜欢你。

小慧：老师……其实我有一些自卑，我总觉得她们在嫌弃我……

辅导员：庄燕，老师很能理解你的心情，但你的家庭是你的家庭，你是你。你不要让任何外界因素影响了你。你学习很好而且很认真，你已经比很多人优秀了。小夏和小慧可能也没有敌意，只是有些时候没有考虑得很全面。

庄燕：【哭泣着】老师，我错了，可是她们还会原谅我吗？

辅导员：【拍了拍庄燕的肩膀】你不试试怎么知道呢？

场景六：宿舍

【庄燕推开宿舍门，低着头走到小夏身边】

庄燕：对不起小夏，我错了，我不该打你……【哭了起来】

小夏：庄燕，没事，我们以后还是好朋友！

庄燕：【抬起头看着小夏和小慧两人】真的吗？太好了！

【三个人拥抱在一起】

【庄燕、小夏、小慧从那以后每天都一起进出宿舍。庄燕也不再自卑，三个人关系越来越好】

辅导员说：

同学之间相处要做到将心比心，多一分理解和包容。己所不欲，勿施于人，我们不应该将自己不喜欢的事情强加给别人，而是应该尊重他人的意愿和感受。只有这样，我们才能建立起和谐、友爱的班级氛围。

大学生要时刻注意自己的言行举止，做到言行一致，表里如一，遇到问题和矛盾要沉着冷静，考虑全面，要培养以解决问题为中心的思路和方法，营造和谐的人际关系和学习环境。

在爱情面前要克服自卑心理，勇敢地去追求。每个人都有着独一无二的闪光点，我们都有着平等的、值得被追求的资格和机会。同时，我们应该学会倾听内心的声音，了解自己的真实想法和感受，尊重对方的意愿和选择，不强求、不纠缠。

杜绝过度依赖

编剧：王俊鸥

角色：辅导员、何父、何母、小何

场景一：办公室

【傍晚，辅导员老师整理好办公室内的事务准备离校时，忽然响起一阵急促的电话铃声】

辅导员：喂，您好，请说。

何父：老师哎，我……我是小何的爸爸，我好久都联系不上她了，想问问您这孩子最近怎么样了啊？

辅导员：怎么会联系不上孩子了，是她最近和家里有过什么矛盾吗？发生了什么事情吗？

何父：【哀叹一声】她高三交了个男朋友，说是什么网上认识的，但那男生才初中毕业，还是个社会上的闲散人员，这哪能行啊！因为这事，她没少和她妈妈吵架，怎么说也不听啊，唉——后来小何高考成绩不理想，上了大学后也不联系家里了，男朋友还跑去陪读了！现在他们两个人就在校外租房子住，就连放假都不回来。老师啊，我们害怕小何会不会被他控制了，所以既不联系我们，也不回家。她会不会有危险啊！她妈妈担心她担心得不行了，现在状态一点都不好，整夜地失眠。老师啊，得麻烦您帮帮忙，想想办法啊，可不能这样下去了。

辅导员：好，现在我已经大致了解了情况，您放心，我会找小何好好谈谈的。

场景二：会议室

【辅导员挂断与何母的电话，回想着通话中何母激动难以自控的情绪以及对女儿的怨恨，不禁陷入了沉思。此时，响起了一阵敲门声】

辅导员：【回过神来，扬声说】请进！

小何：老师，您找我？

辅导员：小何，我最近了解到一些你的情况，老师想和你就这些事好好聊一聊，好吗？

小何：【激动起来】老师，你要是不找我，我就要崩溃了。我妈一给我打电话，我就睡不着觉，我感觉自己都抑郁了。我现在也不想那么多，就想顺其自然，好好地把大学上完。我知道和他不能走到最后，但是我现在特别孤独，没有朋友，如果他不在这，我觉得我心情太压抑了。高中时我父母就没时间管我，只在意我的学习成绩，总是忙着做生意和我小弟，我和我男朋友就是那时候在网上认识的。当时我只能把心里这些怨言跟他说，慢慢地我就很依赖他。我感觉我父母都不关心我，只有他在意我。我也是个挺自私的人，也很爱物质，我知道他给不了我太多，这些我都明白。可是习惯是很可怕的东西，我现在不知道改变了要怎么生活下去。一想到跟他分开，我就要一个人上课，一个朋友都没有，不知道要跟谁说话，我就害怕。我家里现在这样我也要崩溃了。我感觉只要离开他们我就能好，可是我还是整夜整夜地睡不着觉，快要疯掉了……【大声地哭了起来】

辅导员：【轻轻拍着小何的后背安抚着她】老师明白你的苦处，我会去劝解你的父母，帮助你们重新进行沟通。在此期间，老师也希望你能够信任我，凡事保证自己的安全，如果有事情就来找老师。

场景三：办公室

【经过辅导员多次努力开导与劝解，小何及其家长都非常信任老师。小何与男朋友分手后，在面对无法处理的事情时，也会积极寻求老师帮助】

小何：老师，我现在觉得我整个人的状态都不一样了，每天过得都比较开心，我也深刻认识到，无论什么时候家人对自己的爱都是无私且无可替代的。老师，这次真的很感谢您，让我重新开始了大学生活。今后我一定好好学习，和同学、室友好好相处，不辜负您的期许！

辅导员：【欣慰地笑了】你能这样，我真的很开心。你是一个优秀的孩子，生活总会善待我们的，只要心中充满阳光，我们就会快乐幸福，老师也在这里祝愿你能够越来越好！

【通过老师的帮助，小何调整好了自己的状态，准备开始迎接美好的大学生活】

辅导员说：

习惯既能成就一个人，也能毁掉一个人。大学生要时刻注重培养自己的独立自主意识，在日常生活中多交朋友，把自己的情感寄托在自身和集体之中。

家庭教育的缺失是造成大学生心理健康问题的主要原因之一。家长要用发展的眼光看待孩子面临的问题，从孩子的角度思考问题，抓住主要矛盾的主要方面，助力孩子实现更为全面的发展。

大学生在面对爱情时要保持理性和冷静，学会把对方作为成长路上不可或缺的挚友，不过分依赖，不过度联想，在当下的生活中共同努力奋斗。

友谊与爱情

编剧：王俊鸥

角色：小旭、张振、小张、文涛、许老师、周辅导员

场景一：寝室

【窗外的雪花带着丝丝凉意洋洋洒洒地飘落下来，漫天飞舞，又被明亮的窗户与温暖的室内隔绝开来】

小旭：【兴奋地指着窗外】大家快来看啊，下雪了，是初雪啊！

张振：听说在每年第一场雪的时候许愿都可以实现，来试试啊。

小张：【轻轻哼了声】怎么可能呢……每年也没见我爸妈回来多久。【起身离开了】

文涛：【疑惑地问】干什么去啊？外面冷着呢！

小旭：【转过头看了眼，笑着说】跟女朋友视频去了吧。他们是异地恋，彼此黏糊着呢！

场景二：教室

【上课铃声响起，许老师拍了拍桌子，示意大家安静】

许老师：这堂课我们随机查一下出勤情况，下面来点一下名……小张，小张，小张。怎么回事，他没来吗？同寝室有没有知道他去干什么了？

小旭：【碰了碰张振】诶，你看见他没有啊，不是早就出门了吗？

张振：【茫然地摇了摇头】不知道啊，他一向认真，最近却有好几节课看不着他人了。

文涛：老师，他可能有什么事情耽误了，还没来得及请假，我们回去问问他给您答复。

许老师：【抬头看了看】好，回去告诉他这样可不行，再有下次我就给他算旷课了。

场景三：操场上

文涛：小张这是怎么了？也太不对劲了，上课不来，情绪也不稳定，还总是联系不上。

小旭：【焦急地说道】唉，咱们快去找找他，别再出什么事了。张振，你也去找辅导员说下他的情况，问一问老师怎么办。

张振：好，我现在就去。我刚才听他们说在篮球场看到了小张，你们去找找看有没有。

【三人朝着不同的方向跑去】

场景四：篮球场

【小旭远远地看到了一个熟悉的身影，急忙拉着文涛跑过去】

旁白：看到他们从远处跑来的小张依旧颓废地靠在篮球架旁边，手中紧紧捏着手机。

小旭：【气喘吁吁地狠狠捶了小张一下】怎么回事你，这两天动不动就搞失踪？今天许老师还问你呢，你不是最喜欢他的课了吗？再这样他就要给你记旷课了！

【小张抬眼看了看，又耷拉下肩膀，闭上眼睛沉默不语】

文涛：【伸手拉了一下小旭】小张啊，你要是遇到什么事就跟我们说，别觉得自己能解决就一个人扛着。大家都是朋友，本来就应该互相帮助的。

小旭：就是啊，你要不好意思和我们说，也可以和你女朋友商量啊，别自己憋着。

小张：【一顿一顿地说道】我们分手了。【一脸痛苦地摩挲着头发】我……我就是不知道怎么和你们说。

【小旭和文涛对视一眼，上前拉住了小张，拍着他的肩膀安慰着他】

小旭、文涛：你别太难过。你具体说一说，我们帮你分析一下，出出主意，别
担心……

场景五：办公室

【张振敲了敲门，听到屋内传来"请进"的声音，才推门进去】

张振：老师您好，我想来和您说一下我们寝室小张的事。他最近状况不太对，我
们有些担心他，想来询问您该怎么办啊？

周辅导员：你先坐。他情况我最近也有所了解，综合各位老师的反馈和与他父母
联系后得知的信息，我大概也有了办法，不过你们作为他的室友还要
多配合老师。

张振：【连连点头】好的，老师您说，我们回去就一起来完成。对了，老师，我刚
才得知他最近反常的表现也和他与女友分手有关。

周辅导员：【思考了下】这样啊，那你们需要先安抚他的情绪，在他分手的事情上
多安慰他，再转移他的注意力，引导他与你们多沟通。如果小张有什
么过激行为或者你们遇到自己无法解决的事，一定及时和我联系。【顿
了顿，又接着说道】小张是比较喜欢许老师的，接下来我会找许老师
一起去鼓励、开导小张的，你们放心。

【张振回去后找来了小旭和文涛细细商量怎么来帮助小张】

场景六：教室

【课间休息铃响了起来，许老师看了看台下倦怠地趴着的小张，将他叫了过来】

许老师：小张，你前段时间上交的比赛视频我看过了，表现非常好，谈吐大方，
言之有意。我希望你能够在下周的实践课上台讲演，让大家学习你的精
神态度与讲演方式。

小张：老师，我觉得我不行，还是让别人来吧。

许老师：【微微笑了笑】为什么不行呢？你无论是思想、表达能力还是成绩都不输
别人，我也在过往的学习中看到了你的状态——非常认真且努力。我和
别的任课老师说起你时，他们对你的夸奖也是非常多的，你要相信你自
己啊！

小张：【抬头惊喜地笑了】老师，谢谢您！

许老师：【向小张肯定地点了点头】不过，针对你前段时间的学习状态，我要批评
你两句。遇到问题时要去主动解决，逃避是不能解决问题的。何况逃课
可不是好行为，你没学到的知识会成为你的损失，长期如此是不利于你
的后期学习和心态发展的。如果以后再遇到什么问题或者不明白的事情
一定要来联系老师，老师永远都是你可以信任的人。

小张：【不住地默默点着头】好的，老师，我知道了。

许老师：你们的辅导员也很关心你的情况，她来找我说了很多。平常要多和你的同学、朋友们相处沟通，也可以看看大家是如何相处的。遇到一次挫折也没什么可怕，前进的路上可不是一帆风顺的。老师希望你今后能在成长的这条路上主动出击，继续追寻自己的人生理想，不被外因所扰。

小张：【眼里泛着泪光，深深地鞠了一躬】老师，谢谢您的开导！

旁白：老师们始终关心着小张的心理健康状态，默默引导着他，教授他道理。同时，在室友们的陪伴下，小张渐渐解开了心结，向更好的人生状态走去。

辅导员说：

面对心理问题，大学生应该与身边人积极沟通，共同寻找解决方法。辅导员应充分调动朋辈力量和其他教育主体来帮助学生完成心理上的转变，积极发挥全员育人的独特优势。

大学期间的挚友是我们人生中最宝贵的财富。他们陪伴我们度过了青春岁月，与我们共同经历了人生的起起伏伏。他们是我们成长路上的可靠伙伴，也是我们心中永远的牵挂。

恋爱纠纷是众多心理问题的源头，学校应着力加强恋爱观教育，以多种多样的教育形式，帮助学生树立正确的爱情观，引导学生正确认识恋爱与婚姻的关系，理解恋爱中的责任与义务。

爱的勇气

编剧：徐思佳

角色：小李、辅导员、浩浩、东源、小文

场景一：办公室

【小李来办公室找辅导员，面色非常不好】

小李：老师，我最近心里不好受，我想请一周假回家调养。

辅导员：为什么呢？在学校有什么不舒服的事吗？和我说说。

【小李犹豫不决，支支吾吾，看了看四周，没有再说话】

辅导员：这样吧，这里人多，不适合谈话，等你下课后我们约个时间再谈吧。

【小李微微点头表示同意】

场景二：教室

【辅导员叫来了小李的室友了解小李的情况】

辅导员：今天小李突然要找我请假，情绪也不正常，问什么原因也不说。他平常的性格很外向，今天的表现非常奇怪，你们知道怎么回事吗？

浩浩：老师，我们最近也察觉到了。最近一周他都很失落，似乎有什么难言之隐，我们问他他还啥也不说。

东源：老师，小李平常性格开朗，思想活跃，人际关系还比较好，就是最近比较反常。他不说，但是好像是感情方面的问题。

辅导员：好了，我知道了，过几天我会找他好好谈一谈的。

场景三：办公室

辅导员：坐。

【辅导员给小李倒了一杯水，示意他坐在自己的身边】

小李：老师，我最近心里不舒服，如果我能回家调整一周，回来一定会好的。

辅导员：【试探性问道】我可以给你批假进行状态调整，但是一周的假期可能会影响到你的课程学习。你可以说说你最近遇到了什么事吗？

小李：【笑了笑，但是眼眶里逐渐蓄满了泪水】我喜欢上了同班的一个女生，经常和她打打闹闹，我们都很开心。为了不影响她的学习，我憋着没告诉她，但有时上课会分心，后来因为这事期末考得不是很理想，我觉得挺对不起家里人对我的期望，心里很自责。近期，我终于鼓足勇气去向她表白，但是她说她已经有喜欢的人了，也是我们班的。我感到很痛苦，我很后悔自己为什么要去告诉她，被拒绝好没面子啊！她一定很看不起我，其他同学知道了我表白失败也会看不起我的，今后该怎么办啊！渐渐地我变得很孤僻，常常不愿和同学出去玩，后来是见了女同学就紧张、脸红、心慌、出汗，平时也不与其他女生说话，放学后就直接回宿舍。看见同学们相处得很融洽，我也想参与进去，但心里总是害怕。再后来，我常常自己一个人待在屋里，不愿参加集体活动，也不愿和其他女生交流。心烦时我就使劲吃东西，由于运动少了，身体也慢慢胖了，就更不好意思去和同学玩了。上课时注意力无法集中，为此我特别痛苦。现在我每天昏昏沉沉的，心里混乱无比。

辅导员：任何事情都有两面性，你不能只看这件事对你的负面影响，那样的话，你接下来的大学生活会有很大的压力。你现在已经步入大学，已经成年了，你要理性地看待爱情。你们虽然不能成为恋人，但还是可以做朋友。如果你遇到挫折不去总结经验，不去化解，请一周假也不能真正让你开朗起来。虽然家能给你带来温暖，但离开家后这份温暖能一直伴随你吗？解决问题的最好办法还是直面它。

小李：我还特别想考研。

辅导员：精力投入到学习当中，重新规划大学生活。你要写一份规划书，明确你的目标和方向。我建议你每个月找我谈话一次，汇报一下学习情况，咱们一起探讨和学习。

小李：好的，老师，我明白了，谢谢你。

场景四：操场

【小李之前喜欢的女孩子和他进行了一次谈话】

小文：我听说你的情况了，你不必紧张，你人真的很好，但是喜欢这个东西是要有感觉的，不是只看人品。我一直都很欣赏你，我想我们可以当很好的朋友。

小李：谢谢你今天能对我说这番话，我想我应该放下这段感情了，我也希望我们都能成为更好的自己。

旁白：经过谈话和引导，小李找到了新的奋斗目标和前进方向。他懂得了积极进取、攻坚克难的真谛，勇于直面问题和挫折。

辅导员说：

爱人者先爱己，美好的爱情一定是双方共同努力的结果。遇到爱情要抓住机会，把自己自信的一面展现给对方。我们要懂得爱自己，保持自信和平衡。只有这样，才能够在爱情的道路上越走越远，收获属于自己的幸福。

学习是一个不断探索和成长的过程，每个人的学习历程都不总是一帆风顺的。遇到问题不要沉溺于自责和挫败感之中，要学会在问题中反思自己，寻找解决问题的方法，追寻更好的自己。

辅导员工作要从学生中来，到学生中去，合理运用学生的力量来解决学生遇到的问题，让双方在其中感受到集体的力量和温暖。培养他们的协作精神、团队意识和解决问题的能力，可以达到更好的教育目的。

理性的爱更有价值

编剧：赵剑平、崔洪铱、徐思佳

角色：小贾、小李、晨晨、小帅、寝室管理员、辅导员、心理老师

场景一：寝室

【周末晚上，小贾和小李打羽毛球回来，两人有说有笑地推开门，听到寝室中"呜呜呜"的抽泣声】

小贾：【愣住】怎么回事，怎么有哭声，谁在哭啊？

小李：是晨晨在哭。

小贾：晨晨，你怎么了，遇到什么事了吗？别哭呀。和我们说说，我们帮你。

小李：是啊。和我们说说。

晨晨：没事没事，让我自己待会儿。

小贾：好吧，那你有什么需要就叫我们。

【自此以后，晨晨很少和室友待在一起，和室友们的关系越来越疏远】

场景二：宿舍一楼

【宿舍楼下，学生们你来我往，喧闹声此起彼伏】

小帅：【气喘吁吁】老师，我能上楼吗？有急事。

寝室管理员：不行，这是女生公寓楼，男生不能上去。

小帅：【焦急】老师，有人情绪特别激动！是晨晨，她是我女朋友。

寝室管理员：快通知你们辅导员，咱俩上楼看看。

【辅导员知情后第一时间给晨晨打电话】

辅导员：喂，晨晨，老师刚刚听说你的事了。你遇到困难了吗？和老师说说，我兴许能帮到你。

晨晨：老师我没事，您放心吧，我不会做傻事的，谢谢老师。

【辅导员放下电话，还是不放心晨晨，怕她有过于偏激的行为，第一时间赶到了寝室】

辅导员：晨晨，老师来了，别怕，和老师说说怎么了。

晨晨：嗯……我男朋友和我分手了，我有点不知所措，我觉得我的世界里都没有光了，感觉活着毫无意义。

辅导员：原来是这样啊。晨晨，爱情上失意了不要紧，不要长久沉浸于以前的事情，人要往前看，你的未来还远着呢，不要因为这点小事就断送了自己的前途，自己才是最重要的。

晨晨：我知道了老师。我说的都是气话，我不会做什么傻事的，您放心吧。

【辅导员还是不放心，叮嘱她的室友多多关注晨晨，保护她】

场景三：寝室

【第二天，晨晨眼角带着泪花，在微信上和辅导员说感觉生活没有意义了。辅导员立刻向上级汇报，并和心理老师一起赶到寝室】

晨晨：【抽泣】我从小和奶奶生活在一起，和妈妈沟通少。她不允许我太早交男朋友，我们两个总因为这个吵架。最近小帅说要和我分手，我更觉得没有依靠了。我的心思都在这些烦心事上了，学习成绩也开始下滑了。我感觉生活没什么意义了。

心理老师：同学，恋爱是两个人的事，失恋了不是你的错。恋爱不是我们生活的全部，我们不能把所有的时间和精力放在谈恋爱这件事上。你还有学业，还有家人，不要让他们为你担心。大学生应该培养独立自主的习惯，我们要靠自己，积极阳光一点，你会发现世界不是黑暗的。

辅导员：是啊晨晨，老师知道你很懂事，很听话，多和家里沟通，一定要敞开心扉，父母会理解你的。现在这个阶段，学习最重要，不要揪着一件事不放，想开一点。

晨晨：我知道了老师。谢谢老师，让你们担心了。

辅导员：多和我们聊聊，我们也会倾尽全力帮你的，这都是我们应该做的。

旁白：此后，辅导员经常会和晨晨谈心，了解她的情况，晨晨再没有过偏激的想法，和同学们相处得非常融洽。

辅导员说：

尽管爱情在大学生活中占据了一定的位置，但它并非主要部分。大学生活是丰富多彩的，它包含了学习、成长、社交和探索等多个方面。恋爱关系只是其中的一部分，而且不应成为我们荒废学业的理由。

在恋爱中，沟通能力的重要性不言而喻。它如同爱情中的润滑剂，能让双方的关系更加和谐。沟通不仅能让彼此更了解对方，加深感情，更能让爱情在时间的洗礼下越发醇厚。

人生是多元化的，理想和学业固然重要，但爱情同样值得我们珍视和追求。只有在理想、学业与爱情三者之间找到平衡，我们才能拥有充实而美好的人生。

第五章

你若盛开，清风自来

别让抑郁症毁了自己

编剧：慕聪聪

角色：刘老师、小毛、小婷、小毛母亲

场景一：班级

【刘老师组织大家玩游戏，小毛自己一个人坐在班级后面，低着头，与欢声笑语的情景显得格格不入，刘老师观察到了小毛的异常】

刘老师：小毛你怎么了？看你不太开心呢？不要什么问题都压在心里。

小毛：老师，您是看出来了什么吗？因为我刚才没加入到大家的游戏吗？我也不知道为什么，我非常恐惧与人交流和交往。【说着，小毛的手不停地颤抖，脸也憋得通红】高中时的我一直都是在寄宿学校上学，所以不仅学业压力大，人际交往压力也大。老师，您很关心我，我知道，所以我希望您可以帮帮我，我真的也不想这样。

刘老师：小毛，老师知道你也不希望自己生病，我懂你的情绪，但是这个病并不可怕，而且老师有信心和同学们一起帮助你摆脱困扰。【刘老师拍了拍小毛的肩膀并把她送回了宿舍】

场景二：宿舍

【刘老师和小婷说了小毛的情况。小婷看了一眼正在写作业的小毛】

小婷：小毛，我们一起去美甲店呀！最近新开了一家美甲店非常好，要不要去呀？和我一起去吧！

小毛：小婷你去吧，我就不去了，我想在宿舍里面多学一会儿。

小婷：没有你我自己去哪有什么意思呀！或者我们可以一起出去吃个饭，咱们两个一起多好呀！【小婷走到了小毛身边，搂住小毛，把她从椅子上拉起来】

旁白：经过小婷的不懈努力，终究说服了小毛和她一起出去吃饭，并且两个人在吃饭的过程中谈起了家庭、学业等方面的事情，小毛逐渐也向小婷敞开了心扉，说出了自己这么多年的经历和生活。

场景三：操场

【刘老师和小毛坐在操场上聊天。小毛的母亲来到了学校，小婷在校门口等待】

小毛：妈妈你怎么来了？

【小毛的眼泪从眼角流了下来，她的身体也不停地打颤，嘴里念叨了一句："我好想你们"】

小毛母亲：孩子，要不是老师给我打电话，我都不知道你生病了。这么多年是我们亏欠你了，我们从小把你放到爷爷奶奶那里，也没有关心你，是妈妈做错了。【小毛妈妈情绪激动，抱着小毛号啕大哭】

小毛：妈妈，我知道你这么做都是为了我好，是我想错了，是我做错了。我一直想让你们过上幸福的生活。我逐渐封闭自己，然后现在自己生病了，我控制不住自己的情绪，分不清现实与梦境，但是我会努力让自己恢复过来。

【小毛抱着母亲开心地笑了】

小毛：其实我不是病了，我是太想你们了。

辅导员说：

进入大学后，学生要面对更多的人，要学会交流并处理好人际关系，互相理解、体谅和包容。

在孩子成年后，父母的陪伴是最好的家庭教育。陪伴永远都是解决问题的一剂良药。

心理咨询教师和辅导员可以帮助学生缓解心理压力，了解心理健康知识。大学生要充分利用良好的条件，多与老师交流和沟通。

不要让自卑导致我们寸步难行

编剧：慕聪聪、徐思佳

角色：小丁、小马、刘老师、小丽、小王

场景一：班委会竞选现场

旁白：自进入大学校园后，小丁成绩突出，非常勤奋，积极竞选班长一职，在民主投票中，小丁和小马票数相同。

刘老师：同学们，现在小丁同学和小马同学票数相同，那么，这两位同学做一下自我简述吧。

小马：我想竞选班长的职务，因为我认为我的管理能力比较强，并且我自身的成绩也不错，在入学以来良好地完成了班级的各项事务。

小丁：老师，那我就不竞选班长了，我还是没有太大能力胜任班长这个职务。小马更加优秀，比我强太多，而且小马的交流、沟通、管理能力也很突出，所以我就不参加这次竞选了。

【老师尊重了小丁的选择，于是小马就成了班长】

场景二：操场

旁白：小丽一直暗恋小丁，因为他刻苦、有责任心。一天，她鼓起勇气在操场上向小丁表白。

小丽：小丁，我一直很喜欢你，我希望未来我们一同进步，你愿意当我的男朋友吗？

小丁：小丽，我们应该不太合适，因为我什么也不会，我也没办法给你一个好的未来。我们在一起我认为不会有什么好的结果。你值得更好的人，我配不上你。

小王：小丁，你在说什么？大家都看在眼里，你十分优秀，为什么说自己不好呢？你真的一点也不喜欢小丽吗？你为什么要一直说自己配不上她？还有，上次竞选班长，你为什么连竞选的勇气都没有？你到底在怕什么？

【小丽伤心地离开了。小王虽然不懂小丁在想什么，但他总是感觉有问题所以他向刘老师报告了这件事情】

场景三：办公室

刘老师：小丁，我一直认为你是一个努力上进的好孩子，但我听小王说，你在不断地否定自己的努力和成果，连心爱女孩的告白都拒绝了？你要记着，你配得上任何人，你不需要因为自卑而去害怕接受一些感情。可以和我讲讲吗？我会尽量地去帮助你的，在老师心里你一直是最好的。

【小丁讲述了自己的经历，包括从小生活的贫困等一系列因素，这让如今的他没有勇气再去接受他人的善意。说着说着他忍不住放声大哭】

刘老师：小丁，你这个想法是有问题的。你在老师的心里一直是一个非常优秀、上进的孩子。老师希望你能认真理性地去看待自己的感情、自己的内心，不要因为害怕而去拒绝一些事物，也能走出来去迎接未来的美好，而不仅仅停留在过去，让自己徒增烦恼。

小丁：老师，我也希望变成一个强大的人。我总是自卑，总是自我怀疑，以后我会努力做出改变的，我不会再这样懦弱下去，我会勇敢地去面对生活出现的新变化。

旁白：自那以后小丁也学着改变自己，他不再自卑，变得更加自信。家庭的差异、父母的教育以及一系列行为会让人产生自己比别人差的想法，但是这种想法是不正确的。生而为人，我们每一个人都是优秀又独立的个体，我们不需要因为外在的条件而产生内心的落差。我们要成为内心强大的人，不要让自卑导致我们在这个社会寸步难行。

辅导员说：

当你真正了解和认识自己的时候，你才会发现自己是独一无二的。

要学会珍惜身边的机会，保持良好的心态，抓住机会，实现成长。

向阳而生

编剧：陈必聪

人物：小王、小贾、小勇、小丁、小强

场景一：会议室

小王：今天是咱们院学生会干部的竞选，大家可以根据自己想加入的部门进行报名演讲。大家积极参与。

小贾：我先来，我先来。大家好，我是来自网新1942班的小贾，我要竞选的是宣传部的学生干部。我是一个能力较强的人，我相信我能够在宣传部脱颖而出，提升自己，成为更优秀的人。

小勇：大家好，我是小勇，很荣幸能参加这次的学生会竞选活动。在我上大学以前，我曾经担任过班级的班长和学习委员，学习能力较强，所以我想竞选的是学习部的成员。在学习部我会尽自己的能力做好事情，请大家支持我。

小丁：大家好，我是小丁，这次我想竞选的也是宣传部的学生干部，我擅长绘画和一些推广文案的撰写，熟悉一些宣传活动的策划，请大家支持我。

小强：大家好，我是小强，这次我想竞选的是体育部的成员干部，我以前是体育生，身体素质强，熟悉各类体育项目，能很好地为广大同学们服务，请大家支持我。

【民主投票环节，小贾、小丁、小强三人票数依次从高到低，成功当选】

小王：经过民主选举，拟定小贾、小丁、小强进入学生会。没选上的同学们也不要气馁，以后还有机会。

小丁：【兴高采烈】我们以后可以一起为学院贡献力量了，大家多多指教啊！

小强、小贾：多指教，多指教。

小贾：【拍了拍小勇的肩膀】没事儿，不要灰心，以后有的是机会！

小勇：【点了点头】【垂头丧气地想】为什么他们都能选上，而我落选了呢？唉，可能我的能力真的跟他们差太多了吧。

场景二：寝室

小丁：今天学生会组织的打雪仗活动可太精彩了，我还看到你俩玩得可开心了。

小强：哈哈哈哈，是啊。我家在南方，以前没玩过打雪仗，今天我可太兴奋了。

小贾：打雪仗玩的就是一个刺激！

小强：小勇，你当时没入选学生会真的是太可惜了，我们在这体会到的乐趣可太多了。

小勇：【强颜欢笑】你们玩得开心就好呀，下次有这种活动可以带我参与一下吗？

小强、小贾：【笑笑不说话】

小贾：【心里想】他们都能顺利进学生会，也能玩到一起，而且现在也不带我，感觉甚至有点排斥我，我真的太差劲了。

场景三：教室

小贾：小勇，今天天气真不错，我们下午一起去打球吧？

小勇：【有点害怕】不好意思啊，你们去打吧，我还有其他事。

小丁：【热情】那咱晚上一起吃小火锅去？

小勇：【摇了摇头，没有说话】

小王：来来来，同学们安静一下，咱们的期末考试成绩下来了，大家可以在手机上自行查询。

小强：哈哈哈哈哈，好险，好险，我刚好过。你们呢，过了没？

小丁：肯定过了呀，这次的考试这么简单。

小勇：【失落】我……我没过。

小勇：【心里想】我到底在干什么啊？连这么简单的考试都挂科了！同学室友之间的关系处理不好，学习效率低下，精神状态也越来越差，我是不是根本不适合大学生活？

场景四：操场

小丁：最近小勇的状态非常不好，咱们一起安慰安慰，鼓励鼓励他吧！

小贾：我看行。

小强：走走走！

小丁：小勇，你最近是不是遇到什么事了？可以跟我们说说，说出来或许会好点呢？

小勇：我……我总感觉自己能力不行，跟你们的关系也不融洽，我也不知道是怎么了。

小强：哪儿不行了，别自己瞎想！你平时对我们大家的好，我们都看在眼里了，而且你也经常帮咱们班做事，能力也不错的。

小丁：是啊。不要因为一点儿什么小事做不好就对自己没信心。

小贾：你要相信自己，做好你自己想做的事情。学习和生活上遇到什么困难都可以找我们倾诉。咱们都是好朋友，有啥事都可以相互说说。

小勇：谢谢你们，我会重新定位一下自己，也会认真对待所做的事情。你们也适当地监督一下我，我想努力变得更优秀，让自己有更好的提升。

【小贾、小丁、小勇、小强一起在操场上跑步】

辅导员说：

学生会是学生自治组织，是锻炼和成长的舞台，学生干部要审视自己的身份，在为同学服务的过程中不断成长。

遇到困难，同辈帮扶往往是最有效果的。多交流，多沟通，办法总比困难多。

要以乐观的心态看待世界。每个人都有自己的优缺点，要戒骄戒躁，保持良好的心态，抓住机会，实现进步。

对厌学学生的心理辅导

编辑：刘嘉琪、杨绍志、陈婧伊

角色：小张、小孔、小刘、小赵、辅导员

场景一：寝室

小张：【整理好自己的服装和上课用品】小孔、小刘、小赵、走了，今天有早八，再不去的话就迟到了！

小孔：来了来了！这就来。

小刘：【摇了摇仍旧赖在床上的小赵】走了小赵，上学期你已经挂四科了，可不能再挂了啊！再挂你就可能拿不到毕业证了。

小赵：【翻了个身】我不去，那种课完全没有听的必要，你们帮我答个到吧。

小张：帮你答到简单，但期末考试我们却帮不了你啊！你再仔细好好想想。

小刘：【长长地叹了一口气】管不了你，你自己再好好想想吧，这半年我也没少劝你。

【所有人都离开了寝室，只剩小赵一个人仍旧躺在床上】

小赵：挂科都挂了那么多，我都已经习惯了。

场景二：寝室

【已经上完了第二节课，小赵仍旧躺在床上，无聊地翻看着手机。突然，他刷到了一条微信朋友圈：庆幸有你，不负韶华】

小赵：一大早躺在床上真舒服，我也不用……

【这时候，室友们纷纷上完课回到寝室。小刘看见仍旧躺在床上的小赵，不由得恨铁不成钢】

小刘：小赵啊，今天老师上课点名了，你不在，我们没能帮你答到。

小赵：【满不在乎】无所谓了，这种破学校根本就不值得我好好读书。

场景三：办公室

【传来敲门的声音】

辅导员：请进！

小刘：【从门口走进来】老师好。

辅导员：原来是你啊小刘。怎么了，有什么事吗？

小刘：老师，小赵经常不去上课，我们劝他也没有用。他已经挂科很严重了，如果再挂科，我怕影响他毕业。

辅导员：小赵同学的事我听别的老师提起过。我很在意这件事，但没想到事情已经发展到这个地步了，那我必须插手管管他。放心吧，这件事就交给老师，当然，也需要你们的帮助。

小刘：好的，老师，我一定全力配合！只要小赵能重拾对学习的兴趣。

场景四：寝室

【辅导员在他们上课的时候来到他们寝室，在轻敲了几下门之后走进了寝室，寝室内只有小赵一人】

小赵：我说你们几个回寝室还敲什么门……等会儿，老……老师！您怎么来了！

辅导员：小赵，现在不应该是上课时间吗？你怎么还在寝室？

小赵：老师……老师我身体不舒服！

辅导员：你的事小刘都和我说了，小赵啊，区区一次失败算不了什么，你要学会接受现实的变化，不是所有事都会称心如意的。你不应该就此消沉，反而应该更加努力，成为更好的自己！作为一名大学生，你不应该整天躺在寝室里放松，你更应该以学习为重，把学习作为自己的主要任务。你在这儿躺着虚度光阴，对得起你父母吗？你父母把你送到这里来，是希望你好好学习，你不应该辜负他们对你的期望，不应该让他们为你操心。你都是大孩子了，应该懂得自己的责任和担当。

小赵：老师，我……我已经这样了，各科老师也不是很喜欢我，学与不学没什么意义了。

辅导员：亡羊补牢，为时不晚。只要你肯努力，各科老师也会看在眼里。相信我，你一定行！如果你有什么问题，可以随时跟你身边的同学、老师说，他们都是你倾诉的对象。

小赵：好的，老师，我一定会的！

旁白：在老师和同学们的帮助下，小赵重拾了自信，变得更加阳光开朗，有了更加美好的人生。

辅导员说：

学无止境。学习是学生的首要任务，掌握正确的学习方法，端正学习态度，是学业成功的重要条件。

好饭不怕晚。成功不分先后，只要有一颗持之以恒的心，任何时候开始都不算晚。

成长路上的阳光与磨难

编剧：慕聪聪

角色：小华、小王、小L、辅导员

场景一：宿舍

【小华、小王打着游戏，小L写着作业】

小华：小王，今天我爸妈要来学校看我，等一会儿他们给我钱，咱们去歌厅玩啊？小L，你也一起啊！

小王：当然没问题啊！今天我爸也说来学校看我，给我送排骨来，给你们尝尝我爸的手艺。

小华：那真是太好啦，咱们吃吃喝喝。诶，小L你怎么不说话呀？咱们一起玩儿多热闹啊！

小L：你们去吧，你们去就行，不用管我了，到时候我去食堂吃也一样。我还有作业没写呢，我先不去了。

【小王和小华走出了寝室，突然小王发现手机忘记拿了，回宿舍发现小L正趴在桌子上号啕大哭。小王和小华上前询问他怎么了，小L敷衍了过去。之后，两人将情况报告给了辅导员老师】

场景二：办公室

【小L被老师叫到办公室。小L在门外踌躇了好一会儿，拳头攥紧着走了进去。辅导员早早在那儿等他，小L刚进去，辅导员就招呼他坐在沙发上】

辅导员：小L，你最近发生什么事情了？听小王和小华说你最近情绪不太好呀，可以跟我说说最近的经历吗？

小L：【吞吞吐吐地讲出自己当时的感受，眼泪不停地往下掉】老师，那天他们在宿舍讨论起了父母的事情，我突然想到了我的父母。我从小爸妈离婚，而且我的爸爸去世了，我妈妈也不知道去哪儿了。我听见别人叫爸爸妈妈，我真的很难过，但是我又不知道怎么办。我不会人际交往，也没有什么好朋友。老师，您可以帮帮我吗？【小L掩面哭泣，辅导员也心疼地摸了摸小L的头】

辅导员：你以后有什么事情可以和老师说，老师虽然不能帮助到你太多，但是能做一个倾听者。你以后有什么不开心的，都可以和老师和同学说，大家都很关心你，要不然他们怎么会告诉老师这件事情呢？【辅导员安慰着小L，心里也在想要如何帮助这个孩子】

场景三：班会

旁白：辅导员组织了一场班会，班会的大致内容是：如果没有人能帮到你该怎么办？大家在班会上发表了自己的看法，小L理解到原来不只有他一个人面临着这样的状况，他的很多同学也面临这样那样的状况，但是他们好像并没有像自己那样消沉，他们反而变得更强大。所以，小L下定决心要变得强大，即使童年不幸也不能阻止他变成更好、更优秀的人。

辅导员：同学们，班会也接近尾声了，老师还有一句话想告诉你们。几天前，有一个同学和我谈了谈心，老师想说，无论别人怎么看你们，最重要的是你们自己如何看待自己，你们自己如何去面对生活。逃避不是解决问题的办法，只有强大才能让自己过得更舒心。【辅导员笑着讲出了这段话，小L在底下默默地点了点头。他知道了，自己一定要变得强大，不能再懦弱。从那天开始，他努力学习，不再给自己那么多的压力，心态也逐渐好了起来】

辅导员说：

每个人都有一段不平凡的经历，辅导员要因材施教，深入学生当中，做学生情绪的疏导者和问题的解决者。

朋辈之间要相互理解，加强沟通，保持团结，携手走过美好的大学时光。

心理保卫战

编剧：刘嘉琪

角色：小M、小可、小C、辅导员、小M母亲

场景一：小M寝室

【小M坐在自己座位上，毫无征兆地大喊一声，然后开始扇自己的脸】

小可：【飞扑上去拉住小M】小M，小M！你冷静点，你在干什么！

小M：【有些疯狂地笑着】我有病，我脑子不好。我有病，我脑子不好。哈哈哈哈哈哈哈哈哈……

小可：小C，你还愣着干什么，赶快给辅导员打电话啊！我来按着他，快点！

小C：【手忙脚乱地拿出手机，拨打辅导员的电话】喂，辅导员，喂！我是小C，不好了，小M，小M他疯了！

辅导员：别慌，小C，快去多找几个男生帮小可，我马上就到！

【辅导员得知消息后，迅速地赶到了寝室，帮助控制住失控的小M】

场景二：小M寝室外的走廊

辅导员：【用手指捏了捏鼻梁】说说吧，小M最近发生了什么？

小可：老师，我们也不知道。他最近很奇怪。

小C：对，从两周前开始，小M的食量急剧下降，每天只吃一个苹果，还开始去操场跑步。

小可：我拦着他，他竟然还动手打我。一个星期前他开始大量吃坚果，每天神情恍恍惚惚，我们也不敢理他。再之后的事，老师你就全都知道了。

辅导员：好的，大概情况我都了解了。你们最近都看着他点儿，不要让他做什么危险的行为，剩下的我来想办法。

小可、小C：好的，老师！

场景三：办公室

【辅导员拨通了小M家长的电话】

辅导员：喂，您好，请问是小M的母亲吗？我是小M的老师。

小M母亲：是的，老师，我是小M的妈妈。是小M在学校惹什么祸了吗？

辅导员：是这样的小M妈妈，您最近是不是给小M太大的压力了，小M最近出现了自虐的行为。

小M母亲：什么？！小M他怎么能这样！他知不知道我辛辛苦苦养他长大有多么不容易，他就这么对待自己，我送他去学校不是去让他……

辅导员：【激动地打断】小M家长，你知不知道这件事的严重性！现在小M需要的不是责怪，而是您的关心！不要用这种态度来对待孩子！

小M母亲：【深吸了一口气】好的，老师，我明白了，之前是我对小M太苛刻了。

辅导员：小M妈妈，我明白您养育小M很不容易，但是在小M身上，我看到了太多的痛苦。趁着现在还可以补救，咱们学校和家里共同努力，我相信小M会很快康复的。

小M母亲：好的，老师，我会全力配合您。

场景四：办公室

【小可和小 C 陪着小 M 来到了辅导员办公室】

辅导员：小可和小 C，你们去帮我拿些东西。

小可、小 C：好的，老师，那我们就先过去了。

【辅导员笑着点了点头，微笑着看着小 M，示意小 M 坐下】

辅导员：好了小 M，现在就剩咱们两个人了，有什么事，可以跟老师说说了吧。

小 M：老师，我没事，我就是，就是……

辅导员：就是最近压力太大了。老师已经和你的家里联系过了，你母亲也承诺不再逼你了，现在你要做的就是学会放过你自己。

小 M：放过我自己？老师你别逗我了，我都已经这样了，再不努力，我就真的什么都不是了。

辅导员：谁说的？这个世界是不会辜负努力的人的，只要你足够努力，你就一定可以成为你自己想成为的人。总有一天你会破茧，会发现自己的美丽。

旁白：在那之后，小 M 逐步建立起自信，也不会再因为焦虑而做出伤害自己身体的行为。小 M 整个人变得自信开朗，甚至会去积极地参加学校组织的一些活动。在其他同学遇到困难时，小 M 也会主动提供引导和帮助，朋辈关系越来越融洽。

辅导员说：

一个人想要克服焦虑和沮丧，得先学会做自己的主人，不断调整自己的情绪。

觉得自己做得到和做不到，其实只在一念之间。望子成龙的初衷虽然很好，但一定要实事求是，尊重人的发展规律和发展特点。

不如意的时候不要过度悲伤，多想想有笑声的日子。

将温暖传递

编剧：仇雪

角色：刘老师、小 W、舍友 1、舍友 2、张老师

场景一：教室

【在一间教室里，刘老师正在讲课。外面阳光明媚，微风正好，但与小 W 的糟糕心情形成鲜明对比。不一会儿，下课了】

小 W：【深吸了一口气之后沉重呼出】又下课了，明明都如此认真听课了，但总觉得我什么都没学到，这是我的问题吗？我太笨了吗？

【小 W 在即将无人的教室里出神，望着逐渐远去的人群，小 W 的心里产生了担忧】

小W：怎么办啊……大学生活我是如此的不适应，难道我就只能这样了吗？

场景二：宿舍

【小W抱着担忧的心情，回到了宿舍。开门的同时，小W听到了两个舍友的闲聊】

舍友1：好高兴！我通过了！

舍友2：什么？什么通过了？

舍友1：面试啊，那个院学生会以及各类学生组织的招新面试，我通过了！还有短信祝贺呢。

【说完，舍友1很高兴地把短信给舍友2看】

舍友2：噢！恭喜！你这么一说提醒我了，好像我也有短信。

舍友1：【感到惊讶的同时往舍友2身旁靠过去】给我看看，给我看看！

【舍友2把短信找出来，给舍友1看】

舍友1：恭喜！哈哈哈哈哈哈，做得不错啊，小瞧你了！

【在一顿商业互夸之后，两位舍友又转头聊起别的话题。小W听到她们的闲聊心里很不是滋味，因为她没有收到录取短信】

小W：啊！是我做得不好吧，所以没成功。舍友们都好优秀，她们在发展道路上越走越远，而我还停留在原地。在一定程度上，这样的我在退步，这样的我，又有什么用呢？

场景三：宿舍

旁白：时间如白驹过隙，转眼迎来了期末考试。小W因为精神内耗折磨自己，变得越来越害羞、自卑，这种不自信导致小W在人际交往上也遇到了一定的问题。在期末考试后，小W拖着疲惫的身体，回到了宿舍。

舍友1：喂喂喂！你看了吗？成绩出来了！我过了！呜呼！

舍友2：【凑近一看】真的？真的！我也过了！哈哈哈哈哈哈哈哈哈。

【小W也打开手机查询资料，那红色的分数刺痛了小W的眼睛。连日来的负面情绪让小W疲惫不堪，期末考试的挂科是压垮小W的最后一根稻草，小W哭着跑出了宿舍】

舍友1：小W怎么了？

舍友2：不知道，她平常都不跟我们一起行动，总是独来独往，在宿舍里也不怎么见她跟父母打电话联络感情，是不是出了什么事啊？

舍友1：谁知道呢？她自己的事，我们作为外人，还是少管为好。

舍友2：不行，毕竟是舍友，等她回来问一下吧。

【舍友2的好心打动了舍友1。不一会儿小W回到了宿舍，脸上还有残留的泪痕】

舍友1：你怎么了？没事吧？

小W：【受宠若惊】没事的，我还好，谢谢关心。

舍友2：别逞强，你还好的话至于哭吗？你说说，发生什么事了？

舍友1：对啊，到底怎么了啊？说出来心里还会好受一些。

小W：【在两位舍友的关心下感动落泪】谢谢，谢谢你们关心我。

【小W跟两位舍友言简意赅地描述了自己的压力。等小W说完，舍友2表达了自己的看法】

舍友2：我建议你去找张老师，张老师会理解你的心情，并给你提出建议，解决你的困境的。

【舍友1同意舍友2的话，点了点头】

小W：好，谢谢你们！

舍友1、舍友2：不客气，大家都是好朋友啊。

场景四：办公室

【小W来到辅导员办公室门前，敲了敲门。张老师注意到了敲门声，让小W进来的同时自己也停下手中的工作】

张老师：小W怎么了？休息时间不去休息吗？

小W：【因为紧张脸变得通红，说话也结巴了起来】老师，我……我想跟你说件事……可以吗？

【张老师瞬间明白了什么】

张老师：小W啊，放轻松，怎么了？【说话的同时还给小W接了杯水，拿来了一张凳子示意小W坐下】

小W：谢谢老师！

张老师：没事的，放轻松，发生什么事了吗？

【小W一五一十地把发生在自己身上的事告诉了张辅导员】

张老师：好的，你的事情我了解了。首先，我得表扬你，你鼓起了勇气来向我诉说你的烦恼，这是一件值得夸奖的事。其次，你已经做得比大部分人要好了，因为你正视了自己的问题，没有逃避，这就是一件非常好的事。

小W：【眼睛里放出光芒】真的吗？真的吗老师？

张老师：【看到小W有些激动的神情，笑了笑】当然了，对于你的问题，我认为你首先需要正视自身，你要相信你是很棒的。我们都是普通人哦，万物生生而枯荣，有始有终，你也会有自己的发光点的，请相信自己。其次，你需要多交朋友，抱团生存是人的本能之一，不要违背它，要遵循人的发展规律。所以，大胆地去接触新的朋友吧，有什么烦恼和困难就和老师说，咱们一起探讨最合适的解决方法。

小W：【听完一席话之后，恍然大悟】谢谢老师！我会以正面积极的态度，挖掘自身的能力和资源，去寻求问题的解决方法，我会变得越来越好的！谢谢老师！

旁白：老师依旧时刻关心着小W的心理健康状态，默默引导着她。同时，在小W的舍友们的陪同下，小W渐渐解开心结，逐渐恢复了更好的状态。

辅导员说：

在日常生活中遇到问题后，要思考如何解决，而不是逃避。

与其他人保持良好的关系，在遇到困难时会给自己很大的帮助。

没有人总是一帆风顺的，挫折和困难是生活的调味剂，要与他人勤沟通，积极寻找办法克服困难。

在校园里可以积极寻找辅导员进行沟通，但同时也不要忘记与身边人保持和谐的关系。

接受不完美的自己

编剧：王小霞

角色：舒桓、路宇、陈励、姚齐、于老师

场景一：寝室

【今天没课，舒桓没有去图书馆，他静静地坐在桌边，手里拿着一本书，但又好像没看。打开窗户，温暖的阳光照进干净整洁的寝室，微风徐徐吹着浅蓝色的窗帘，像棉花糖一样的天空有点好看】

路宇：呦，哥们，今天太阳打西边出来了，你还在寝室呢？【路宇拿着球进来，看向舒桓说道】

陈励：过来，【向路宇使了个眼色，小声说道】早上起来看到群里的通知就这样了，好像是因为只拿到了这个学期的二等奖学金。

路宇：二等奖学金还不好？【说着望向舒桓】

舒桓：可我连续三年都是一等，肯定是因为这次的成绩下降了。

姚齐：我觉得你可能是没休息好所以没考好，你是不是晚上老睡不着啊？【试探性地问道】

舒桓：你怎么知道？

姚齐：因为我大晚上总感觉你的床在动。

陈励：好几次大半夜我也看见你没睡还在学习呢，惊呆我了！

舒桓：我就是白天学的全忘了，晚上就很焦虑，睡不着，想着再复习复习。

路宇：你真绝了。今天天气这么好，刚好你不去图书馆，我们一起去打球陪你放松放松吧。

【拿着球，笑着拍了拍舒桓的肩膀，看向另外两个人使了个眼色】

场景二：路上

【背景音乐：晴天】

路宇：故事的小黄花，从出生那年就飘着，童年的荡秋千，随记忆一直晃到现在……

【嘴里哼着周杰伦的《晴天》，有一下没一下地拍着手里的球】

舒桓：我们现在都大四了，为什么我觉得你好像一点都不着急？你每天都会早起打球，而且你成绩一直很好。【话里好像有一丝嫉妒】

陈励：你这四年每天都起大早去图书馆，晚上很晚才回来，都很少跟我们交流，你也不了解他呀！他每天早上坚持去打球就好像你一直坚持去图书馆一样。

路宇：你也很努力，只是在大学里我想的不仅是学习成绩和各方面的那些分数，更是快乐和自由。我知道我想要做什么、获得什么。【认真地说道】

姚齐：他老说打一场酣畅淋漓的球之后有点累但很轻松，会忘记很多烦恼和压力，甚至整个人都会变得很自信。以前我不信，现在我觉得他不仅过度自信，还有点厚脸皮，哈哈哈。

路宇：你才厚脸皮，哥那叫自信即巅峰。【笑骂着从身后扑上去，锁住了姚齐的脖子】

舒桓：【低下头】我有时候真的特别羡慕你们。我平时也不敢说话，也没有什么朋友。其实有时候上课我特别想起来回答问题，但是我特别紧张，就不是敢。我害怕我答得不好别人会取笑我。你们可能觉得我成绩好，平时高冷不爱搭理人，可我只是害怕，不会交际。

陈励：你从小就这样吗？

舒桓：对，我从小成绩就很好。我爸妈很严格，我对我的要求也很高，希望我得到老师、同学的肯定。但好像就是这样的想法导致我觉得我必须是完美的，如果不完美就不会得到大家的认可和关注。

路宇：可谁又能一直做个完美的人呢？我们应该接受自己的弱点和不足。

舒桓：对啊，可是我从小到大都是这样，我不能接受我是不完美的，所以时时刻刻都注意着自己不能出错。

陈励：怪不得你早上看到通知后会那样，但是你这样只会让你自己更紧张，甚至会弄巧成拙的。

舒桓：我知道，有时候我时常感到呼吸困难，越着急、越紧张、越无法进入学习状态。然后长期失眠、吃不下饭，感觉自己很失败，好像被世界抛弃了。所以我怀疑我得了重病，经常去医院检查，吃了好多药都没用。

路宇：你这样的情况已经很严重了。我们是一个寝室的，你应该告诉我们，我们好帮你啊。
舒桓：我也不好意思，我不想大家把我当心理有病的人去看待。这些事情希望你们不要告诉其他人。
姚齐：没事的舒桓，既然你跟我们说了，我们有义务帮你保密，而且我们一定会帮助你的。

场景三：教室里

【上课前，舒桓一个人坐在前排看着书，陈励、路宇和姚齐坐在了后排】

路宇：要不要告诉班长呢？
陈励：舒桓说了不让我们跟其他人说的。
姚齐：对啊。这样吧，一会儿下课了我们一起去找辅导员商量商量吧？
路宇：嗯嗯，我也觉得，虽然舒桓不让我们跟其他人说，但是我觉得这事儿还是要跟辅导员汇报一下。

场景四：办公室

【姚齐敲门推开门进去】

姚齐：老师，我们找你有点关于室友的事想跟您说。
于老师：来吧，都坐下。怎么啦？
姚齐：老师，大学快四年了，我们才发现我们寝室的舒桓晚上老失眠，而且他这两年来大量地服药，还有点自残倾向。
陈励：舒桓他本来就不太合群，我们一个寝室他都很少跟我们交流，有些问题我们也就不太好问他。
路宇：对啊，老师，他是很严重的消极完美主义者，有时候他的言行我们都没办法理解。
于老师：你们说的情况我也了解过，他父母也给我打过电话说舒桓已经很久没有联系家里了，没想到事态已经发展到严重失眠和自残倾向这么严重的地步了。
姚齐：是啊老师，你说现在应该怎么办啊！
于老师：你们也先别着急。幸好你们今天来跟我说了这个情况，我们大家想想办法帮帮他。你们先回去，平时多注意他的情绪和行为，我去找他父母了解一下情况，再去找学校心理健康老师问问。
姚齐：嗯嗯，好的，老师，我们先回去，您有什么需要帮忙的就叫我们。

场景五：回寝室路上

路宇：还好跟老师说了。
陈励：对啊。一会儿我们回去啥也别说，干啥都带着点舒桓，多注意注意。

姚齐：希望这样能帮到他吧。

路宇：嗯嗯，晚上我跟姚齐再去找一下辅导员，研究一下解决办法。陈励你待在寝室多注意注意舒桓，他今天本来情绪就不太好。

陈励：嗯嗯好。

场景六：办公室

【两个人推门进去】

路宇、姚齐：老师，我们来了。

于老师：我正要找你们呢。下午我咨询了一下心理健康老师，我们需要通过多方面展开行动。

于老师：首先我们要鼓励他加入咱们学院的科研团队，教他掌握正确的学习方法。其次你们跟他是一个寝室的，我需要你们去跟他谈心，了解他的想法。

路宇：好，那我和陈励负责带他加入咱们学院的科研团队。

于老师：姚齐，你负责每天跟他沟通，了解他的想法。大家一起帮助他，重拾他的自信心。

姚齐：好的，老师，那我们走了。

于老师：好，我会跟他家里人沟通，让他家人帮助开导他。你们快去吧，大家一起加油！

旁白：后来，在辅导员老师的支持下，舒桓的室友们各司其职，全方位帮助舒恒，鼓励她勇敢地面对失败，并学会在失败中寻找原因。最终舒桓找到了真正的自己，变得自信开朗了起来。

辅导员说：

成长，是接受一个不完美的自己和一个不理想的自己，也接受这个世界的不完美和不理想。

我们都不是很完美的人，但我们要接受不完美的自己。在孤独的时候，给自己安慰。在寂寞的时候，给自己温暖。

一房温馨，一室友情，室内存知己，情系你我他，朋辈情谊重如山。

业精于勤荒于嬉

编剧：慕聪聪、杨绍志、张文清

角色：网吧老板、小刚、小黄、小刚父亲、小刚奶奶

场景一：网吧

网吧老板：小刚啊，你小子又熬了一个通宵啊？该续费了啊！

小刚：【不耐烦地从口袋拿出钱拍在桌子上】去去去，别烦我。钱在这儿，再给我拿一桶泡面，快点啊！

网吧老板：【见钱眼开】好嘞，这就来。

小黄：小刚，你怎么还在这啊？你让我帮你骗叔叔阿姨你在我家住，你第二天也该回去了吧？我可不能再帮你撒谎了。

小刚：哎呀！是不是兄弟，是就再帮我一回，我这再打几次就通全关了，不能半途而废啊。

小黄：不行啊。你手机是不是关机了？叔叔给我打电话说要接你去你奶奶家，你快点走吧！

小刚：哎呀没电了，忘记充了。你告诉他我不去不就行了。拜托，再帮我一回！

小刚父亲：【冲进网吧，很生气】小刚，我就知道你在这儿。赶紧回家，我给你钱就是让你来这浪费时间的吗？还让小黄骗我，你怎么好意思的？

小刚：啊？爸！你怎么来了，小黄你出卖我？

小黄：不是，不是我啊！

小刚父亲：你别怪人家。你什么性子，我怎么会不知道？你一夜没回家就算了。现在让你回家看看奶奶，怎么就不行了？这什么破游戏比家人都重要吗？

小刚：【看见情况不妙，赶紧低头认错】好了好了，我跟你回家就是了。

场景二：小刚奶奶家

小刚：奶奶，我来了！【小刚一边说着，一边低头找充电器给手机充电】

小刚奶奶：【躺在床上】是小刚呀。你都很久没来看奶奶了，想不想吃奶奶做的红烧肉啊？奶奶就去给你做。【说着就要起来】

小刚父亲：【急忙上前扶住奶奶】您就别下床了。这个不争气的孩子，还给他做什么红烧肉！小刚，你看不见你奶奶生病了吗？你还玩什么手机！

小刚：啊？奶奶，您怎么生病了，吃没吃药啊？【嘴上说着，手上仍然摆弄着手机】

小刚奶奶：我没事，吃过药了，就是想你了。

小刚：【头都没抬】行行，奶奶我今天陪你啊！

小刚父亲：【看见小刚无所谓的样子，终于忍不住上去给了小刚一巴掌】你这孩子，怎么这么不懂事呢！你看不见你奶奶都什么样子了吗？她连病着都想着去给你做红烧肉，你还有什么脸在这里玩手机！手机比你的亲人还要重要吗？你奶奶平时最疼你了，自己舍不得吃，舍不得穿，把攒下的钱都偷偷给你。你怎么就不知道感恩呢？你想想你平时来你奶奶这儿，不是看手机就是玩游戏，这是你应该做的吗？

小刚：【回想起之前来奶奶家，奶奶总是笑呵呵地给他做好吃的，偷偷给他塞钱。

自己在打游戏的时候,奶奶就在旁边看着自己。他羞愧地低下了头,放下了手机】爸,我……奶奶对不起,我不应该那样对您,我不应该沉迷于网络游戏,不应该去网吧。我以后一定改过自新,戒掉手机,戒掉游戏。爸,对不起,请你相信我好吗?

小刚奶奶:好,奶奶相信你,好孩子。

旁白:后来小刚真的戒掉了网络游戏。奶奶的病出现了好转。小刚的学习成绩也直线上升。他们过上了幸福的生活!

辅导员说:

网络是虚幻而无限的,青春是真实而短暂的。

业精于勤荒于嬉;改掉坏习惯,开始可能很难;但只要不断努力,不管看上去多难,总会变得容易。

我们必须努力坚持提高自制力和"鞭策"自己的能力,去战胜天生的"惰性"和"玩性",坚持做好应做之事。

正确认识自己

编剧:刘嘉琪

角色:小 L、乔琳、小张、邹老师、小 L 父亲

场景一:图书馆

【炎热的天气伴随着暑假一同前来。期末考试大部分已经结束,许多同学已经返回家中,小 L 独自坐在图书馆中,看着面前的学习资料出神】

乔琳:【来到图书馆,看见小 L,轻轻地拍了小 L 的肩膀】小 L,又在一个人复习啊?这么卷可不是好事啊,你个卷王!

小 L:【紧蹙的眉间松开了一些】不复习的话,我会挂科的,为了更好的未来,我这也是迫不得已啊!

乔琳:【指了指走进来的图书管理员,拉起了小 L 的手】走,出去说。

【走到图书馆外,阳光有些刺眼】

乔琳:【长舒了一口气】还好出来得快,我跟你说,那个老师很难搞的……

小 L:总归是严格一点比较好,毕竟图书馆是学习的地方,那个老师也只是在履行自己的责任罢了。

乔琳:【拿出了一根棒棒糖】你这个人哪都好,就是太死板了。吃颗糖?

小 L:【摇了摇头】算了吧,我不是很喜欢甜食。没事情的话我就回去复习了,过两天还有期末考试,我要好好调整自己。

乔琳:【无奈地摇了摇头,拿了一颗糖放进 L 的兜里】算了算了,你去吧。别逼自

己太紧，生活的苦总归是要吃一些甜食来中和的。没有人是完美的，好好做自己就好。

场景二：寝室

【寝室里，两名同学早已收拾行李离开，只剩下小L和另一个室友小张。深夜，寝室早已熄灯，小L的床铺却隐隐传来亮光】

小张：【揉了揉眼睛，看见床铺下的小L在拿笔一点一点地扎自己的大腿】小L，兄弟，你在干什么？冷静点啊！

【小张跳下床，一把抢过小L手中的笔，拼命地摇晃着小L】

小张：小L，你清醒一点，你这是怎么了，别吓我啊！

小L：【揉了揉发胀的太阳穴】没事没事，我就是有点累了，想清醒一下。打扰你睡觉了。

小张：我知道你爱学习，兄弟，但你也不能这样搞啊！身体是革命的本钱，听我的，早些休息！台灯我没收了，明天早上还给你。赶快睡觉！

小L：【拿出药瓶】好了好了，我这就睡觉，麻烦你了。

小张：都是一个寝室的兄弟，谢啥，好好休息！

【小张感到奇怪，因为小L身体并没有什么疾病。他趁小L睡着的时候，拿起了小L的药瓶，上面赫然写着三个大字"安眠药"】

场景三：办公室

【咚咚咚】

小张：报告！

邹老师：请进！是小张啊，你有什么事吗？

小张：老师，是这样的，我昨晚发现……【小张将昨晚发生的事讲述给邹老师】

邹老师：这件事情很严重，感谢你小张。这样，你这两天先陪着小L，我和小L的家长联系一下。

小张：好的，老师，那我就先走了！

【小张走后，邹导员找到了小L家长的联系方式，拨通了小L父亲的电话】

邹老师：喂，您好，是小L父亲吗？我是小L的导员。

小L父亲：是的，是的，是导员啊，我经常在小L口中听到您。是我家小L出什么事了吗？

邹老师：是的，小L父亲，这些天小L出现了严重的焦虑，甚至做出了自残行为，还服用安眠药，这些你都知道吗？

小L父亲：【咽了一大口口水】我不清楚啊邹导员，小L他从来没和我们说过这些事。小L这个孩子很好的，很优秀的，他从小学开始就是班级前几名……

邹老师：【打断了小L父亲的话】小L父亲，稍等下，我觉得我找到小L的问题所在了。你们是不是逼他太紧了？小L从入学开始，在公共场合讲话就很紧张，甚至有时候出现磕巴的状况，这是典型的自卑。你们的教育方式有问题，有时候，总得让孩子喘口气，您说对吧？

小L父亲：【长叹了一口气】我知道了邹老师，以前是我们不对，但是现在该怎么办啊？邹老师，你一定要帮帮孩子啊！

邹老师：放心吧小L父亲，这件事情我一定会重视的。不过小L在家里的时候，一定不要逼得太紧，这会对孩子造成严重的心理问题。

小L父亲：我懂了老师，我们一定全力配合老师。

场景四：寝室

【考试结束后的第一天，小张在忙着收拾行李回家，而小L却坐在椅子上，望着自己的行李，隐隐地冒出手汗】

【咚咚咚】

小张：【打开门】邹老师！您怎么来了，快请进！

邹老师：【望着小L】啊，我来看看你们。怎么样，考试考得还好吗？

小张：无论如何都考完了，剩下的，还希望老师判卷的时候手下留情。

邹老师：小L，你呢？

小L：【摇了摇头】不是很理想。有些东西明明记得，一进考场却全都忘了。

邹老师：小L，你听我说，你的事情我已经听说了。这不是你的错，不要有压力。未来是光明的，不要逼自己太紧。没有人是一出生就不会犯错的，要接受不完美的自己。老师送你几本书，【拿出几本书递给小L】你可以用这些来放空自己。

小L：可是老师，我一直是第一，我不希望从那个地方下来，下来的话就不完美了！

邹老师：小L，人一定要学会接受自己的不完美。你的课程成绩是很好，但是学习的路上不会一帆风顺，要勇敢且积极地面对失败，在失败中客观分析原因，理性认知世界。感受团队协作的价值和意义，感受团队成员彼此的鼓励，以及相互学习带来的乐趣与温暖，这些才是生活的意义。你身边也有很多朋友啊，像小张和乔琳，他们都在关心你。相信老师，坦坦荡荡做好自己，面对明天，比什么都重要！

小L：老师，我懂了，我会学会的。相信我老师，我一定能做到！

旁白：小张和小L纷纷踏上了返乡的旅程，在老师、同学和家长的多重帮助下，小L逐渐地解开了自己的心结，成绩稳步提升，也交到更多的朋友，向着自己的梦想大步迈去。

辅导员说：

要学会平静地接受现实，学会接受，顺其自然，学会坦然地面对厄运，学会积极地看待人生，学会凡事都往好处想。只有这样，阳光才会照进心里，心中才能充满灿烂的阳光。

只要是人就不会是完美的，就会犯错误，就会有无数次跌倒的可能。要勇于接受自己的不完美，认清自己不足的地方，接受自己的失败面，这是一种成熟，更是一种睿智。

自我

编剧：仇雪、刘嘉微

角色：小小、室友1、辅导员、任课老师、

场景一：寝室

小小：【失落】我不想继续学习了，想去打工。

室友1：啊！为什么呀？你是遇到什么事了吗？有什么事可以和我们说的，你别那么冲动呀。

小小：我家里出了些事，这几天我心情很不好，读书也没有状态，与其在学校浪费时间，我还不如外出打工赚点钱给家里减轻负担。

室友1：有困难我们可以帮助你。如果你家里有经济紧张这种问题，我们可以帮你和辅导员说说，没事的。

【小小出了宿舍门】

场景二：教室

【正在上数学课，小小一直盯着窗外，心不在焉】

任课老师：小小同学，请你起来回答这个问题。

小小：我不知道，老师我有些没听清您刚刚说的那几个问题。

任课老师：小小，我记得你以前上课很认真的，可是这几天我已经不是第一次发现你走神了。这次点名让你回答问题，就是提醒你不要在上课的时候发呆出神了。

小小：好的，老师，我知道了。

【课后，任课老师将小小的情况告诉了辅导员】

场景三：办公室

【辅导员在办公室，这时候听到敲门声】

辅导员：请进。

小小：听说您有事找我。

辅导员：你来了小小。这几天你的室友、任课老师都向我反映你的情况，你是遇到什么事了吗？

【小小哭了起来】

辅导员：怎么了？怎么哭了呀？

小小：老师，我觉得好痛苦。我不优秀，个子不高，外貌一般，穿的衣服都很朴素，表现得文文静静、性格内向。我平时学习较努力，成绩中等，与大家相处随和、谦让。同学们都说，我近一个月来整日表现得沉默寡言，经常独自叹息，回避班级集体活动。近三四天，我经常独自流泪、发呆，夜间睡眠差，常不去教室上课。我把以往向同学借的东西都还了回去，从图书馆借的书也都还掉了，连食堂的饭卡也要去退，不想再在学校继续待下去了。

辅导员：没事哦，没事，你慢慢说。

【辅导员擦去小小的眼泪】

小小：我来自农村，家庭经济比较紧张，生活困难。一个月前我突然知道妈妈打工时晕倒，之后送往医院检查，发现是突发性脑溢血。经过紧急救治都没用，妈妈还是在四天前去世了。我从小随父母生活，性格温和，非常听父母的话，与妈妈关系很好。妈妈去世后，我后悔自责，意志消沉，情绪消极，痛苦无助，不知所措。老师，我真的好痛苦啊。

辅导员：没事的，没事的哦。你可以继续说，我有在听。你现在最好不要过分沉浸在悲伤中，这会非常影响你的生活状态。人死不能复生，我们承载着生的希望，可以在这片充满生机的土地上走出一条精彩的轨迹，你要学会向前看。

小小：真的吗？

辅导员：对的，正是因为我们不知道意外和明天哪一个先到来，所以我们才要好好珍惜当下，以凡人之躯，走出自己的风采。

小小：我知道了，谢谢老师。

旁白：小小听了辅导员的话，重拾信心，生活也逐渐变好了。

辅导员说：

不要因为错过白天的太阳，而伤心过度，又错过夜里的繁星。

要把平凡的生命过得充实、有意义，这样的人生就再也不平凡，便从平凡变得不平凡。因为，我们的存在使世界多了一份精彩，多了一份精彩使命。人生的价值自然会在无限的选择与付出中得到最大限度的彰显，从而使平凡的人生变得不再平凡。

我们是一家人

编剧：刘嘉琪

角色：班长、小 L、张导员、小 L 父亲、小 L 母亲、王书记

场景一：寝室

【正值返校时期，班长在寝室统计本班级返校人数，发现小 L 已经超过预期返校时间，准备打电话联系】

班长：【有些担心地用手指骨节敲打着桌子】这个小 L 也真是的，都过去这么多天了，真让人担心。

【嘟嘟嘟……电话通了】

小 L：能不能别催了，我会还的，我一定会还的！

班长：小 L 你在说什么？我是你班长啊。

小 L：班……班长啊。没事，我以为是别人呢。有什么事吗？

班长：是这样的，我看你填写的返校时间已经过了，我就打电话来问一下。你是出现什么状况了所以无法返校吗？

小 L：【有些吞吞吐吐】不是的班长，我是因为……因为航班延误了。对！是因为航班延误了所以才回去晚了。

班长：好的，好的，没出意外就好。方便给我你的具体返校时间吗？我得去上报一下。

【电话那头突然沉默，紧接着传来"嘟嘟嘟"的掉线声音】

班长：【着急地重新拨打小 L 的电话】关机了？该死的，小 L 不能出什么事情吧！不行，我要去找导员。

【班长穿上外套向导员办公室跑去】

场景二：办公室

【"咚咚咚"，办公室的门被敲响，没等张导员喊"请进"，班长就焦急地冲进了办公室】

班长：【气喘吁吁】导员，不好了！

张导员：【轻轻地拍着班长的后背】怎么了？不着急，慢慢讲。是出什么重要的事了吗？

班长：【吞了一大口唾沫】导员，小 L 没有按时返校，我在联系他的时候，他把我当成了催债的人。我们刚说了两句那边就掉线了，我再给他打的时候他就关机了。怎么办啊老师？小 L 他不会出什么事吧？

张导员：【紧紧蹙着眉】你先别急，我来联系他父母。小L是个好孩子，不会有事的。

【说罢，张导员找到小L父亲的联系方式，拨打了过去】

小L父亲：喂，您好。请问您是？

张导员：小L父亲，我是小L的导员。是这样的，小L没有按时返校，班干部在联系他的时候被当成了催债人员。我想请问一下您或者小L妈妈是否知道小L的具体位置。

小L父亲：老师，我不知道啊，我和他母亲离婚了。稍等，稍等，我去联系他母亲。我家小L平时很乖的，不会有事的，不会……

张导员：小L父亲，您先冷静。这样，您先联系小L母亲，我去向领导汇报，无论如何，我们一定会找到小L。

场景三：学校大门口

【风尘仆仆的小L父母赶到学校。小L母亲一把抓住在学校大门口等待的张导员】

小L母亲：【攥住张导员的手】张老师，我们家小L平时很乖的，他不可能就这样一声不出地就走了啊，不会的啊老师。

【小L母亲哭泣，转头看向小L父亲】

小L母亲：都怪你，成天不着家，不在乎我和孩子，离婚后不管小L，孩子心里能没有问题嘛！

【小L父亲张了张嘴，并没有辩解什么】

张导员：【轻拍小L母亲的背】事情既然已经变成这个样子了，当务之急是寻找小L。小L的同学们和学校保卫处的老师们已经去找了，咱们也一同寻找吧。至于孩子的心理问题，等以后来慢慢疏导吧！

【众人寻找了三个多小时，无果，最终选择报警。民警通过查找身份证登记信息，找到了L同学的入住宾馆】

场景四：办公室

班长：小L，你先别进去，我和你说点事。

小L：【有些忸怩地看着班长】班长，你说吧。我知道这件事是我不对，让你们操心了，你怎么说我都行。

班长：【拍了拍小L的肩膀】瞎想什么呢，我是来劝你的。这件事情本身就不能全怪你，不合理的家庭因素、很多外界因素影响着你。别自己整天瞎想，不要那么悲观。

【小L有些激动，感激地看着班长，之后便敲响了办公室的门】

小L：报告！

张导员：请进。

【张导员放下手中的笔，抬起头笑着看着面前的小L】

张导员：小L来了啊，坐。

【张导员去饮水机旁用纸杯接了一杯水，递给小L】

张导员：小L啊，这件事的始末我已经知道大概了。不管怎样，遇到困难时，家人和学校的老师都会支持你、帮助你，愿意与你共同分析问题、化解矛盾。我们是你永远的后盾。这个世界上如果连我们都不值得相信，还能相信谁呢？你说对吗？

小L：【小L眼里隐约泛起泪花，不停地用手背擦拭眼泪】不，老师，这件事都怪我，我不应该去借那些无良贷款，我真的知道错了……【小L泣不成声】

张导员：【递给小L几张面巾纸】你是一个好孩子，身边的同学和老师都非常认可你，这一点是毋庸置疑的。老师之前的学生也遇到过你这种情况。她啊，是从山区来的，家里很困难。后来老师替她申请了助学贷款，她也在大家的帮助下成功地毕业，实现了自己的梦想。家庭不幸不是你造成的，你的一些悲观夸大的想法是不合理的。有些东西我们无法改变，但有些东西我们必须去努力改变。明天终究是美好的不是吗？这件事情学校会为你做好保密工作，不会影响你以后的学习和生活，你的未来仍然充满光明。

小L：【看着老师的笑脸坚定地点了点头】老师，我一定会改正自己的问题，让你看到一个阳光认真的小L。

旁白：小L带着阳光饱满的精神状态回到了学校。在老师和同学们的陪伴、关心下，小L以更好的状态度过了自己的大学时光。

辅导员说：

遇到突发事件，要冷静，要思考，要三思而后行，做事之前要为自己考虑，为别人考虑，更要为我们的父母考虑。

要学会运用法律武器保护自己，遇到困难积极向老师、同学和家人求助，不要逃避，更不要焦虑。

要全面而辩证地看待问题，不断在问题中反思自己，不断改正自己的缺陷，提高问题解决能力。

生如夏花绽放

编剧：刘微、马文慧

角色：可同学、辅导员、新室友

场景一：寝室

【落日余晖洒在校园，将人的影子拉得格外地长。可同学一个人上课，一个人吃饭，一个人去图书馆，总是形单影只、情绪低落的样子。宿舍里，可同学四下找不到晾衣杆，突然情绪失控】

可同学：【大声喊道】我晾衣服的竿子呢！【瘫坐在地上双目呆滞】

场景二：办公室

可同学：【哭着跑到辅导员办公室，大喊大叫】我宿舍的晾衣竿不见了，肯定有人故意拿走了！我今天必须找出她，让她和她的辅导员一起给我道歉！【边说边大口大口地喘着粗气】

【辅导员先是一愣，反应过来后，搀扶她坐到沙发上，连连安慰她并答应一定会帮忙解决】

旁白：辅导员自这件事后，开始着重关注可同学的课堂状态、宿舍情况以及校园生活，并且经常找她聊天。

场景三：办公室

辅导员：【在办公室打电话给可同学】可同学，你今天有没有空呀？空余时间可以来办公室学习或者找我聊天。

旁白：可同学平时很少得到同学、老师和家人的关心，都是她一个人独来独往，所以很开心地答应了。从那之后，辅导员办公室成了可同学每天最经常出现的地方。随着相处，辅导员发现她是一个渴望友情与信任的人。刚好下个学期重新分配宿舍，辅导员想到可以让可同学和自己本年级的同学住在一起，便找了几个非常活泼开朗、乐于助人的同学与可同学同住。辅导员还私下联络每一位同学，推荐可同学当寝室长。

场景四：寝室

【当可同学来到新宿舍，大家都开心地和她打招呼，帮她抬行李。大家互相自我介绍，并说："有什么困难随时找我帮忙"。大家一起出去吃饭，一起打游戏，一起在宿舍聊天，一起去上课】

【到了推选寝室长的那一天，大家异口同声地推荐可同学。可同学震惊之余十分开心，她从未想过有一天会有这么多人关心她，照顾她的情绪并且温暖她，她也深知这些都是辅导员在背后默默地关心她】

辅导员说：

在大学生活中，大学生的人际交往能力培养和提高是引导学生全面发展的重要教育内容之一。针对此类问题，辅导员要在解决矛盾的过程中分析学生个人问题产生的原因，包括家庭基本状况、学生个人经历等。辅导员要与学生和家长分别交流，通过交流找出问题的主要原因，再加以有针对性的疏导和正向引导。

小美的蜕变

编剧：于晓曦

角色：小美、苏蓉蓉、方莹、孟红雨、任课老师、刘老师、学委、班干部们

场景一：教室

【"咔嚓"，玻璃碎裂的声音把大家都吓了一跳】

小美：【开始默默流泪】

苏蓉蓉：怎么了？没事吧，划到手了吗？【拉起小美的手查看】

方莹：哭啥呀，一个杯子而已嘛，碎了再买一个就好了。【拍了拍小美的肩】

孟红雨：对呀，再买个更喜欢、更好看的，别哭啦。【摸了摸小美的头】

小美：【越哭越伤心，失控地大哭起来】

场景二：办公室

【看见小美哭成那个样子，任课老师把小美送到了辅导员办公室】

刘老师：【关心】刚刚的情况任课老师都跟我说过了。发生什么事了吗？跟老师说一说，老师会帮助你的。

小美：【情绪逐渐平复】老师，其实没什么事，就是我觉得很委屈，心里很难过。

刘老师：怎么会突然这么想呢？

小美：我家里只有我一个孩子，从小到大，爸爸妈妈对我的期望都很高，我也一直都在好好努力，从来没有让他们失望过。家里人都说我懂事，说我以后一定会有出息，我自己也很满意能让家里人对我满意。【面露骄傲喜悦之情】但是，一切在高中的时候都变了。【低头露出难过的表情】

刘老师：【疑惑】高中的时候发生什么事了吗？

小美：刚上高中的时候我成绩还很好，直到我高二的时候生了一场病，迫不得已办理了休学。虽然我休学在家，但是我也没有放弃我的学业，我和同学们借笔记，努力跟上课程进度，但是天不遂人愿，复学后我还是跟大家拉开了距离。最后高考的时候，成绩很不理想。

刘老师：这也是没有办法的事情，不要把所有的事情都揽在自己的身上，这也不是你的错。【试图安慰小美】

小美：可是这是事实，我感觉自己好没用，既对不起自己这么多年的寒窗苦读，又对不起父母，对不起父母对我的宠爱。虽然休学在家的时候已经很努力地在跟上大家的脚步了，但是我的努力是没有用、没有意义的。【说到这

里，又难过得眼泪在眼里打转】

刘老师：你已经很棒了，也很贴心，很能为家里着想，是个懂事的好孩子。为人父母最希望的不是孩子多么有出息，而是孩子平安、健康、快乐，所以呀，不要给自己太大的压力。不要觉得高考没有考好人生就一片灰暗，不是这样的。高考虽然重要，但也只是人生的一个节点而已，你的人生才刚刚开始，不要被一次高考就定义下来。现在的你也很棒，要对自己有信心。老师和同学们都对你很有信心，很以你为骄傲。【拍了拍小美的肩膀】

小美：【若有所思地点了点头】

场景三：校园一角

刘老师：我们班的小美同学情绪不太好，大家要多对她进行关心，多对她进行鼓励支持，帮助她树立信心，激发她对生活的热爱之情。

班干部们：收到。

【说着，小美向所在班级的学习委员发送了一条微信】

小美：学委，这是这周的作业，已经打包发给你了。

学委：太好了，你是咱班交得最快的啦，效率真高！

场景四：教室

刘老师：我们班这次班会主要是总结这一学期大家的活动比赛参与及情况获奖情况。这里重点表扬小美同学，她很积极地参加各项活动，她的成绩与进步大家都看在眼里，让我们一起为她鼓掌。

【鼓掌声】

小美：谢谢大家。【扬起微笑】

旁白：慢慢地，随着时间的流逝，小美变得更自信了，大家时常能在她的脸上看到绽开的笑颜。她说她已经对过去的一切都释怀了，用全新的自己来迎接生活，不畏过去，不惧将来。

辅导员说：

不要轻易地否定自己，不要因为一点瑕疵而放弃一段坚持，即使没有人为你鼓掌，也要优雅地谢幕。

不要因为考试而影响个人的发展。机会是均等的，只要肯努力，做好规划，你的人生定将绚丽多彩。

不畏将来、不念过往是一种勇气。大学生要活在当下，不断追求清晰而实际的奋斗目标。

跨越心灵的鸿沟

编剧：安心蕊、孙雨齐、刘怡霏

角色：小马、小文、小慧、小黄、小王、张老师

场景一：寝室

【午饭后，大家都在寝室里闲聊】

小马：完喽，这次奖学金我是没机会了，我专业课竟然都挂了……【轻叹了一口气】

小文：我也没机会，我德育分肯定不够。这就是平时表现不积极的后果啊！

小慧：能不能学学我？我已经看淡了，这个奖学金我就没得到过。【无所谓地耸耸肩】

小黄：【看了看自己的奖学金到账通知，默不作声】

小王：【敲门而入】听班长说小黄得到奖学金了！

小马、小文、小慧：【惊讶地回头看小黄】

小黄：是……【尴尬地摸了摸头】

小马：啊！为什么？奖学金不是我的却又近在咫尺！【仰头哀号】

小文：为了安慰我们受伤的心灵，速速请客！

小黄：【有些犹豫但硬着头皮说】好吧，请大家吃丹川火锅，一直听你们说挺好吃的。

小慧：真的吗？太好了！想吃好久了，但是月底没钱了。还好有你，我亲爱的黄姐！【一把抱住小黄开心地说】

小黄：【尴尬地笑了笑】

场景二：教室

【小马是班级的文艺委员，这天，她将同学们集合到教室】

小马：本月月底我们学院准备开展"青春就一次"主题文艺会演，有兴趣的同学可以积极参与，踊跃报名。

小文：我想去耶，我觉得这种活动非常有意思。【开心地和旁边的人说】

小王：我也想去！那正好一起去啊！咱俩整个小合唱。

小慧：好啊，我特别喜欢唱歌。

小文：正好唱《闪耀》，我最近对这首歌非常上头。

小慧：我也喜欢这首歌！黄姐，一起一起！

小黄：我啊？我就算了，我不会唱歌，而且要在那么多人面前唱歌，太紧张了。
【一脸窘迫】

小王：别啊，一起呗，大家一起就不那么紧张了。

小黄：不了……我不喜欢这类活动，我还是不参加了。【摇头小声说】

【演出当天，看着在舞台上放声歌唱的大家，小黄感觉十分羡慕】

小黄：【自言自语道】我什么时候也能和大家一样自信啊……

场景三：办公室

【几个老师拿着大数据分析表，在讨论着】

张老师：学校食堂大数据显示，小黄每天在食堂吃饭，怎么每天都不超过20元钱？【满脸疑惑】

杜老师：确实，这孩子我有印象，我经常在食堂看见她，但她总是在吃馒头。

【张老师陷入了沉思】

旁白：张老师通过与小黄家里联系后了解到小黄出生在不发达地区，父亲、母亲均在家务农，收入甚微，平常没有特别收入来源。家中共有五口人，小黄是家中的长女，弟弟妹妹都在读书。奶奶已年过七旬，年迈多病，不便干重活。现家里多个子女上学，家庭无稳定经济来源维持学业费和生活费。

【了解情况后，张老师把小黄同寝室的小马叫到了办公室】

张老师：小马，你和小黄在一个寝室，你对她有什么了解吗？或者说你感觉她在平时有什么不对劲的吗？

小马：不瞒您说，老师，她总是一个人默默地学习，也不参与什么集体活动，我们平时也很少沟通。【思考了一会儿后开口】

张老师：【点了点头】好的，我了解了。你们做室友的，平时要多关心一下她，鼓励她参加一些活动。

小马：好的，老师。

场景四：教室外

【张老师匆匆地追上小黄】

张老师：小黄你等等我。【气喘吁吁】

小黄：老师，您这么着急，是找我有什么事情吗？

张老师：下周末学校需要义工去养老院进行文艺会演，慰问百岁老兵，你和小马一起去吧。【张老师拍了拍小黄的肩膀】

小黄：【后退一步，摇头，小声地说】老师，我不行，我不行的……

张老师：【语气坚定，按住小黄的肩膀看着她】没什么不行的。我说你可以，你就是可以的。老师相信你，回去好好准备吧。【温柔地拍了拍小黄的肩】

小黄：好吧，老师。【低头】

场景五：公园

【张老师和小黄并肩走着】

张老师：怎么样，对刚才的过程感觉如何？

小黄：非常紧张，这是我第一次上台演出……

张老师：你做到了，小黄，自信点，你的歌曲让很多人为你鼓掌。其实人生就像今天的演出一样，你不去尝试，永远不知道会发生什么，只有去做你才知道结果如何。生活可能并不完美，但你坚强、乐观、努力、勇敢却能让它熠熠生辉。跨过心里的沟，才能逾越眼前的河。可能你觉得你的人生中有裂缝，可那正是光照进来的地方。【张老师抱了抱小黄】孩子，你有什么困难都可以和老师说，老师会尽自己所能帮你。加油，老师相信你。

【小黄感激地点了点头】

旁白：后来的小黄踊跃地参加各类活动，积极和同学们交往，既在各个比赛中取得优异成绩，也收获了友情，还重拾了信心，成为闪闪发光的自己。

辅导员说：

即使你起初没有成功，也不要绝望。因为如果你从不尝试，你就永远不会知道你是否可以成功。

勇敢去尝试，即使犯一些错误也值得。每一次成功都经历过失败的洗礼，每一次失败都会送你走上成功的殿堂。

教师要积极鼓励和引导有自卑心理的学生参加集体活动，充分发挥朋辈帮扶的优势，为他们营造良好的成长环境。

拒绝摆烂

编剧：安心蕊

角色：小黄、小黄爸爸、小黄妈妈、小黄男朋友、小刘、小王、小赵、张总、邓警官

场景一：校内

旁白：小黄是一名免费师范生，进入大学后受多种社会因素影响逐渐迷失自我。父母对其关心不够，男友也没能带领小黄同学及时改正错误。

小刘：小黄最近还在忙她的微商工作吗？马上期中测试了，也不见她和咱们去图书馆。

小王：谁知道。最近她回来得都特别晚，我已经三天没有见过她了。

小赵：嗐，我们的"黄老板"事业蒸蒸日上，恐怕忘了期中测试这件事了吧。

小黄：【打开宿舍门，拿着一个很精致的蛋糕】哈喽姐妹们，我回来啦。今天我又"小赚"了一笔，请大家吃蛋糕。

小刘：亲爱的，恭喜你事业蒸蒸日上，可你是不是忘了下周期中测试？

小赵：【一脸愁苦】我们专业这次可没有开卷考试。

小刘：我已经预感到我要挂科了。

小黄：那又怎样？我是免费师范生，只需要及格，毕业后自然有很多学校抢着要我。

小刘、小王、小赵：【异口同声】祝你好运。

小黄男友：【打来电话】宝贝，我已经接到叔叔阿姨了，现在去学校接你一起去吃饭吧。

小黄：好的，我收拾一下就出来。

小刘：叔叔阿姨来看你啦？真幸福哦。

小黄：【拍着粉饼】幸福？一般般喽，他们来肯定有事，不然怎么可能突然来见我。

小赵：不会吧？叔叔阿姨肯定是想你了才来看你，别身在福中不知福啦。我这个外地人，爸妈想来看我，连机票都是一笔巨大开支。

小黄：幸福？这福气给你你要不要？他们无非会说那么几句话，"好好学习啊。可就靠你了。你可得有出息啊。"从小听到大，听都听腻了。好了好了，你们记得吃蛋糕，我走了。

【其余三人看着蛋糕默不作声】

场景二：校外宾馆

小黄爸爸：闺女，你也知道咱家的情况，所以这个钱……

小黄：【眼神冷漠】呵呵，钱钱钱，你们来看我就是为了钱，我早就该想到。

小黄妈妈：你这是什么态度？我们供你上大学，你回报我们点是应该的。

小黄：收起你那些冠冕堂皇的话吧。你们直说，这次需要多少钱？

小黄爸爸：不多，我一共欠了 30 万元，我和你妈手里还有十多万元，你再给我拿 15 万元吧。

小黄：15 万元？你是要我去抢银行吗？

小黄爸爸：【伸手作势要打小黄】

小黄：来来来，打死我！【声嘶力竭地喊】

小黄男友：【敲门而入】叔叔阿姨，别生气，咱们先出去吃饭，有什么事情回来再说。

小黄妈妈：走吧老头子，先去吃饭。

小黄爸爸：【一脸怒气对小黄说】咱们去吃饭，你留在这儿好好反思。

【小黄爸爸手机响了，是小黄妹妹打来的电话。小黄爸爸和小黄妈妈为了安抚妹妹便离开了房间，回来后发现小黄已经不见了】

场景三：派出所

小黄男友：您好，我要报警，我女朋友失踪了。

邓警官：具体怎么回事，你仔细说一下。

旁白：小黄男友仔细向警方讲述了事情的前因后果，警方立刻对酒店监控开启排查，发现小黄已经回到宾馆内。警方对黄氏夫妇及小黄男友进行批评教育后，三人认识到自己的错误。在此事件发生后，辅导员与小黄的家长进行了沟通，要求家长及时关心小黄，不要将生活的压力全部转移到小黄身上，同时也叮嘱小黄的舍友要密切关注小黄的心理动态，如果有异常情况，要及时上报给辅导员。辅导员跟该同学进行定期谈话，帮助她建立信心，引导该生正确看待原生家庭。在学校、家人的多方努力下，小黄恢复了健康。

辅导员说：

学生在学习和生活中要始终保持清醒的头脑，以学业为重。面对家庭带来的压力，要学会合理释放并做好沟通，积极向老师和同学寻求帮助。

解决实际问题是心理健康教育的重点。我们要尊重学生的原生家庭，合理运用各种教育方法，着重培养学生解决问题的能力，提升学生的心理素质。

生命诚可贵

编剧：安心蕊

角色：小赵、小赵爷爷、小赵父亲、小赵继母、小赵母亲、小赵奶奶、辅导员、小丽、小于

场景一：家中

小赵：爷爷，我回来了。

小赵爷爷：诶，宝儿回来了啊。

小赵：奶奶呢？

小赵爷爷：奶奶去买菜了，要给你做红烧肉。

小赵：我最喜欢吃奶奶做的红烧肉了。

小赵父亲：【瞥了一眼客厅】回来了啊。

小赵：【突然起身】嗯啊，爸。

【饭桌上】

小赵继母：趁大家都在，我说点事。

小赵父亲：吃完饭再说不行吗？

小赵继母：怎么，吃饭还不能说话了啊？

小赵父亲：非得现在说吗，等一会儿怎么了？消停吃个饭。

小赵爷爷：【敲桌子并咳嗽】吵什么！有事就说。

小赵继母：是这样的。爸妈，小赵现在也上大学了，有必要让孩子认识她母亲了。您二位年纪也大了，我们俩养你们已经是一笔不小的开支了，现在小赵学费也不少，我看就让孩子认回母亲吧。

小赵：【默默地离开了饭桌】

小赵奶奶：嗐，我可怜的孩子。

场景二：餐厅

小赵继母：今天也没有外人，孩子啊，这位是你生母。姐，这就是小赵。【先后指了指小赵妈妈和小赵】

小赵：【手足无措地看着陌生女人】

小赵继母：【喜笑颜开】孩子，叫妈。

小赵：【站起来，扣着手，犹犹豫豫地不知道如何开口】

小赵妈妈：孩子不要紧张，你先坐下。各位，我知道今天各位的用意，不只是让我认回这个孩子。我也不拐弯抹角了，孩子我可以认，但我现在已经有了新的家庭，我并没有能力去赡养孩子，也不能将孩子接回身边。这卡里有5万块钱，就当作是我给孩子的见面礼和赔罪了。

小赵：妈，不，阿姨，我不需要您对我这种所谓的愧疚感。母女一场，祝您幸福吧。

小赵继母：什么？你这个闺女和你一样，榆木脑袋，白白的5万块钱没了。

小赵父亲：别说了，你没看见孩子多难过吗？你看你干的好事。

小赵继母：我还不是为了你们家，你跟我吵什么。

【小赵奶奶听着两人的争吵晕了过去】

【回家后，小赵留下一封信就离开了。信的内容：爸，小妈，我决定搬出去了。我可以一直在学校住，学费我会自己想办法。小妈，你也别生气了，给您添麻烦了。爸，你照顾好爷爷和奶奶。爷爷奶奶保重身体，我有时间就回来看你们】

场景三：学校

【寒假期间，同学们都离开了学校，只有小赵一个人留在寝室】

【开学后】

小丽：怎么这么大酒味儿？

小于：我也闻到了。

【两人推开门，看见小赵一人坐在地上，周围都是酒瓶子】

小丽：我的天，小赵，你这是喝了多少啊！

小于：宝儿，你怎么了？

小赵：不用管我。没有人在意我，让我喝死算了。我死了，皆大欢喜。

【小丽和小于商量后联系了辅导员，辅导员了解情况后联系了小赵】

辅导员：小赵，我知道你遇见了很不幸的事情，但生命是宝贵的，你不能放弃生命。只有珍惜生命你才有机会逆天改命。哪怕有再多的不如意，你也要相信你有机会去改变。世界或许不是最好的世界，但你有机会成为最好的你。

旁白：在该事件发生后，辅导员与小赵的家长进行了沟通，要求家长多关心小赵，给予孩子勇气和信心。辅导员也要求小赵同寝室的同学多关注小赵的心理健康。在学校、家人的多方努力下，小赵走出了阴影，并且决定和寝室同学一起备考研究生考试。

辅导员说：

大学生对待家庭问题要保持清醒，学会利用沟通来缓解压力和焦虑。

生命只有一次，要懂得生命的珍贵，用自己有限的生命去做一些有意义的事。

学校要不断完善学生心理疏导和沟通渠道，创新方式方法，全面促进大学生心理健康成长。

盲目的虚荣

编剧：安心蕊

角色：琪琪、刘雨、小杜、小乐、吉老师、辅导员

场景一：教室

琪琪：美好的一天从早八结束。

刘雨：别感慨早八了，美好的一天应该从随堂测试结束。

小杜：什么？今天有随堂测试？

刘雨：别惊讶，今天周四，吉老师每周一测来喽。

【小乐大摇大摆地走进教室】

琪琪：小乐，你怎么这么开心？你昨天复习了啊？

小乐：复习？复习什么？

小杜：今天吉老师随堂测试。

小乐：随堂测试？小事。流星雨，你一会儿借我看看。

刘雨：我叫刘雨，不叫流星雨。【白眼】

小乐：【嘿嘿一笑】差不多，别介意。肚子，你也借我看看。

小杜：你才是肚子！

小乐：开个玩笑，怎么还生气了。

【吉老师走了进来】

吉老师：同学们把书收起来，我们进行随堂测试。

【测试过程中小杜和刘雨把试卷挡了起来】

【半小时后】

吉老师：看来大家回去都有复习，总体情况还不错，不过有一位同学还真是让我"刮目相看"。小乐同学，你的试卷整体"画风"真不错，可惜我这门课是理论性课程，没有绘画需求。只知道把自己打扮得光鲜亮丽呢？怎么不知道让成绩也光鲜艳丽呢？下课来我办公室一趟。

【同学们努力憋笑】

场景二：寝室

小乐：啊——老师说我下次随堂测试再不及格，就算我平时成绩不合格！

小杜：所以你打算怎么办？

小乐：当然是好好学习，天天学习！

琪琪：现在复习也来得及。班级群都有学委总结的笔记，你按照那个复习就行。

小乐：好的！我下次一定考班级最高分！

【小乐拿起手机】

刘雨：你怎么还在玩手机？

小乐：我得先买点"武器"，兵马未动粮草先行嘛！先买点笔记本、荧光笔。哦，对，还得买咖啡，我得好好学习。

【三人沉默】

【一周后】

小乐：我的成绩怎么还不合格！

琪琪：因为你并没有学习。

小乐：我怎么没学习？

刘雨：你的学习都放在"粮草"上了。笔记你没看，图书馆你一次没去，上课也躲在后面看小说，你学什么了？

小乐：哼，不就是挂科，无所谓。我又不是靠着这点分活着。为了安慰自己，我决定送给自己一支口红。

【三人无语】

小乐：【嘿嘿一笑】我的资产都用在"粮草"上了，谁能借我点钱？

小杜：没钱。

刘雨：真没钱。

琪琪：别看我，我的钱都买辅导资料了，就剩伙食费了。而且，上个月的钱你还没还我。

小乐：行了，借点钱真费劲。还还还，还你不就完事了吗？

【小乐拿起手机给爸爸打电话】

小乐：爸，给我打五千块钱，学校要交资料费。

小乐爸爸：怎么又要钱，一周前不是给你打三千块钱了吗？

小乐：都说了学校要，赶紧打给我，不然这个学我可念不下去了。【挂断了电话】

【五分钟后，支付宝到账：五千元。备注：孩子，我跟你爸这个月就剩下三百元了，你可得省着点花】

小乐：琪琪，钱还你，我要去买衣服喽！

【三人看着小乐离开，默不作声】

场景三：办公室

小乐爸爸：老师，是我们教育失败。孩子现在成绩不好，可能影响毕业……老师，您再给她一次机会吧。

小乐妈妈：是啊老师，是我们不对。我和她爸常年在外打工，是孩子姥姥给她带大的，可能教育方面做得不对。老师您一定要帮帮孩子，可千万不能让孩子走弯路。

辅导员：小乐爸爸妈妈，你们别担心，学校不会放弃任何一个孩子，我们一定对孩子负责。

小乐爸爸和妈妈：谢谢老师了。

【辅导员找到各科老师及小乐的室友和朋友了解情况后找到小乐】

辅导员：小乐，老师知道你是一个自信的孩子，但这是远远不够的。一幢高楼能够屹立不倒，既需要搭建者的信心，也需要稳固的地基。台上一分钟，台下十年功，相比较实力来说，美貌并不值得一提。你是个聪明的孩子。你应该去和父母沟通，他们永远是你最大的底气；你需要和朋友交谈，他们是你最贴心的帮助。有问题也可以随时联系老师，老师相信你有能力去打造属于你的更好的未来。

小乐：【惭愧地低下头】老师，我知道了，我会努力改变的。

旁白：经过此次事件后，小乐不再将心思全部放在穿着打扮上，一改以往作风，上课开始认真听讲，不和老师作对。课下，她也及时和父母沟通。她走在了充满光的路上。

辅导员说：

虚荣心会毁掉一个人。大学生要不断丰富自己的思想内涵，做一个有涵养的人。要时刻保持良好的作风习惯，珍惜他人，尤其是父母的劳动成果，凭借自己的努力去追求更好的生活。

大学生要树立理性消费理念，做到量入为出，适度消费，拒绝过度消费。

找回自信的你

编剧：谌思靓、李妍、徐思佳

角色：小乔、莱莱、小郭、辅导员

场景一：食堂

小乔：阿姨，我要这个、这个，还有这个……【边说边指】哎呀，我都想吃，怎么办啊？我们买不一样的，然后换着吃吧？

莱莱：好啊。那我要这几个吧。小郭你呢，你有什么想吃的吗？那个看着也不错哦。【边说边指其中一个】

小郭：我再看看吧。我还没想好吃什么，你们先吃，不用管我。

莱莱：好吧。不过我强烈推荐你吃这个，很好吃。如果你夹别的，又想尝尝，可以来吃我的，我夹了。

小乔：小郭，你们先选吧，我先去占个座位。食堂人好多，不然一会儿没位置了，你们快点哦！

莱莱：嗯嗯，【点头】我还是跟你一起去吧。小郭你慢慢选，不然我在这边就什么都想吃。【挽着小乔】

【过了一会儿，小郭终于买完了，走过来】

莱莱：小郭，你买了什么啊？快来尝尝我们的，真的很好吃。我下次还要来吃。

小郭：我买了泡面拿回去吃。你们吃吧，我不想吃了。

小乔：啊？可是这真的很好吃。你尝尝嘛，这么多样一定有你喜欢的吧？你不尝一下怎么知道。

小郭：我不是觉得不好吃，我只是感觉这不是很干净。没事，我吃泡面就行。

小乔、莱莱：啊？【异口同声】

小乔：哎呀，饭菜哪里都一样的。没关系，放心吃。

莱莱：就是就是，而且我们都吃了，不也没事吗？

小郭：算了吧，我还是吃泡面吧。

场景二：竞选大会

【小郭紧张地看着精心准备了两天的竞选演讲稿】

小乔：不用紧张，我感觉你俩一定可以的，我在台下等你们凯旋。加油、加油、加油！【比了个加油的手势】

小郭、莱莱：【深呼吸】

莱莱：小郭加油，我们一定可以的。

【小郭和莱莱完成了演讲。莱莱超常发挥成功晋级，而小郭因过于紧张发生了一些失误，落选了】

莱莱：没关系的小郭，还有下次机会，这次的失败就是为了下次更好的成功。

小乔：就是，别难过了小郭。我们下次好好准备，然后一鸣惊人。

小郭：可是明明这次我也好好准备了，为什么这次就不行呢？为什么我一定要等下一次？

莱莱：哎呀，小郭你这样想就是钻牛角尖了。失败就失败了，这次失败就下次，一个小比赛而已，不重要的。【拍了拍小郭的肩膀】

小郭：对你来说当然不重要，毕竟你已经晋级了，你又不用等下一次，你当然无所谓。【甩开莱莱的手】

【后来二人将小郭拉回寝室，不断劝说和安慰，小郭终于稳定下来】

场景三：寝室

【一个月后】

莱莱：我洗完啦，小郭你也快去洗漱吧。

【小郭抽泣】

莱莱：啊，你怎么哭啦？

【莱莱低头，注意到小郭手里拿着利器，且她的左胳膊上已经有了划痕】

莱莱：你在干什么！【抢过利器】

小乔：怎么了？

莱莱：快给辅导员打电话！

小郭：我觉得我好失败啊……

【过了一会儿辅导员赶到寝室，并了解了情况】

辅导员：我觉得你应该试着多去融入集体，敞开心扉。

小郭：可是我害怕。

辅导员：大学是美好的，你有无限可能呀。不能丧失一次机会就放弃自己啊，还有很多舞台等着你呢！

小郭：真的会成功吗？我好害怕再次失败。

辅导员：孩子，没有任何努力是白费的，这次没用上，下次也会用上。你现在需要管的事不是成不成功，而是我做这个有没有学到什么，只要你学到了就是你的成功，你就大胆地去做吧。

小郭：【默默点头】嗯，我明白了，谢谢老师。

旁白：后来辅导员经常找小郭谈心，为小郭提供鼓励与支持，也联络了小郭家长，让他们多关心一下孩子。班长也很热情地拉着小郭参加活动，小郭慢慢地从黑暗处走向阳光洒满的地方，变得越来越好。

辅导员说：

人生没有白走的路，每一步都算数。哪怕暂时看不到光亮，哪怕荆棘遍地，哪怕命运捉弄，也要相信人生充满光。

失败是成功之母，要学会在失败中总结经验，摆正心态，迎接成功。

学校要不断加强生命教育，把学生的身边事作为教育的出发点，引导学生自爱、自立、自强。

被掩盖的虚荣

编剧：谌思靓、张囡

角色：阿强、李阳、老师、小齐、辅导员

场景一：学校

阿强：哇，又要没钱了。【叹气】

李阳：【疑惑】你爸爸妈妈每个月给你多少生活费啊，这也没到月末呢。

阿强：五千，比上个月少了一千，一下就不够花了。要开始拮据着过日子了！你一个月多少生活费呀，李阳？

李阳：【想到父母只给了两千块钱自己还觉得多，沉默】跟你差不多。

阿强：再管他们要点好了。【打电话】

【李阳发着呆，自己从小父母离异，由爷爷奶奶带大，现在二老年纪大了，想不到能伸手管谁要钱，但又看到了富有的阿强，不想被他看不起，陷入了沉思】

【几天后】

【阿强突然找到了李阳说自己想买一双三千块钱的名牌鞋子，问他要不要一起买，李阳内心犹豫了一下，三千块钱对他来说实在是太多了，他肯定承担不起，但是他看到了阿强期待的眼神，虚荣心在作祟，他不想让李阳瞧不起】

李阳：【虚心地说】我考虑一下。

【突然，他看到了手机上弹出来的贷款 App，李阳想通过贷款来买这双鞋子，于是他便答应了下来】

【开学日】

老师：今天上课我来点下名，这位叫李阳的同学怎么没来上课呀？谁和他是一个寝室的，怎么回事啊？

小齐：老师，我也不知道他去哪儿了。

老师：赶快联系你们辅导员。【在讲台上焦急地来回踱步】都快天黑了，这位叫

"李阳"的同学咋还没来呢？

辅导员：【打电话】是12班班长吗？你们班李阳怎么还没到校？【语气非常着急】

小齐：【疑惑】他给我发消息说晚点到，没想到这么晚也没到。再等等吧，我继续联系他。

辅导员：赶快联系他，别是因为半路上遇到了什么危险，那就糟糕了。【更加着急了】

【过了会儿】

小齐：【突然喊道】老师，我联系不到他了，电话关机了。【大家都很紧张】

辅导员：【立马拿起手机，打了个电话，然后安慰大家】我已经告知警方了，正在运用技术手段查询他去过的地方。

【最终在一家宾馆找到了李阳】

场景二：宾馆

【警察找了李阳，李阳打开手机，接了小齐电话】

小齐：【责怪】你怎么了啊，给我们着急坏了。为什么不接电话？

李阳：我……【犹豫】

【这时辅导员也急忙赶到了李阳在的宾馆，拿过李阳的手机】

辅导员：李阳现在很安全，小齐你放心吧。【安抚小齐的情绪】

【又说了几句话，李阳挂掉了电话】

辅导员：你是不是有什么心事憋着啊？

李阳：我……【羞愧，不好意思讲自己的遭遇】

辅导员：没事，我不会告诉任何人，我会替你保密。说出来说不定我可以帮助你解决你遇到的问题呢？

【经过辅导员耐心地劝说，李阳简述了自己贷款的行为】

辅导员：你知不知道大学生贷款是不可取的？你不具备还款能力，况且你是在父母不知情的状况下贷款……

李阳：【低头，沉默】

辅导员：走吧，坐校车回学校。这件事我会想办法帮你解决，只要人没事就好。

【在车上，辅导员跟李阳谈心，李阳沉默不语。安慰疏导了很久李阳才敢开心扉说起自己的原生家庭和现状，最重要的是虚荣心在作祟】

场景三：办公室

【到了学校后，李阳跟着辅导员来到了她的办公室】

辅导员：【给李阳倒了一杯水】我知道你这个年龄好胜心强，但一定要在自己的能力范围之内，不一定非要在金钱上作攀比，也可以通过学习和实践来提高自己。不要因为一时的爱面子就做了错事，下次一定要动动脑子；也不要因为你解决不了问题就选择逃避，有什么问题来找老师，老师会尽全力帮助你。

李阳：【愧疚，小声地说】我知道错了。

老师：你放心，这件事情我不会跟同学们说，但是一定要通知你的家长。我会和你的家长好好聊聊，你先回去吧。

李阳：好，谢谢老师，老师再见。

旁白：等李阳走后，老师给李阳的父母打了电话，将事情的经过告诉了他们，并且让他们多关心孩子的成长。小齐和同学们也察觉到了李阳的情绪变化，在生活中也经常关心李阳，和他分享一些有趣的人和事。就这样，李阳慢慢地找回了自己，在学习上也变得更加努力，在生活中更加自信。

辅导员说：

大学生要树立理性的消费理念，适度消费，养成勤俭节约的生活习惯，为自身未来的发展积攒能量。

虚荣心会毁掉一个人的生活和心态，大学生要学会实事求是地分析自身情况，切忌好高骛远，克制消费和表现欲望。

要坚决远离不良信贷，切忌贪图小便宜，不要被虚假宣传所迷惑，加强安全意识，遇到事情及时与老师沟通。

突破与进步

编剧：刘微、王艺凝

角色：高某、辅导员

场景一：办公室

【高某在办公室门口踱来踱去，一番犹豫后终于敲响了房门】

高某：老师，我想退学。【低头小声地说】

辅导员：你怎么了吗？是遇到什么事情了吗？怎么会有这种想法呢？和老师说，老师会帮助你。【放下手中的工作，抬头看着高某】

高某：没有，就是不想上学了。我觉得自己没什么出众的地方，学习成绩也一般，上学没什么意思。

辅导员：怎么能这么想呢孩子？我还打算和你说来着，这刚好你来了。你的文案和书法都很好，深受学院老师们的喜欢。

高某：我第一次离家这么远，我发现对我来说好多事都很困难。我什么都干不好，学什么都不精，感觉坚持不下去了……我想退学。

辅导员：那你退学之后打算做什么？你想过吗？

高某：我还没想好。

辅导员：那你退学之后打算靠什么谋生？

高某：没什么打算。【微微摇头】

辅导员：社会可是一个大林子，你必须考虑好在这个大林子中如何生存，而且父母肯定也不希望你这样做吧。如果你退学了，你这15年的书是不是白读了？我和你的父母沟通过了，我们希望你可以发挥你的长处。你再好好考虑一下，不开心随时找老师沟通。

高某：那好吧老师，我再考虑一下。

场景二：办公室

辅导员：最近有一个书法比赛，老师觉得以你的书法水平一定能获得不错的成绩，去试试吧。老师相信你，不去试试怎么知道呢？加油，老师看好你！【站起来拍了拍高某的肩膀】

【在老师的鼓励下，高某参加了书法比赛并且获得了不错的成绩】

辅导员：我看这次书法比赛你拿了一等奖，你很厉害嘛！

高某：还是要感谢老师一直以来的鼓励和陪伴。我现在觉得上大学的感觉太爽啦！

辅导员：我看你的文笔也很厉害，不然推荐你到咱们院学生会宣传部试试。

高某：真的吗？那太好啦！老师，经过这次书法比赛，我现在很希望有更多可以展示自我的平台。

辅导员：好的，那我一会儿就给你联系。看到你能重新鼓起勇气，老师很欣慰。

场景三：篮球场

【高某正在打篮球，看见辅导员经过，急忙伸手打招呼】

高某：老师！请您等一下。【高某拿毛巾擦了擦头上的汗】

辅导员：【停下脚步】怎么了？有什么事？

高某：感谢您对我的鼓励，让我重拾信心，积极参加活动。上次诗词大赛我还是前三名呢！

辅导员：不客气孩子，这是老师该做的。继续在自己的领域发光发热吧！

高某：【深鞠一躬】谢谢您！

辅导员说：

辅导员要通过合适的方式，如找一个较为清静、不受打扰的地方与学生进行较深层次的沟通。只有切实了解学生的情况，才能采取更好的措施。辅导员在与学生的聊天中，将现有的问题一一分解成各个阶段的小问题，鼓励他们在不同的阶段将问题一一解决。

告别自卑，重拾自信

编剧：刘建波

角色：郑老师、江心、吴雨桐、赵媛媛、邵佳宁

场景一：课堂上

郑老师：今天的课程内容就说到这里。大家也都已经步入大四阶段了，这几天班上同学都开始着手准备一下毕业设计的选题，然后找我讨论一下可行性和研究方向。

【下课铃声响起】

场景二：宿舍里

【江心、吴雨桐、赵媛媛拿着书推门走进寝室】

吴雨桐：【把书放在桌子上】终于还是要开始毕业设计了，这可是关乎我们能不能顺利毕业的成绩。诶，你们有思路了吗？

赵媛媛：从我们本专业出发，还是有很多方向可以设计和研究的，具体的我还没想好，这几天再查查资料。时间紧，任务重啊！【打开电脑】

吴雨桐：对了，江心，你想好自己的毕业设计作品做什么方向了吗？我们可以一起讨论讨论呀，集思广益。

江心：我还没有想法。【拉上床帘】

【吴雨桐、赵媛媛对视，无奈地叹气】

场景三：图书馆里

邵佳宁：【发现了赵媛媛，拿着笔和本坐到旁边】媛媛，你去参加招聘会或者在可App上投简历了吗？我最近参加了几个面试，感觉还有点紧张呢，但是也挺锻炼自己的！

赵媛媛：我也给几个自己感兴趣的公司投了简历。简历制作上还有点难度呢！有空我再请教请教你，完善一下。

邵佳宁：没问题！对了，我帮老师给咱们班统计实习就业意向的时候，江心同学没有填表格。她是你们寝室的吗？

赵媛媛：我回去问问她吧。上次我们讨论毕业设计的时候她也没发表看法。她平时就不怎么和我们说话，我们寝室集体活动她也从来不参加，我还想着是不是她太高冷了。

吴雨桐：【探头】我也很少见她和家里人打电话的，沉默寡言的。生活上有问题，除非我们看见了主动帮她，她基本上不找我们帮忙的。嗐！

邵佳宁：毕业设计不合格会影响毕业的。她这样什么都不参与，以后就业和人沟通也是问题啊！

吴雨桐：媛媛，我们这几天有机会好好劝劝她吧，这样下去也不是办法。

赵媛媛：【点头】

场景四：教学楼外

【大家从教学楼出来，吴雨桐、赵媛媛上前挽住江心的胳膊】

吴雨桐：我们一起去食堂吃饭吧江心。

江心：你们去吧，我回去点外卖就好了……

赵媛媛：走吧心心，食堂新开的麻辣香锅据说特别好吃，陪我们俩去嘛！

江心：我真的不想去，我还不饿。

吴雨桐：走嘛！我们都没怎么一起吃过饭呐！

江心：食堂人太多了。害怕看见那么多人，也不好意思和别人说话……

吴雨桐：没关系的江心，自信一点呀！我们江心那么好看怕什么呀？我们几个住在一起，也都是你的亲人呀！

江心：我总觉得和你们不是一个世界的人，不会和你们相处。

赵媛媛：说什么呐，我们都是一家人啊！有什么事情一定要和我们讲！

江心：我父母一直不在身边，我从小就自己一个人待着，不习惯和别人沟通，也不会交朋友，不知道怎么面对别人，只想把自己封闭起来。

赵媛媛：【拍拍江心的头】你只是习惯把自己关起来啦！屋子里多冷清啊，又透不进阳光！我们帮你打开这扇门，带你去看看外面的世界有多热闹温暖。

场景五：办公室

【邵佳宁、吴雨桐、赵媛媛敲门进入】

邵佳宁：老师，您找我们几个有什么事情吗？

郑老师：我前两天说的关于毕业设计选题的事情，江心的选题交给我之后就没有再后续和我表达过她的具体想法。我也联系了一下她，但是她还没回复我。我记得她上课总是默不作声的，她是不是最近遇到什么困难了？你们可以和我说说，老师能帮的一定会尽力帮助她。

吴雨桐：老师，江心她性格很内向，不喜欢人际沟通，也不善于和人来往。我们最近也在积极和她交流，想开解开解她。

赵媛媛：是的，老师，但是我们只能从生活方面入手来让她更信任我们，其他的我们也在想解决办法。

邵佳宁：我有一个想法。我们学院最近不是正在举办志愿者服务活动吗？我们可以带着江心去参加活动，让她多和陌生的同学、老师见面和聊天。我们在场，她也会更有安全感。

郑老师：好办法。还有，吴雨桐、赵媛媛，你们两个在找实习就业面试的时候，也帮江心看看，多劝她去锻炼。我这几天也找她面对面谈谈，问问她感兴趣的方向和以后的发展想法。我们一起努力帮帮江心！

旁白：一个月后，吴雨桐、赵媛媛和邵佳宁通过带江心参与志愿者服务和实习就业面试等活动，成功帮助江心走出了孤独，学会了与人交流，郑老师也不定期与江心进行面对面的交流，共同帮助她克服困难，迎接未来的挑战。

辅导员说：

在心理健康教育工作中，教师要秉承因材施教原则，紧密结合学生发展实际采取有针对性的教育方法。针对不同学生的心理特点和需求，制定个性化的辅导方案，帮助他们解决心理问题，促进其健康成长。同时，教师应注重培养学生的自我调节能力，引导他们学会自我反思、自我激励和自我管理，从而提高应对各种心理挑战的能力。

心理健康教育是一项系统工程，需要教师、学校、家庭、社会和学生的共同努力。只有通过多方面的合作和支持，才能更好地帮助学生跨越心灵的鸿沟，迎接未来的挑战。

多措并举，抵制焦虑

编剧：慕聪聪

角色：辅导员、小李、小李母亲、小可、心理委员

场景一：线上课堂

【辅导员上课点名中】

辅导员：小李，小李？有谁知道他为什么又旷课了？本周连续两次点名，他人都没有在，有谁知道是什么情况吗？小可，你和他是好朋友吧？你知道他怎么了吗？

小可：不知道呀。老师，最近我跟他发消息，他也是隔了很长时间才会回复我一句话。他可能最近遇到什么困难了吧，我也不太清楚呢。

辅导员：好的。

场景二：办公室

【辅导员正在给小李打电话】

辅导员：小李，我记得你之前上课都是很积极主动的，现在怎么无故旷课了呢？已经发生两次这种情况了。老师相信你是一个好孩子，不会没有理由就旷课的，发生什么事了吗？和老师说说呗！没准儿我能帮到你呢？

小李：老师，我还好。我就是目前考研的压力比较大，没有什么事情。下回我会

注意上课时间，认真上课的。

辅导员：老师不仅是你的辅导员，还是你的朋友。你有什么不好意思和家长说的心理压力都可以和我说。我是过来人，我能明白。你别把什么事情都憋在心里。有一个人倾听你的困苦，这不是更好的选择吗？老师永远无条件地站在你这边。

小李：老师，我很感谢您这么说。其实我已经有两天没有吃好饭了，考研的压力好大，实习竞争的压力也好大呀！线上上课我无法集中精神。家里边也有一些鸡毛蒜皮的小事，总会打扰到我的情绪。和父母说，父母也不理解我。我该怎么办呀？我现在每天都感觉过得很累，一点也不充实。但是其实我已经很久没有真正意义上自己想做的事情了，感觉每天都在混日子，我该怎么办呀？

辅导员：在你这个年纪有压力很正常。只有让自己更强大，才能更有能力去面对这些所谓的困难。你一定要注意自己的身体，毕竟没有任何事情能比自己的身体，比自己的健康更重要。老师现在已经了解你的情况了，老师也会尽自己所能去帮助你。如果你有什么不懂的问题可以来问我。人生就是这样，没有一帆风顺的，我们只有做好自己才会有希望。

小李：嗯，老师，我会调整好我自己的，谢谢您的关心。

场景三：辅导员与小李的父母电话交流

辅导员：孩子父母，我想了解一下孩子的状况。最近孩子上课的情况很不好，我和他沟通了之后，发现他有很大的心理压力。他还说家里面也有事情，烦恼着他，是咱们家里边发生什么事情了吗？你们要多关注孩子的身体健康啊，他这样下去可不是办法呀。

小李母亲：啊，老师，对不起啊，我和孩子他爸最近吵架了，可能是影响到孩子了。我最近发现他的状态很不对劲，他总是把自己关在屋子里，一天天地既不出房门，也没有声音。我进去找他，他也没有像之前那样在学习，而是躺在床上发呆。我们问他，他也不说怎么了。我们也很担心呢！老师，那我们应该做些什么呢？

辅导员：作为孩子的父母和老师，我们有义务和责任在他的人生旅途遇到困难和挫折时，给予他帮助。我很理解你们做父母的心情，我们现在能做的就是多关注孩子的心理健康。我感觉孩子可能有一点心理问题了，你们可以试着多与他沟通。不要在他的面前吵架，多帮他疏散压力，多带他出去散心。我在这边也多对他进行学业上的指导，让他不上课的时候也有努力的方向。

小李母亲：谢谢老师，我明白您是什么意思了。真的很感谢您，如果没有这通电话，我们可能还是不知道如何面对孩子的问题。现在了解情况了，接下来就是帮助孩子走出困境了。

辅导员：我相信只要加以引导，他一定能够走出现在的困境，不再困于泥沼之中。

场景四：小可与心理委员和小李进行视频通话

小可：哎哟，你最近怎么了呢？我给你发的消息你也不常回，你是已经忘记我了吗？

心理委员：对呀，你最近也很少联系我们，你是遇到什么事情了吗？唉，我最近就深受实践作业的困扰呢，线上上课我发现有点找不到方向啊！

小可：对呀，我也感觉是。我在家里面，我爸妈昨天还因为谁去买酱油的事情吵起来了。唉，这几天弄得我心烦意乱的。这考研迫在眉睫了，我的压力好大呀，头发都掉光了。

心理委员：谁说不是呢？现在的大学生也太难了吧？唉，小李你怎么不说话呢？

小李：你们也有这方面的困扰吗？我最近在家也是每天被父母、学业、作业弄得心烦意乱的，完全找不到方向了，每一天都过得很累，总是感觉情绪很低落。

心理委员：那肯定是因为压力有点大。但其实大家的压力都不小，大家都快成光头强了。

小李：哈哈哈，原来这不仅是我一个人所遇到的问题呀，大家都遇见了呀。

小可：当然是啦，现在这个困难的时期，每个人的心理压力都很大的，尤其是像我们这种大四即将要考研的学生。但是我们能做的只有调整好自己的心态呀！嗯，在家里积极一点儿，阳光一点儿。嗯，学习很重要，健康更重要。每个人一生只有一次，想怎么过？想变成什么样的人都是自己选的，所以我们除了努力和调整自己，没有别的什么选择。

旁白：经过一个多月老师、好朋友、心理委员、父母等多方面的共同调节，小李摆脱了严重焦虑的情况，如今已经可以进行正常的社交学习活动了。他逐渐走出了困境，明白不仅是自己一个人面临这些压力，也有很多像他一样的人正在面对如此的压力。他能做的不是掏空自己，而是以崭新的面貌去迎接这些压力。

辅导员说：

学习要张弛有度，才能细水长流，要不断为自己内心的坚定创造有利条件。

遇事向前看，眼下发生的一切，过后再看不过是过眼云烟。要保持阳光的心态，热情地对待身边的人和事。

遇到心理问题不可怕，可怕的是不沟通、不坦诚和不自信。

将心比心

编剧：慕聪聪

角色：辅导员、小明、小明父母

场景一：心理咨询室

辅导员：小明，我最近听你的室友说你经常在宿舍里边抱怨，甚至想要伤害自己，这是真的吗？你最近到什么压力了吗？可以和老师讲讲吗？

小明：老师，我是一个专升本的学生，我面临着很大的压力。我知道自己不够优秀，和同学们有很大的差距。我想考英语四六级，然后考研来提升自己，从而和大家达到一样的高度，但是我发现不管我怎么努力，还是和同学们有差距。我该怎么办呀？

辅导员：每个人的情况都是不一样，所以每个人的目标也应该是不一样的。我们应该去制订适合自己的目标或者适合自己的计划。慢慢来，不要着急，一口气吃不成一个胖子。老师也知道你的性格比较内向，不怎么与人沟通，是不是这些压力最近导致了你情绪低落呀？

小明：其实我也还好吧，我并没有感觉到情绪低落，只是真的是有的时候会感觉自己一事无成。看见窗户，我甚至有跳下去的冲动，我是不是生病了呀？我该怎么办呀？我也不想这样，但是我也不知道怎么和别人沟通，怎么去和别人交流我的事情。我怕别人不愿意听，也怕别人不懂我的经历。

辅导员：你都没试着去和别人说，怎么知道别人不愿意听呢？你可以找老师呀，老师是你最好的伙伴。我们不仅是师生关系，我也可以成为你的朋友呀！你有什么困难可以和我说。

场景二：医院

小明父母：老师，我们已经按照你的建议带小明去医院检查了，检测结果显示小明有严重的抑郁倾向，那我们应该怎么办呢？这孩子怎么就得上这种病了呢？

辅导员：这孩子性格比较内向，有巨大的压力，也不和别人说。在压力巨大的情况下，孩子得上这种病也算是正常现象。现在我们能做的只有尽力地开导他，缓解他的压力。这是一种情绪病，我们要稳定住他的情绪，同时要让他对自己的病情也有清晰的认知，让他知道自己已经把自己逼得太紧了。

小明：老师，我已经知道自己患上这个病了。我会定期吃药调节自己的情绪的。

可能最近压力太大了吧，我没有办法去排解，久而久之也就让这个病发生了。我会积极配合治疗的，然后我也会尽力地去调整自己的情绪，不给老师和我的家长们添麻烦。

场景三：病房

心理委员：小明，我带着同学们来看看你了。看给你买的水果，大家也都很想你呢！

小明：谢谢大家的关心，我有在积极地治疗，但是我这个病可能不是一天两天能好起来的。大家不用太过担心我，我相信总会有一天我可以恢复正常的。

心理委员：唉，我跟你讲一个我最近的烦恼事吧。我最近正在忙着考研，但是我发现考研的时间与我进行考试的时间总是有撞的部分，这个总是烦恼着我。唉，我都不知道该怎么办了，但是也只能一步一步来了，先搞定一个再去弄另一个吧！

小明：怎么，你也要考四六级和考研吗？

心理委员：对呀，其实不仅是我，大家也都在积极地备战呢！所以大家也都被这个时间冲突问题困扰了。我们都决定四六级考试先放一放，先把考研这个事情提上日程，集中精力干一件事，再用余下的精力去做另一件事情。

小明：原来不只是我有这个困扰啊，大家也都被这个困扰呢！我以为就我自己什么也干不好呢，原来这是一个普遍现象啊！

心理委员：当然啦，你在想什么呀，宝贝？大家都面对着难题，我们每天压力也很大的，但是我们会适当地去放松自己，不把自己逼得那么紧，因为身体是自己的，学业什么都是次要的。没有任何事情能与我们的健康相比！

小明：谢谢你，我已经明白你的意思了。真的是很抱歉，给家长、老师，还有你们都添麻烦了。我一定会尽快地摆脱自己的心理困扰的，一定会积极地配合治疗，尽快恢复健康的。

旁白：经过了一个多月的治疗，小明的病情终于有所缓和，他也逐渐找到了权衡考试时间与自己计划的方法。他不再纠结于如何把两件事都办好，而是集中精力去办一件事。有时候心理压力确实会让一个人很难受，但是我们都应该以正确的姿态去面对困难，以正确的心理去克服困难，过度压迫自己只会让自己承受不住。希望我们都能拥有一个更加美好的明天！

辅导员说：

压力具有两面性，要辩证看待压力。水的清澈不在于其不含杂质，而在于其懂得沉淀。

生活贵在有张有弛，要学会运用沟通来舒缓压力，让情绪和心态张弛有度。

人无完人，金无足赤，我们需要正视困境和挫折，不要因为压抑而失去追求幸福的动力。

爱人先爱己

编剧：邵露凡、杨绍志、安心蕊

角色：小高、小高妈妈、刘老师

场景一：寝室

【小高和室友参加完英语四级考试，十分放松】

小高：终于考完啦，可以好好放松了。

旁白：突如其来的放松使小高压抑已久的情绪突然爆发，她开始疯狂迷恋明星。由于小高过度迷恋追星，成绩下滑，她的妈妈得知之后打电话责怪了她，想让小高停止追星，好好完成学业。

小高妈妈：最近你学习成绩下滑了不少，是不是因为追星？

小高：我发誓绝对不是，这是因为我最近没有好好学习。

小高妈妈：如果你再考不好，我就把你买的杂志、海报什么的都没收了！你以后也别想着追星！

【小高伤心地低头，沉默地听着妈妈的训斥】

场景二：办公室

旁白：小高瞒着母亲偷偷到北京参加了某明星的演唱会，花光了生活费，并无故缺席了很多课程。学生干部将此情况反映给辅导员。辅导员让小高回到学校并去辅导员办公室。

小高：【犹豫、敲门后】老师好！

刘老师：嗯，你好。请坐，我听说你最近缺席了很多课程，这次我没有联系你的家长，现在办公室就我们两个，你跟我说实话，是遇到什么困难了吗？有哪方面需要老师的帮助？

小高：老师，我和你说实话，你千万不要告诉我妈妈，我怕她知道以后又要为我操心了！

刘老师：放心吧，有问题你和我说，我不告诉你妈妈。

小高：老师，我最近学习压力有点大，就想通过去看自己喜爱的明星举办的演唱会放松一下，结果我发现，我已经上瘾了。老师，我该怎么办？

刘老师：不合理的"追星"行为确实容易让人上瘾，尤其是你的自制力还不是特别强，老师能理解你。但是作为学生，你还是应该以学习为第一要务。当然，平时考试压力大，心理负担重，老师也能体谅你。但是未来是掌握在你自己手中，成为什么样的人也取决于你自己。老师相信你，追星不一定是在乎他的外表而是他特殊的品质。将明星作为你的榜样和你所追求的目标。老师相信你能改正自己。

小高：可是我花了家里那么多钱去追星，我已经没有脸面去面对我的父母了。

刘老师：无论犯了什么错误，父母都一直是你坚强的后盾和依靠。你已经成年了，应该对自己的行为负责，但你也不要过于自责，只要勇于承认自己的错误并努力改正就好。喜爱优秀的人是人之常情，但你也要不断培养自己的自制力，时刻保持清醒。

小高：谢谢老师跟我说了这么多。我确实自制力不强，还给老师带来了这么大麻烦，我下次不会了。

老师：嗯，加油吧！

旁白：在这之后，寝室室友一直注意着小高的心理动向，对其进行照顾，一旦发现异常就及时寻求老师的帮助。最终在学校、老师、同学们的细心帮助下，小高真正地改变了自己，融入了班集体之中。

辅导员说：

追星应该保持理性，不要由于过分狂热而丧失了作为正常人所具有的判断力。追星只能作为兴趣和话题体现在茶余饭后，而不能主导你的生活。

欣赏一个人要把他的品质放在第一位，坚持自己的原则，明辨是非，杜绝无脑欣赏，同时也要学会包容。

学生要运用合理的方式释放压力，父母要尊重孩子缓解压力的做法并加以引导而不是全面地打压。每个人都有自我调节的方式。

一名贫困生的心理故事

编剧：邵露凡、张囡

角色：老师、家长、室友、同事、李同学

场景一：办公室

【老师看到了李同学提交的休学申请】

老师：【心里想】这孩子学的是德语专业，还在中国传媒大学辅修了影视专业。他在学生会担任过干事，在大学生艺术团担任了主持部部长，还参加了各项赛事活动，这么优秀怎么还休学了呢？

【这时电话铃声响起，老师拿起手机接听】

老师：喂，您好。

家长：老师，您好，我是李同学的家长。我想申请停止办理休学手续，并让孩子回学校继续上课，实在不好意思。

老师：【疑惑】这位家长，我想了解一下李同学休学的原因，是没有经过您的同意吗？

家长：【叹气】唉，老师，实不相瞒，最近生意不太景气，被孩子知道了，然后他就自作主张要休学。我们刚知道这件事就马上给您打电话了。老师，孩子不能退学啊，麻烦您帮我劝一劝他。

老师：【恍然大悟】好的，我会尽力的。

家长：感谢，麻烦您了。

场景二：寝室

老师：你们了解李同学吗？他在寝室怎么样？

室友：老师，我们关系挺好的。他休学的原因我也知道个大概。

老师：【眉头微动，凑近学生】什么原因？

室友：主要原因是他想去外面兼职挣钱，不想给父亲压力。他想靠自己生活。他家里去年生意不顺利，欠了人家20万元，目前他只靠母亲的收入生活。他怕会受到歧视，没有申请经济困难生，想通过自己的努力为家里分忧。

老师：【眉头微皱，露出一丝心疼】这样啊，好的，老师了解了，谢谢你们。

场景三：办公室

【老师和同事探讨此事，打算听取一下同事意见】

同事：【点了点头，表示了解】这孩子我知道，要强又有点倔。过去他努力学习和在学校参加各种活动，很优秀，家里经济突然变差这件事给了他太大压力，让他一下子走进死胡同了。他想简单粗暴地通过休学打工来解决问题，没有作长远打算，也没有和家长、老师商量。

【同事拿起杯子喝了一口水，老师点点头表示赞同他说的话】

同事：辅导员应该先从他的宿舍同学、班干部那里进一步了解他的心理状况，跟他的家长沟通，并引导她将自己内心深处的想法倾诉出来，引导她正确认识当下的困境。

老师：【点点头】你说得对，等一下我和她沟通沟通。

场景四：校园内的亭子

老师：【温柔】我已经了解你要休学的原因。老师理解你的孝心，但或许有更好的办法来解决这个问题。你可以通过平时的一些闲暇时间去做兼职挣钱，老师这边也会给你申请经济贫困生补助，再加上你好好学习得来的奖学金，一定可以解决问题。

李同学：【抽泣】谢谢老师，我知道该怎么做了。

【老师如释重负地笑了笑】

辅导员说：

贫困生很容易出现自卑、内向等心理问题，老师要及时了解并干预，避免更严重的后果。当有此类心理问题的学生将自己的困难倾诉出来后，老师要用爱心、耐心去关注学生，一方面为学生保密，另一方面真心地去帮助学生解决困难。

一方有难八方支援

编剧：仇雪

角色：小马、崔老师、小马妈妈、小马爸爸

场景一：心理咨询室

旁白：小马是大四学生，其性格孤僻、不愿外出、长期待在宿舍等封闭空间内。这些因素导致其毕业设计难以顺利、合格完成，找工作受到严重阻碍。因此，他在家人以及同学的建议下，来到了心理咨询室。

崔老师：小马你好，我是崔老师。你可以放松点，我们可以是朋友，所以你可以不用紧张的。

【小马表情略微显现出厌恶的意思，脚尖朝外，能看出来此时此刻的小马非常想逃离心理咨询室，面对崔老师的友善，他一言不发】

崔老师：【心里想】看来，这个孩子心理问题已经发展到一定程度了。

崔老师：小马是生活上出现了什么问题吗？这里是心理咨询室，你可以畅所欲言，我也会为你保密，所以你可以放心的。

旁白：即便小马再怎么抗拒，面对现实问题，他也得去面对，去接受，去做出行动改变，不然，他为什么要特意来呢？

小马：【还是有点紧张地说】老师……你说的是真的？

崔老师：【心里想】还好，这孩子还是善良的，会迈出改变的第一步。

崔老师：【温和地笑】是的，什么都可以说。

【小马欲言又止，又变成了一开始的紧张又安静的样子】

崔老师：【心里想】看来有些棘手了，让他说出话就已经是进步了，慢慢来吧。

旁白：随后，崔老师问了小马一些关心他的问题，随着话题的深入，小马脸上紧张、防备的神情逐渐消失，取而代之的是放松的神情。

崔老师：【合上记录本】小马啊，现在的时间也不早了，今天和你聊得很开心哦，我很期待与你的下次相见。你可以试着去突破你的舒适圈哦，加油，老师相信你。

小马：【有些遗憾地说】这么快吗？【随后又恢复成平静的样子】好的，我会试着去做到的。【起身】老师再见。

场景二：心理咨询室

旁白：距上次小马来心理咨询室，已经过一周了，这次的他比上次放松了许多。

崔老师：【温和地笑着】好久不见啊小马。你的气色和我上次见到你时好了很多，是这周有让你高兴的事吗？

小马：是的老师，我主动去跟其他人说话了。

崔老师：主动去和其他人说话能让你开心吗？为什么呢？

旁白：小马向崔老师讲述了自己的身世。父母为了维持生计长期在外打工，没有办法陪伴他度过童年以及学生时代。童年时期，他一直一个人生活，没有什么朋友。在学校时，他不愿意和同学一起玩，也不愿意和老师、同学交流沟通。他长期活在自己的世界里，喜欢独自做自己喜欢的事。他甚至不愿意按照学校的学习计划进行学习。照顾他的长者不太关心他的情绪和心理问题。

崔老师：小马，突破自己的舒适圈是件好事哦。时间也不早了，希望下次见到你的时候，还能听到你更多的好消息。

【小马表情有些失落，大概是没想到时间过得如此快吧】

小马：【起身】好的，谢谢老师。

场景三：小马家

【崔老师到小马家进行家访，在了解了小马的想法后，他认为让小马的父母也转变想法是治疗小马心理问题的关键之一】

崔老师：【敲门】你好，有人在吗？我是崔老师，是来做家访的。

小马妈妈：【打开门，表情很惊喜】老师好！

【小马爸爸听到动静，也从房间里出来接待崔老师】

小马爸爸：崔老师好。

崔老师：【跟小马父母坐到沙发上，并拿出了笔记本】打扰了，我就直接表明我的来意了，请问你们最近有没有跟小马进行过交流？

小马爸爸：我们在外打工累，一心想挣钱来养活家庭，疏忽了对孩子的照顾。现在小马也长大了，尽管我们都有努力过，但小马还是不愿意跟我们交流，打不开孩子的心扉，嗐。

【小马妈妈点了点头】

崔老师：那你们有对小马打骂过吗？

小马妈妈：没有啊老师！我跟他爸对孩子有亏欠，我们认了，但绝对没有打骂孩子！

【小马爸爸也展现出惋惜的神情】

崔老师：【安抚激动的小马妈妈】小马妈妈，没事的，您冷静一点，冷静一点。我这次来，也是想给你们提供与孩子相处的方法的，所以不要担心。其实这事也很简单，家长在生活中多照顾一下孩子的心情；在孩子找工作的时候不要给孩子太大压力。比如"这个工作好"、"那个工作工资高"等言论尽量都不说。还有，要多夸奖小马，虽然他看上去已经长大了，但他的内心还是很需要鼓励的……以上都是最基础，也是最有效的办法。想要小马好起来，父母的关心和爱护是必不可少的。希望作为家长的你们尽可能地去做到吧。

小马妈妈和小马爸爸：【起身，并感激地说】谢谢，谢谢老师！我们从现在做起，谢谢。

崔老师：不客气，咱们都是希望小马变得越来越好，咱们一起努力！

旁白：心理健康教育是以符合人的成长规律的方式，开发人的内在心理潜能的教育。对于当代大学生而言，我们既要关注他们的心理健康状况，又要注重对他们进行正确的心理指导以及人生引导。将其生命价值内化，增强他们对正确人生观、世界观的认知；增强他们的学习以及社会适应能力、心理承受能力；培育他们适应复杂的社会环境和增强自身幸福感的能力和品格。

辅导员说：

大四学生的心理压力相对较大，因为他们同时面临求职及一系列考试。

为了缓解他们的焦虑，帮助他们顺利度过这一时期，老师和家人需要与其积极沟通，不逃避。学生在人生的转折中要保持清醒，运用辩证思维看待事物。

在日常的心理教育活动中，鼓励教育很重要。一句鼓励或赞扬的话可以帮助学生走出困境，重拾自信。

释

编剧：仇雪、刘嘉微

角色：辅导员、小钟、小美

场景一：办公室

辅导员：小钟，你知道我为什么叫你来吗？

小钟：知道，我经常缺课，还有一次上课玩手机被任课老师发现了，我就跟她吵了起来。

辅导员：【翻开小钟的成绩表】你最近的成绩我看了，相较上个学期有明显的退步。你的到课情况很不好，心思没放到学习上来，长期如此，你会很难毕业。如果是遇到了什么烦心事或者困难，可以来找我沟通。你可以把我当成你的朋友，或许我能帮上你。至于你上课玩手机，你找机会去和任课老师说清楚吧。

小钟：谢谢老师的关心，我会找个机会去和任课老师道歉的。关于我的心事，等老师有时间了我来找您沟通吧。

辅导员：好的，等你的好消息。

场景二：食堂

【小钟和辅导员在食堂偶遇】

小钟：辅导员好。

辅导员：小钟好，我们已经有几天没见了。你有去找任课老师道歉了吗？

小钟：我有的。

辅导员：那就好，我们坐下吃饭，随便聊聊天吧。

小钟：好。

【小钟和辅导员找位置坐下】

辅导员：我发现你以前的成绩挺好的，是发生什么事了吗？

小钟：是发生了点事。我家以前幸福美满，是平凡又幸福的一个小家庭。爸妈那时候对我的要求十分严格。我从小学就开始接触奥数、英语等课程，这些对我来说都能接受。我小时候的愿望是当一名教师，因为我喜欢学习带给我的快乐以及教授别人知识的过程。但是一切在初二变了，父母闹离婚。我还有一个弟弟，我比较要强，不想在弟弟面前做坏榜样。父亲又将希望全押在我身上。烦心事太多了，我承受不住，我高中还吸烟了……慢慢地，事情就演变成老师你看到的样子了。

辅导员：自控力很重要哦，你可以将事情排列归纳好，再逐个击破。

小钟：还能这样吗？谢谢老师。

辅导员：不客气。

场景三：自习教室

【自习教室里只有小美一个人在学习】

辅导员：小美，你出来一下可以吗？老师有些事想找你。

小美：怎么了老师？

辅导员：老师找你是想问问关于小钟的事。小钟最近学习状态好吗？我看你们是一个班级的，你和他关系还不错，我就想着来找你了解一下。

小美：是这样的老师，小钟其实这一个星期也有找我聊过天，跟我说了一些他家的情况。我也挺能理解他的，他是压力有点大了。

辅导员：对，所以老师想请你帮忙开导开导他。你看你成绩这么好，班级第一，说话又细致，温柔有耐心，你帮老师多关照他。

小美：好的，老师，我争取多在功课、学习方面多帮帮他，并做好心理疏导。

【之后的小钟在小美、老师以及他家人的帮助下越来越开朗】

辅导员说：

大学生心理健康教育需要群策群力，集合学校、教师、学生组织、家长和社会等多方面的力量和资源来共同推进。只有这样，我们才能为大学生创造一个健康、和谐、积极向上的成长环境。

学生组织和学生社团也可以在大学生心理健康教育中发挥重要作用。他们可以组织各种形式的活动，如心理健康讲座、心理剧表演、心理沙龙等，来提高学生的心理素质和应对能力。同时，学生组织还可以为有需要的学生提供支持和帮助，形成互助互爱的良好氛围。

沟通与陪伴

编剧：王佳、达娃措姆

角色：老师、班长、副班长、杨雪、杨雪爸爸、辅导员老师

场景一：教室

【丁零零，丁零零，马上上课了，老师走了进来】

老师：我先点个名啊，……杨雪、杨雪、杨雪……

班长：【和副班长面面相觑】杨雪最近怎么了呀，已经旷课好几次了？再这样下去要挂科了。【担心地说】

副班长：我也不知道她最近怎么了，可能是发生什么事了吧。咱们下课去问问吧。

【下课了，老师叫班长到前面】

老师：【有点生气地说】你们班这个杨雪真是越来越不像样了，以前上课迟到就算了，现在直接连课都不来了，你们去看看到底是什么情况。

班长：我和副班长正琢磨去看看到底是怎么回事，准备看看什么情况呢。老师我会帮您好好问清楚，您别生气。

场景二：寝室

【开门声，班长回到寝室看到杨雪也在】

班长：杨雪，你最近怎么了呀，好几次缺勤了？再这样下去你毕业就困难了！

杨雪：没事儿，我不在乎，反正我也不想上学。

班长：很抱歉，我未经过你的允许私自去了解了一些你家的情况，但你如果不上学还怎么逃离你爸呢？怎么向你妈交代呢？

杨雪：【愤怒地说】谁让你调查我了，我的事用不着你管！

班长：【平和地说】你先别生气。我也是想帮你解开心结，希望你能理解。我已经提前帮你约好辅导员了，我希望你能和老师好好谈谈。我相信这对你会有很大的帮助。

场景三：办公室

【辅导员一直在联系杨雪，却怎么也联系不上她，只好给杨雪的父亲打了电话】

辅导员：你好，是杨雪爸爸吗？我是杨雪的老师，我想了解一下杨雪以前在学校的情况。

杨雪爸爸：啊，嗯，孩子挺好的啊，一直都很听话。

辅导员：那孩子在校期间有没有参与过一些活动？

杨雪爸爸：啊？这我不知道，我怎么知道她在校的情况呢？

【辅导员意识到孩子爸爸从没有关心过孩子，杨雪内心肯定很缺少安全感】

场景四：餐厅

【这是她们数不清第几次一起吃饭】

辅导员：【一直在为杨雪夹她喜欢吃的菜】杨雪，来你尝尝，这个好吃吗？

杨雪：【感动地说】嗯！好！【带着哭腔】

辅导员：多吃点，我还知道另一家店，听说也很不错，下次咱们去吃，我请你！

杨雪：【终于忍不住了，含着泪说】谢谢老师，你对我真好，不像我爸爸，他根本都不管我，连我的生日都能忘记。我妈妈很早就离开了我，我爸爸还非常暴躁，我真的很讨厌他，我想早日摆脱他。【恶狠狠地说】

辅导员：【非常欣慰杨雪终于对她吐露心声了】怎么可以这么过分呢！但如果我是你，有一点我不会和你一样。【神秘地笑了一下】

杨雪：【泪汪汪地看着辅导员】是什么呀？

辅导员：我才不会像你这么傻，不好好学习呀！你想啊，是不是只有好好学习了才会有好的成绩？如果是我，我会努力提升自己，给自己一个交代，这样的话，在爸爸面前就会很自豪，会让他羡慕你。

杨雪：哈哈哈哈哈哈哈哈。【沉默了一会儿】

【辅导员的手机响了一声，她接听了电话】

辅导员：刚收到消息、这周有个辩论赛，你要不要参加啊？我可听说你在这方面可是很厉害呢，你不参加是不是有点可惜？

杨雪：【想了一会儿】我要参加！老师，您说得对，自暴自弃不如提升自己。我想明白了，我为我之前的无知感到抱歉，我以后不会这么傻了。

辅导员：好孩子！

旁白：杨雪在同学帮助和老师的辅导下，最终解开了心结，成了一个乐观、开朗、阳光、向上的女孩。父母要与孩子多一些沟通与陪伴，及时关注孩子心理状况，让孩子在充满爱的环境下成长。

辅导员说：

父母是孩子最好的老师，个人的成长与家庭教育息息相关，陪伴永远都是最长情的告白。

对于单亲家庭的学生，辅导员老师要从细微之处入手，把对学生的关心和关爱融入沟通之中，在对问题的处理中，要把握主要矛盾的具体方面，做学生的知心人。

人生没有永远的顺风顺水，当遇到困难时不要沉浸在自卑和无助之中，学会提升自己，进而解决困难是实现进步的重要举措。

努力与回报

编剧：王佳兴

角色：张宇、刘老板、王涛、心理老师、丁老板

场景一：公司

【张宇站在某公司大楼下，握着手中的简历，心里暗暗发誓：今天可一定要成功啊！】

刘老板：你之前有什么工作经历？

张宇：【心里一震】我……我没什么工作经历。

刘老板：那你在校期间有什么实习经历啊？

张宇：我在学校就只是学习，学习成绩中等。

刘老板：【最后再打量了一下他】额，原来是这样，你回去等通知吧。

【等了几天，始终没见录取通知，张宇这才知道自己又落选了】

场景二：宿舍

王涛：怎么样啊，宇哥，面试过了吗？

张宇：【脑袋低了下去，不好意思地说】没有，人家问我会什么，可我什么都不会，也没什么工作经验。嗐，算了，我就这样吧，也不想努力了，已经荒废好多年了，不会再有转机了。

王涛：【很诧异】兄弟呀，你可不能就这样放弃。你才多大呀，以后的日子还长着呢！你的成绩一向很好，你肯定也不会甘于在找工作这件事上落后于人吧。兄弟，你要不去心理咨询室跟老师聊一聊，和老师说说你的烦恼？

张宇：【无奈地说】有谁会甘于平庸呢？哎，我最近确实有点焦虑。行，听你的了！

场景三：心理咨询室

张宇：老师，我最近真的很焦虑，看不到未来在哪儿。说实话，我也不想再继续考研了，真不想再学习了。但我去找工作，至今也没有一家公司要我。我该怎么办啊，老师？

心理老师：找工作首先要清楚自己的长处是什么，有什么别人无法替代的优势。其次你也不能抱有太高的期望值，毕竟学历也很重要。最后你要了解你的专业所在的行业的发展前景，以及未来发展趋势。说了这么多，最重要的还得你自己领悟，自己判断。你不要着急，在找工作和考研上碰壁的情况每年都有很多。

张宇：老师，你真是一语点醒梦中人啊，谢谢老师了！

场景四：寝室

【回到寝室，张宇一改往日的沉闷，再次积极投简历】

旁白：投简历前张宇仔细查阅了资料，根据自身喜好和特长又投了几次。

王涛：【看见张宇精神焕发很是惊讶】呦！跟老师聊完以后，这么快就好了。你也别太着急，肯定会有好机会等着你呢。

张宇：【显然并没有很激动，只是心平气和地说】我现在也没多大要求，量力而行，有公司录用我很好，没有我就继续投，总有一家对我满意的！

王涛：兄弟，你终于想明白了，就是要这个心态！加油，我看好你！

场景五：办公室

【张宇敲了敲门，听到屋内传来"请进"的声音，才推门进去】

丁老板：你就是张宇？

张宇：对！老板您……您认识我？

丁老板：略有耳闻，听说你掌握多种技能？

张宇：对，我上过各种补习班，在各个方面都有所涉猎，但都有所不精。

丁老板：【欣喜地说】我们要寻找的就是你这种全面型人才，希望你以后把各项技能都精进些。恭喜你被录用了！

张宇：【非常难以置信】啊？哦！谢谢老板！谢谢老板！

场景六：寝室

张宇：【一脸得意地说】哥们，看看这是什么。

王涛：哇！可以啊，太棒了。这家公司真的挺不错的，行了，以后靠你了！

张宇：【长舒一口气】呼——哥们儿也算是熬出头了。我以后肯定好好工作，认真赚钱。

王涛：行！我看好你！

辅导员说：

教师要不断引导并督促学生提升自身综合实力。大学四年是提升个人能力的绝佳时机，有着较为宽容的试错环境，是人生中不可多得的宝贵时光。

大学生要学会认清自己的基本情况，切忌好高骛远、眼高手低，对自己和环境的准确判断是实现高质量就业的重要条件。

在找工作的过程中，要充分重视同辈交流和鼓励。辅导员要积极引导学生互相鼓励，充分沟通，实现共同成长。

人生不言弃

编剧：王俊鸥、马文慧

角色：刘老师、小可、小陆

场景一：办公室

【一束阳光透过百叶窗打在办公桌上，刘老师浏览着手机上学生发来的信息，耐心地一一进行回复。当看到小可发来的信息时，刘老师不禁想到了这段时间了解到的关于其家庭的最新情况，打算找小可好好谈一谈】

【咚咚咚！一阵敲门声响起，一个穿着简朴、眉目清秀的男生走了进来】

刘老师：小可，最近学习和生活方面感觉怎么样啊？有没有什么事情想和老师分享一下或者需要老师的帮助啊？听说你有一些困难，是否愿意让老师成为你的倾诉对象呢？

小可：【沉默了一瞬】老师……您也知道我父亲的病是那样的情况，而我母亲也去世了，我又不敢耽误我的学业，我真不知道怎么办才好。我好想我的母亲啊。以前在我考试失利时她鼓励我，我心情沮丧时是她让我开心，但是现在只剩我一个人。看着同学们放学回家都有父母接送，有说有笑，我也十分羡慕。我没有人可以说这些，好多好多的事情压住了我，我真的好难受，以后的日子又该怎样下去啊……

刘老师：【心疼地看向小可】老师小时候也是这种情况，可以理解你的无助与痛苦。你现在还要靠自己撑起家里的重担并完成学业，独自面对和承受这些苦难，真的很不容易也很坚强。你是一个很优秀的孩子，不管遇到什么，老师都希望你不要自暴自弃，要积极乐观地面对生活，对待生活。老师希望你明白，生活就像是一根弹簧，你弱它就强，你只有强大了才不会被生活压倒。如果有什么事情，就来找我，我愿意做你的倾听者……

场景二：教室

【丁零零……上课铃响了。刘老师走进教室，一眼便看到了小可独自一人坐在教室

的角落。刘老师的目光在教室寻觅了一圈，叫来了心理委员小陆。他看着小可郁郁寡欢的状态还是十分担心】

  刘老师：小陆，你是咱们班的心理委员，而近期小可同学承受了很多压力，陷入了困境之中，难以依靠自我平复心态，老师希望你可以多多开导、陪伴他，并号召同学们多多关心小可，将小可带入咱们的班集体之中，辅助老师做好对小可的心理帮扶工作。

  小陆：老师，您放心，我保证做好！

场景三：会议室

【在一次会议中，刘老师再次见到了小可，但这次，小可的面庞上多了自信和笑容，他从容地向刘老师挥了挥手向刘老师走来】

  小可：老师，谢谢您和小陆以及班级同学这段时间对我的照顾，我现在感觉好多了。我已经能够控制自己的负面情绪了，不再去想些乱七八糟的事情。我也想明白了，我们都应该向前看，不能止步于此，不然就辜负了您的期望。

  刘老师：看到你现在这样，我放心多了。小可，你要记得，无论任何时候，人都不能放弃自己。这样的境遇你都熬过去了，老师相信以后更不会有能够轻易打败你的事情了，你未来的道路一定会是阳光明媚的康庄大道。

  小可：好，老师，您放心！

  刘老师：以后再遇到什么事情，一定要第一时间来寻求老师的帮助，也要和身边的同学朋友多沟通，不要什么事都自己憋在心里，要懂得调节自己的情绪，也要学会和好朋友分享你的快乐和忧愁。

  小可：老师，我知道了，我以后不会像之前那样了。我今后一定积极乐观地面对一切，好好珍惜我的大学生活，帮助家庭走出困境，也会继续好好学习。

  旁白：在老师、同学的帮助之下，小可日渐开朗，每天笑对生活，积极向上且富有正能量。他深知自己淋过雨，所以想要为别人撑伞，他在积极面对生活的同时也热心地帮助和开导每一位有类似遭遇的同学。

辅导员说：

  心理健康教育要重视教育过程，充分发挥集体、组织和朋辈的力量，引导陷入心理困境的学生相信集体和身边的人，提升集体凝聚力、向心力，促进更多的分享和交流。

  人生就是生活的过程，正是因为有了风雨的洗礼才能看见斑斓的彩虹，作为青年人，更重要的是抓住今天，看到明天，坚持不懈，乐观自信。

  大学生在遇到家庭困境时往往会承受巨大压力，学校和教师要积极制订相关工作预案，提前发现异常现象，并结合学生实际问题，帮助解决学生遇到的实际困难。

我们的同心圆

编剧：王俊鸥

角色：心理老师、林老师、小关、小云、萍萍、王迪、王父、王母

场景一：办公室

【心理老师在办公室内仔细翻阅着这次的心理健康调查问卷，突然在其中发现了一份结果异常的问卷】

心理老师：【打开问卷仔细察看】林老师！你来看看，这个结果是你们班长王迪的，我记得她平时工作表现非常好啊，但是她这次有轻度心理问题，需要去多和她沟通一下啊。

林老师：【神情严肃地看着这份问卷】好的，张老师。我这就去了解一下情况。

【林老师翻开了家校联系簿，找到了王迪家长的电话，与他们沟通起来……挂掉电话后，林老师思索片刻，找来了班中几位同学，向他们询问班长王迪的近况】

小关：【挠了挠头】老师，你说班长啊……我觉得她好像不是很喜欢和大家交流，很多时候都怪怪的，躲避着我们，但经常又很热心地帮助我们。

小云：【认同地点了点头】班长她虽然做事认真，工作能力突出，但她不是很相信自己的能力，有些自卑的感觉。

萍萍：【思考了下】有的时候，王迪还会很容易生气，情绪不太稳定。

林老师：【认真地听着她们的话语】看来你们对王迪还是很了解的。这次的心理调查结果显示她的心理压力有一些大。你们是班级中和王迪比较亲近的人，老师希望你们能够引领其他同学配合老师一起帮助班长释放心理压力。【林老师认真地看着眼前的三人】你们需要多关注王迪，平时可以经常鼓励她，缓解她的心理压力，让她重拾自信心，能够和大家正常相处。如果有任何异常，随时与老师联系。

小关、小云、萍萍：【齐声道】老师您放心，我们一定会帮助王迪走出困境。

场景二：教室

【王迪一路走来，遇到了不少同学，大家无一例外地、热情地和她打招呼，还有人对她最近完成的工作表示认可。这些事情让她有些不知所措但又为自己得到赞许而暗暗开心】

小云：【上前高兴地拉住刚走进教室的王迪】你知道吗？这次信息收集任务很重，只有咱们班没出任何差错地交了上去，别的班级错误率很高，咱们班级可是被点名表扬了。王迪，你也太厉害了吧，什么都能做得这么好！有你在，

咱们班真是太幸福了！

【周边的其他同学也涌了过来，齐声认可王迪的工作，还有人带头鼓起了掌】

王迪：【有些羞涩地笑了笑】哪、哪有这么夸张啊？没有大家的支持，咱们也做不到这样的成绩。

场景三：办公室

【课后，林老师叫住了王迪，带她来到了办公室】

林老师：【面带微笑】一直以来老师交给你的任务你都完成得很出色，我发现你做事情足够认真而且组织能力很强，所以老师想让你来组织我们即将召开的班级联欢会。根据以往你优秀的工作表现，我认为你完全可以将它组织得很好。

王迪：【惊讶地看着老师】可是，老师我不太清楚同学们的需求和期望，我不知道能不能办好。

林老师：那就需要你多和咱们班同学沟通交流，问问大家都希望联欢会上有什么样的节目了。你很聪明，个人能力大家也有目共睹，许多同学还想向你学习呢，就不要谦虚了！如果有什么拿不准的就来找我，咱们一起出主意，共同组织好这次活动。

【王迪看着老师，心中迸发出了一种从未有过的特殊感觉】

场景四：寝室

【王迪想着今天老师对自己的看重有些惊喜，又有些担心是不是自己会错了意，不由自主地拨通了父母的电话】

王父、王母：【回想着林老师与他们说过要鼓励王迪的话，想到自己过去对孩子的态度不由得带了几丝愧疚】这是好事啊，这说明我家孩子优秀啊！你这想东想西才是错误理解呢，你得相信你自己啊。

王迪：【带着小小的试探】爸，妈，你们真的也这样觉得吗？

王父：【语气坚定】当然了，我们知道你现在可优秀了。你之前和我跟你妈说过的那些活动不都办得漂漂亮亮的？【又略加掩饰地说】以前没夸过你，那是怕你骄傲，现在这是忍不住不夸了，爸妈相信你一定可以的。

旁白：王迪这些日子因大家的鼓励而树立起的自信心本来轻轻动摇了一下，但现在因为父母的话语又再次坚定了起来。王迪全身心投入了此次活动中，渐渐也少了以往的自卑，增加了自信，和同学们的交往沟通也越来越游刃有余。经过一段时间家长和师生的共同努力，王迪消除了自卑心理，变得乐观起来，脾气也有所收敛，成为同学心目中最受欢迎的一员和优秀的班干部，一路阳光向前。

辅导员说：

学生干部作为学生的好朋友、老师的好助手，责任重大，更需要被鼓励、关注和支持。

由于日常事务较多，学生干部会容易感到疲惫或力不从心。所有同学都要理解和支持学生干部的工作，如果对工作有疑惑要向本人或老师反馈。

良好的自我调节能力是管理能力和水平的重要体现，作为学生干部，不仅要学会认真负责，也要注重提高自己的管理能力。

不完美的世界

编剧：徐思佳、崔洪铱

角色：小刘、大头、浩然、任课老师、辅导员

场景一：寝室

【班级群里传来了消息，在下周一的课堂前举办十分钟演讲活动，每个人都要完成一个主题的演讲】

小刘：【眼中闪着光】这次演讲我可是信心十足，我一定要拿到最高分，这才不辜负我一个假期的训练。

大头：【开玩笑道】这么刺激吗？还没有开学多久，大家还没有互相熟悉，就要公开演讲，就算出现失误，也不至于太丢人。听说还给加学分，我喜欢。

浩然：【低着头不自信问道】这个可以不参加吗？

小刘：这个演讲有很多好处，还是参加比较好。

大头：当然了，这个活动不仅加学分，还是一次锻炼自己的机会，为什么不参加呢？

场景二：课堂

任课老师：上周给同学们布置了一个演讲作业，现在我们按学号顺序，请第一个同学上台。

【浩然看到前面的同学慷慨激昂地演讲，不由得手心冒汗，更紧张了。十个人之后，轮到他了】

大头：浩然，浩然，老师叫你了，快上去。我看过你的稿，很不错的。

【浩然觉得上讲台的脚步变得异常沉重，虽然有好友的鼓励但心情不由得焦虑】

浩然：我，我，我……【浩然深深地呼出一口气，握紧衣角】

小刘：加油加油。

【可浩然还是由于太紧张面部出现了抖动，跑出教室，蹲在了走廊上】

场景三：办公室

【辅导员听说了浩然的情况，于是打算与他谈话】

辅导员：【叹了口气，握紧浩然的手】我对你的家庭情况和学习情况已经掌握一点了，不介意的话，和老师说一说什么情况吧，让老师进一步了解你。

浩然：老师，我觉得我什么都做不好，没有信心。我的父母对我抱了很大的期望，但是我现在觉得力不从心，总在焦虑和失眠中度过一天，白白辜负了父母对我的付出。

辅导员：这种焦虑情绪每个人都会有，是正常的。但是大学是个改变自身的地方，在大学中我们不要摆烂、躺平，要多参加活动，提高自己，我相信在大学中你会更好。

浩然：我的父母从小就严格要求我，我特别想实现他们的期望，所以压力很大，内心焦虑。但越焦虑我越没法完成他们的要求，这让他们不相信我，我很害怕。

辅导员：千万不要这么想，哪有一个人是完美的呢？每个人都有自己的长处和优点，当然也有不足，我们要取长补短。我听说你的文学造诣很深，写作能力很强，这就是你的优点啊。你要明白自己的长处，发挥自己的优势，努力提高自己，补足短板才能不断进步。

浩然：谢谢老师。你对我的肯定已经鼓励了我，我会从以前的世界中慢慢抽离出来。我相信我也会遇见更好的自己。

辅导员：等一下，我把你师兄的联系方式给你。他参加了许多诗词、文学类型的活动，而且取得了不错的成绩，你可以向他取经，多参加活动，多锻炼自己，这不仅可以缓解你的压力，也为你今后的工作和生活提供帮助。我相信你会恢复自信的。有什么事情也可以来找我。

浩然：真的吗？老师，我太开心了，谢谢你。【激动地说】我一定努力，成就更好的自己！

旁白：后来，浩然组建了属于自己的诗词社团，参加了许多志愿者服务活动，学习成绩也有所提升。他充满了自信，对未来也更加充满希望。

辅导员说：

学习是学生的主要任务。大学是丰富个人内涵、发展个人才能、提升综合实力的黄金时间，在遇到困难或发展瓶颈时要保持良好的心态，总结经验和不足，不断尝试和探索。

学生个人的成长和发展具有阶段性特征，并不是一蹴而就的，这要求教师在教育过程中要把握好教育的"度"，引导学生树立符合阶段性发展实际的目标，关注学生成长过程中的心理压力。

遇到焦虑情绪不要害怕，更不要摆烂，一个人的成长道路必定是曲折的、迂回的，大学生要增强调整自身情绪的主动性，保持良好的心态。

做好主心骨，传递家校情

编剧：徐思佳

角色：小元、小杨、小于、林林、辅导员

场景一：寝室

小元：【搓搓手，脸上充满了喜悦】诶，真别说，这马上到十月一日了，好开心啊！今年你们打算去哪儿玩啊？给点建议。

小杨：【摸了摸额头】唉，我咋把这事给忘了？我妈去年提过一嘴，说我们一家去海南，真的好期待啊！小于呢，不会背着我们偷偷学习吧。

【上次考试小于成绩飞速下滑】

小于：【低下了头，手肘抵住了膝盖】我……我也不知道，我也想我们一家出去玩，我父母已经好久没陪我了，每次打电话都是说成绩。

林林：【思索了一会儿】没事，我哪儿也不去，你要是在寝室，我也在寝室陪着你。

场景二：教室

辅导员：马上开班会啦，我点个名，小于，小于……【喊了好几遍小于也没有出声】怎么回事，最近好多老师和我反映小于缺课的问题，今天怎么也没来？

林林：【推了推旁边的小元】咱不是打电话告诉他了吗？咋没来？再打个电话，一会儿老师生气了。

【小元打了三遍电话都没人接】

小元：老师，小于最近情绪很不正常，电话也打不通，我们怀疑他遇到了很大的困难。

【辅导员带着小杨、小元、林林在宿舍找到了小于。小于卧床不起，意识不清，几人将小于送往医院。经检查，小于一天未进食加上压力太大，已重度眩晕】

场景三：医院

小杨：【把手中削好的苹果递给他】小于，你以后可不能干这种傻事了。这次是发现得早，如果发现得不及时，谁能想到会是咋样呢？

小于：要是我出事我爸妈来看一眼，我也就满足了。他们一直看中的都是我的成绩，从来都不管我喜欢什么、适合什么。因为成绩下滑，他们收了我所有的电子设备，就是让我学习。他们坚信棍棒底下出孝子，从来都不想想我的感受。

林林：小于，你可千万别这么想。你的身体是你自己的，我前几天看你好像通宵学习了，你一定要照顾好自己，没必要这样糟蹋自己。

小元：不要把那么大的压力放在自己的身上，这样对你来说没好处。对你父母来说，你也是他们身上掉下来的肉，他们也会心疼的。辅导员说，等出院了想和你谈谈，去吗？

小于：【点了点头】你们说得对，我去。

【辅导员站在病房外，大概知道了小于的情况】

场景四：指导中心

辅导员：小于，这里就我们两个人，就当我们是正常聊天，聊一聊心里话。

小于：【紧张，握紧了拳头】老师，上次的事很感谢你，要是你不来我说不定……我的父母从小就对我很严，从不考虑我的兴趣爱好，只关注我的成绩，这次生病他们都没来。

辅导员：小于，不要紧张。我大概了解了你的情况，我已经和你的父母沟通过了，我会想办法协调你们之间的关系的。当然，你也要和你的父母加强沟通，不要害怕，想说什么你说出来，我相信，你们之间的关系一定会缓和的。

小于：老师，我真的能做到吗？我怕。你说的沟通我也试过，但是根本就没用，他们太强势了。

辅导员：小于，你一定要相信你自己。学校已经与你的父母取得了联系，我们会随时跟紧你的，我和学校就是你坚强的后盾，你要做什么我都会全力支持。你有什么疑惑也可以和我说，我当然相信，你的爸妈是能理解的。我找了一位学长教你如何高效地学习。

小于：【抓住辅导员的手】谢谢老师，我会积极改变的。

辅导员：你以后健康快乐点我就更开心了。

【学校老师与小于的父母进行了沟通，经过三天的观察，小雨的精神状态变得良好，也找到了兴趣爱好，做到了和父母平等交流】

辅导员说：

学生是能够实现自身全面发展的独立个体，学校和教师对学生的评价要全面和立体。

父母是孩子最好的老师，教育孩子应重在引导而不是教导，不是要求甚至逼迫。父母要时刻关注孩子的心理变化，给予更加宽容的成长空间。

在心理健康教育中，要运用好家校联动制度，鼓励学生发扬互助精神，共同帮助困难学生早日摆脱困境。

亦师亦友

编剧：张文清

角色：小芳、张老师、小芳母亲

场景一：寝室

【秋风四起，落叶纷飞，风止叶落，此时一个身影急匆匆地穿梭在寝室走廊上，卷带着地上的叶子向前进】

张老师：小芳同学，我来了。【呼呼地喘着气】

小芳：老师，我想退学，不想再待在这了。【眼泪止不住地流】

张老师：你别急，慢慢跟老师说。

小芳：我家里的条件不太好，爸爸妈妈都已经五十多岁了，家里还有一个哥哥和一个姐姐。现在哥哥面临结婚的问题，本来就贫困的家庭更加捉襟见肘。我一个人来到这里，离家好远，学的专业也不是我喜欢的，还不如让我回家务农，帮家里减轻一些负担。【无助地说】

张老师：孩子，你先不要急着放弃。每个家庭培养出一个大学生都是非常不容易的，你父母付出了很大的努力把你送进大学校园，不能轻言放弃。【慢慢地拍着小芳的背，想安抚一下她的情绪】

小芳：那老师我应该怎么办呢？【看着张老师的眼睛】

张老师：这样吧，专业方面我会跟学校沟通，但是你要知道，专业无冷热，学校无高低。没有哪个用人单位会片面地认为你完全代表了你的学校或者你的专业，千万不要因为你是名牌大学毕业或者学的是热门专业而沾沾自喜，也大可不必因为你的学校不好或者冷门专业而感到自卑。你说离家远，想回家，那么现在我就是你的家人，同学也是你的家人。把心放开，去接受身边的人，同学们跟你一样来自不同的省份、不同的地方，都是远离家乡，远离家人。你只有慢慢地去适应这里的环境，和他们成为朋友才不会感到孤单。

小芳：好，知道了，谢谢老师。【感激地看着张老师】

张老师：相信老师，以后不管是学习上，还是生活上的任何问题你都可以找我谈。你想工作，你准备找什么工作？你现在又有什么技能？你出去以后就会知道学历和能力都很重要，到那时候再想提高自己就难了。

【听了张老师的话后，小芳的心情渐渐平复下来】

场景二：办公室

【刚跟小芳室友沟通完的张老师，接着又联系了小芳的母亲】

张老师：小芳妈妈你好，我是张老师。小芳最近心情比较低落，我已经开导过她了。舍友我也都拜托多照顾照顾她了。我找您是因为我了解完小芳的家庭情况之后，认为最关键的地方还是在于家庭。

小芳妈妈：是的啊老师，我们家条件不是很好，小芳这孩子总想着要为家里分担一些。【无奈地低下头】

张老师：小芳妈妈，我知道一个家庭培养出一个大学生是不容易的，请您多劝劝她，不要给她太大的压力。她想现在退学参加工作，这是万万不可取的。

小芳妈妈：知道了老师，谢谢您对小芳的关心，我会按照您说的做的。

【在张老师和同学的帮助下，小芳的心态慢慢积极乐观起来了】

场景三：电话

【这天晚上，张老师突然接到了小芳的电话】

小芳：张老师，我现在在火车站，我真的是学不进去了。我现在准备回家，再也不回来了。

张老师：你别走，我现在去找你。你现在还小，你不知道这一走意味着什么。如果你不是我的学生，我不会管，但是你现在就是我的学生，我不忍心看着我的学生走错路。学校不光是学专业知识的地方，还是培养你为人处世和自主能力的地方，如果你不喜欢你的专业，你可以利用其他时间学习你喜欢的专业。而且现在很多人从事的都是与本专业无关的工作。你这一走，你的父母会有多伤心？你应该为他们考虑考虑。【苦口婆心地在去往火车站的路上劝说着】

小芳：对不起老师，我不该独自决定离开学校的，我这就回去。【哭泣着说】

【在张老师的劝导下，小芳最终回到了学校。与此同时，张老师也联系了小芳的专业老师，建议其在专业上多帮帮她，激发她的学习兴趣，好好引导她】

场景四：四年后的学校

【小芳慢慢融入了学校的环境，如今大四的小芳再次找到了张老师】

小芳：张老师，如果不是你当初耐心地劝导我，就没有我的今天。我很感谢您，真的。我现在很喜欢我的专业，很喜欢我的学校。在这里我学到了很多，也交了很多的朋友，这一切都是您给我的。真心地谢谢您，张老师！【说着便鞠了一躬】

张老师：没事，谁让我是你的老师呢。你有现在的成就我也很欣慰。

小芳：我没有辜负你的期望。

张老师：是的啊，你现在也快毕业了，专业成绩也不错，相信你一定能找到一份很好的工作！【笑着拍拍小芳的肩膀】

辅导员说：

人非圣贤，孰能无过？勇于承认错误、解决问题是走向成功的关键一步。在每一个重要的人生节点上，学校、老师、同学和家人都是你最坚强的后盾和最稳定的援助。

事在人为，学业起点的高低不代表最终结果的好坏。有志者事竟成，只要足够勤奋，在任何行业里都可以发光。

对待存在自卑心理的学生，辅导员老师要保持足够的耐心，整合资源，用心、用情引导学生走出自卑，迎接美好的未来。

立德与树人

编剧：张文清

角色：小北、张老师、小北妈妈、李洁、钟立文

场景一：班会上

【小北得知临时举办一场班会，不情愿地走进教室，选了一个靠边的位置坐了下来，将双肩包随意塞进桌子里，转头看向窗外操场上打篮球的学生】

张老师：这次临时决定开一场班会，是为了对我们班的班委进行民主选拔。开学也有一段时间了，希望大家认真对待自己的选票。【环顾四周，最终目光停留在小北身上】

【一不小心跟张老师对视上的小北，有些愣住了。投票环节结束后，张老师宣布了结果】

张老师：班长是钟立文，学习委员是李洁，团支书是……

小北：早点结束吧，反正也跟我没关系。【小声嘀咕着】

张老师：最后一个文艺委员是……【停顿了一下，眼光看向小北】小北。

【小北错愕地把目光从窗外移到讲台，不可置信地看着张老师，仿佛在用眼神一遍又一遍地确定事实】

张老师：恭喜以上同学，以后的班级日常工作就交给你们负责，希望所有同学支持班委的工作。【微笑面对众人】

【李洁赶忙来到小北身边，心想着送来祝福】

李洁：恭喜你当上文艺委员哦！

小北：谢谢。【有些不知所措】

【大家陆续离开教室，唯独小北留到了最后】

小北：老师，我没当过班干部，可能……

张老师：凡事要试试才知道，我看你比较喜欢文学、写作之类的，一定能胜任的，要相信你自己！【看着眼前不自信想要拒绝的小北，张老师打断了他的话】

【听了张老师的话，小北内心欣喜又夹杂一些无措，欣喜的是他从小到大连组长都没当过，从没有被这样重用过，觉得自己找到了自身的价值，无措的是他无法确定自己是否能负责那些工作，暗自下定决心不要辜负期望】

场景二：心理辅导室

旁白：事实上，小北也确实没有辜负张老师的信任。他表现出了空前的热情和认真，经常受到张老师的表扬。同时，他也逐步向张老师敞开心扉。这天，张老师无意中发现了在教室一个人痛哭的小北，连忙把他带到了心理辅导室。

张老师：怎么了，小北？今天发生了什么不愉快的事吗？跟老师说。【关切地问道】

【听了张老师关切的话，小北再次非常伤心地哭了起来】

小北：我觉得我一无是处。【呜咽着说，随后拿出两本从未给别人看过的日记本】

【张老师连忙接过，打开了他心酸的往事，看着看着，张老师也不自主地流泪了】

小北：上了大学，遇上了张老师，第一次有一种十分放心的感觉。对着张老师大倒苦水，第一次在老师面前哭泣，我不知道那时哭泣的是否是自己，我有一丝怀疑，但我现在好多了。我的世界是灰色的，没有欢乐，没有理解，没有信任，没有爱。父母吵架、闹离婚都是我的错，他们总说"要不是为了你，我们早就离婚了"，都是我的错。

张老师：这不怪你的。【心疼地抱着小北】不要老去想这些。

小北：我恨他们。他们当初就不应该生下我，让我死了算了。也都怪我一无是处。

旁白：小北认为这个世界上已经没有什么能够让他感觉美好的东西。但在他的内心深处，又渴望得到美好的东西。这样矛盾的心理，让他一直处于焦虑之中。

场景三：小北家中

旁白：从日记中了解到小北的家庭状况之后，张老师决定去小北家中求证日记中的生活是否属实。

张老师：小北妈妈，我看了小北的日记，发现他的心理压力比较大，其中很大的原因我认为还是来自家庭。

小北妈妈：啥？他能有什么压力，整天不就是上学吗？你可别信他乱说。【无所谓地反驳】

旁白：看着小北妈妈的反应，张老师大致明白了小北的家庭跟日记中的相符。

张老师：小北妈妈，小北在学校都会有意识地逃避集体，上次他还在我面前情绪爆发，忍不住哭了，我觉得很有必要关注一下小北的心理。

小北妈妈：哎呀，老师你就放心吧，他就这德行，从小到大都是，怎么打、怎么

骂都没用,跟他父亲一个样。【依旧无所谓的态度】

张老师:不是的,其实小北在许多方面都表现得不错,如果我们能给他一个较宽松的环境,让他呼吸得更加自由些,或许他的脾气会好很多。【看到小北妈妈这个反应,张老师连忙补充】

【听到这话,小北妈妈收起了无所谓的态度】

张老师:这样吧,小北妈妈,我建议你每周来一次学校了解一下小北的情况。同时也建议你不要反复指责小北,给他一个好的环境。小北那儿我也会积极给他做心理辅导。

小北妈妈:我知道了,我会注意的。麻烦老师了。【看着张老师,神情笃定】

旁白:两个月后,通过不断地沟通,小北母子的关系缓和了许多。

辅导员说:

人的全面发展不仅需要强大的支持,也同样需要良好的发展环境。以目标为导向的成功之路,其最终目的不是释放压力,而是促进人的全面发展,使人能够追求属于自己的幸福。

大学生在校期间要不断锻炼自己的能力,抓住机会提升个人能力,教师也要积极地给予学生更多的锻炼机会,在实践中育人育才。

心理健康教育工作要因事而化。辅导员老师不仅要引导学生寻找合理的情绪宣泄方式,帮助树立积极向上的心态,也要重视家校联动,合理劝导家长给予学生更多的关心和爱护。

别让自卑毁了自己

编剧:张文清

人物:王毅衡、陈老师、班长、王毅衡父亲、宿舍同学、班委会同学

场景一:教室

旁白:伴随着大学生活的来临,同学们也进入了新的环境,远离了熟悉的一切,有的同学开始放松自由,有的同学却暗自神伤。

【清晨,陈老师正在给同学们开班会。起因是陈老师常常在王毅衡的微信朋友圈看见他发一些负能量的语句,并通过同学了解到王毅衡正承受着很大的心理压力,对自身极其不自信。陈老师希望通过耐心的开导帮他走出心理困境】

陈老师:同学们好。最近我了解到有些同学面临一些心理问题,因此开展了此次班会。【目光扫视,在王毅衡身上格外停留了几秒】

王毅衡:【心里想】难道说的是我吗?【对视上,有些不知所措】

陈老师:刚进入大学的你们,对未来有些迷茫是很正常的事情,不必过于放在心

上。随着时间的推移，你们心里的那团迷雾终究会散开的。面对陌生的环境也不要过于胆怯和自卑，不要觉得自己什么都做不好，什么能力都没有。其实并不是这样的，你们只是不够自信，不是没有能力……

【听着陈老师的话语，王毅衡若有所思】

陈老师：最后，我希望大家都能以饱满的热情来迎接你们的大学生活，多参观学院的励志宣传栏，参加一些励志成才的宣讲活动，可以帮助减轻你们的压力。

场景二：办公室

【除了开展班会，陈老师还喊来了班长、班委会和王毅衡的宿舍同学，希望能对王毅衡有一些帮助】

陈老师：老师叫你们来是有一些事想要拜托你们。

班长：有什么事包在我身上，保证完成任务。【自信地拍拍胸脯答道】

【其他同学纷纷笑了】

陈老师：王毅衡同学最近心理压力有些大，存在一些自卑心理，你们在日常的生活中可以多帮帮他，多多和他说说话、聊聊天，让他打消心里被人看不起的顾虑。

宿舍同学：这有什么，大家都是同学，一定会互相帮助的，老师你就放心吧。

班委会同学：对对对，肯定会让他感受到班集体的温暖的。【立刻附和道】

班长：身为班长，为班级同学服务是我的职责所在，我会让他多多参加班级活动，尽快融入集体生活的。【自信满满地说】

陈老师：有你们在我就放心了。那就拜托你们了。【欣慰地点点头】

场景三：电话

【陈老师通过学生入学时填写的家庭联系方式联系了王毅衡的父亲，并且正在与之沟通】

陈老师：你好，是王毅衡父亲吗？我是王毅衡的辅导员陈老师，有些事想要跟你沟通一下。

王毅衡父亲：陈老师啊，你好你好。是王毅衡最近出什么事了吗？

陈老师：是这样的，我发现他最近的情绪比较低落，也了解了一些情况。学校给出了一些解决方案，这次是希望你可以开导开导他，劝说让他完成自己的学业，树立自信心。

王毅衡父亲：好的，老师。说实话我们也没怎么注意他的心理状况，没想到他会这样。老师你放心，我马上就去跟他谈谈。

陈老师：王毅衡父亲，你也不要太担心，我相信在家庭和学校的双重关怀下，他一定能建立起强大的内心。

王毅衡父亲：好的，老师，麻烦你们了。

场景四：宿舍走廊

【走廊里，陈老师叫出了正在宿舍学习的王毅衡】

陈老师：小王同学，我这次来是想要让你加入经济与管理学院的学生会，担任学生干事，来问一下你的意见如何。

王毅衡：什么？让我进学生会吗？【不可置信地问】

陈老师：对呀，想给你一个锻炼自己的机会。怎么样，要不要抓住这个机会呢？

王毅衡：但是，老师，我怕我做不好。【低头说道】

陈老师：没有什么好犹豫的，既然我找你，那肯定是对你的能力有信心，你也要相信自己。【拍拍王毅衡的肩膀】

王毅衡：好，那我就答应了。【鼓起勇气应道】

【陈老师欣慰地笑了，心想道，这下王毅衡通过和不同专业的同学接触，不仅可以树立自信心，还可以培养集体荣誉感和责任意识，真是一举两得】

旁白：在学校、同学和家长的帮助下，王毅衡同学各方面都发生了明显的变化，变得自信了，积极主动地与人交流，还主动找老师要考教师资格证的复习资料，说以后想回家乡做一名人民教师。王毅衡成功地学会了自我调节，正确地看待生活的挫折。我们也要像他这样，以积极乐观的态度迎接生活的挑战，以坦然豁达的心态面对困难。

辅导员说：

开展班会是育人的重要形式。通过精心策划和实施的班会活动，我们可以为学生们提供一个全方位、多角度的学习平台，帮助他们更好地认识自己、规划未来、提升素质。

家校联动和朋辈帮扶虽然是做好大学生心理健康教育的有力举措，但我们还需要在专业性、全面性和实效性方面进行拓展和深化。只有这样，我们才能构建一个更加全面、有效的心理健康教育体系，为大学生的健康成长提供有力的保障。

盲目的自卑

编剧：赵剑平

角色：小燕、小影、陈老师、婷婷

场景一：教室

小燕：【慢慢走到小影旁】小影，听说你拿到奖学金了。

小影：嗯，是的。

小燕：你平时的成绩和我差不多，今年我没有得到国家励志奖学金的名额，你考试是不是作弊了啊？

小影：你在说什么啊，小燕，我怎么可能作弊啊！

小燕：那为什么我没有拿到名额呢？

【小影和小燕最终不欢而散】

场景二：办公室

【一阵敲门声】

陈老师：请进

小影：老师好。【小影缓缓走进教室】

陈老师：怎么了小影，有什么事情呀？

小影：老师，我遇到了点困难。最近小燕同学总是联系我，认为我成绩造假，拿国家励志奖学金的人应该是她。这让我们俩的关系变得越来越远，也给我的生活带来了困扰。希望老师您能帮忙解决一下。

【陈老师认真听完思索片刻】

陈老师：好的，小影，我了解了，我会帮你解决这个问题的，放心吧！

小影：谢谢老师，那我就先回去了。老师再见。

场景三：走廊

【铃铃铃铃铃铃，下课了】

陈老师：婷婷，你留下，我有事和你说。

婷婷：好的，老师。

【婷婷和老师走到走廊尽头】

婷婷：老师您找我有什么事呀？

陈老师：是这样的，你和小燕是一个寝室的，你最了解她最近的生活，有没有发现她最近有些不一样的地方呀？

婷婷：最近小燕确实有不太对劲的地方。最近她脾气有点大，有时候听到她和家里打电话的时候大呼小叫的，而且她和同学们的关系也不是太融洽。

陈老师：那小燕平时的性格呢？

婷婷：小燕平时好胜心比较强，受不了一点委屈，还容易玻璃心。之前我还看见她买过奢侈品。

陈老师：【低头思索】好的，婷婷，我了解了。

场景四：办公室

【陈老师翻阅了今年国家励志奖学金的评定材料，发现小燕上学期的成绩差了一

点，但是她的家庭比其他人特殊，才获得了助学金。随后，陈老师将小燕叫到了办公室】

小燕：老师，您找我什么事呀？

陈老师：小燕呀，听说你最近因为国家励志奖学金没拿到的事情有点困惑呀？

小燕：是的老师，我觉得以我的成绩是可以获得国家励志奖学金的，我认为是小影考试作弊，抢去了我的名额。

陈老师：你听我说，小燕，我知道这件事情后，也想为你探究竟，于是翻阅了今年国家励志奖学金的评定材料，确实是你今年的成绩没有到达国家励志奖学金的标准，所以名额里面才没有你。

小燕：【半信半疑】真的吗老师？可是我真的需要奖学金，让我和其他同学一样。

陈老师：小燕，你的这种想法不太正确。虽然家庭环境是不能以自己的意志而改变的，但是要有努力奋斗改变的信心，敢于正视生活中的不如意。每个人都有自己的优点和长处，不要因为家庭的影响而忽略自己的优点。获得奖学金不是学习的唯一目的，不能因为没有获得奖学金，就不学习，否定自己，认为自己没有能力。况且你获得了助学金，就说明你的学习能力是没问题的。

小燕：老师我明白了，我不会再过于纠结国家励志奖学金的事情了，我会继续努力的。

陈老师：好的，老师也希望你能够走出去，和其他同学互相了解，有自己喜欢的事情，多交朋友，丰富自己的大学生活。

旁白：在陈老师的悉心开导下，小燕认识到了自己的错误，向小影同学道了歉，并且变得和以前一样开朗活泼，交到了很多朋友，也放下了家庭的问题，并慢慢接受现实。

辅导员说：

真正的成功来自于内在的满足和自我实现。作为一名大学生，应专注于个人成长和学习，而不是仅仅关注奖学金等外在奖励。

教育者在学生内在和外在冲突中都发挥着重要作用，这需要教师正确引导学生科学面对冲突，充分了解问题、进行人际沟通、善于自我反思。在人际冲突中要保证公正、尊重、冷静和理性，引导双方积极寻求合理的解决方式。